全国教育科学规划一般课题项目：BLA160070
《论体育教师专业发展——基于身体哲学视角》

体育教师身体语言

李笋南　赵雪同　赵梦楠　著

人民体育出版社

图书在版编目（CIP）数据

体育教师身体语言 / 李笋南，赵雪同，赵梦楠著. -- 北京：人民体育出版社，2022（2023.4重印）
ISBN 978-7-5009-6151-2

Ⅰ.①体… Ⅱ.①李… ②赵… ③赵… Ⅲ.①体育教师—身势语—研究 Ⅳ.①G807

中国版本图书馆CIP数据核字(2022)第012688号

*

人民体育出版社出版发行
北京盛通印刷股份有限公司印刷
新 华 书 店 经 销

*

710×1000 16开本 15.75印张 270千字
2022年7月第1版 2023年4月第2次印刷

*

ISBN 978-7-5009-6151-2
定价：80.00元

社址：北京市东城区体育馆路8号（天坛公园东门）
电话：67151482（发行部）　　邮编：100061
传真：67151483　　　　　　　邮购：67118491
网址：www.psphpress.com
（购买本社图书，如遇有缺损页可与邮购部联系）

前　言

身体语言作为一种古老的交际形式，随着人类的出现而存在，是人与人之间相互交际的重要手段，也是信息交流的一种重要表达方式。目前，身体语言在各个领域和职业中应用广泛。20世纪90年代，我国教育领域开始对身体语言进行研究，主要聚焦在语文、外语等学科，体育学科中有关身体语言的研究相对缺乏，特别是体育教育方向的理论与应用研究，从总体来看都尚未形成体系。纵观所有学科领域，身体语言在体育、舞蹈等动作技巧性学科中的使用频率最高，对教学训练有着特殊的重要性，体育教师凭借对表情语、身姿语、体触语、体距语等身体语言的合理运用，能够有效促进学生技术动作的掌握。身体语言的良性互动对建立融洽的师生关系也大有裨益，身体语言在体育课中的运用比其他任何学科都多，是其他语言不可替代的。体育教师的身体语言是其职业技能的重要组成部分，在教学中没有足够的身体语言交流，仅依靠口头语言交流是远远不够的，身体语言交流是语言交流的基础，二者密不可分。因此，讨论体育教师身体语言的特点、价值和功能，探究体育教师正确运用身体语言的方法和要求，对促进体育教师的专业发展及提升课堂教学效果具有现实意义，对进一步优化学生的课堂体验具有重要作用。

本书在文献研究的基础上，对体育教师身体语言的概念界定、内涵、外延、特点、分类、价值、功能表现等进行理论分析，同时，实地观察体育教师在课堂上身体语言的使用状况，调查体育教师对身体语言功能的认知情况，探究体育教师的身体语言给学生带来的情绪状态反应，从而构建体育教师身体语言评价指标体系，编制体育教师身体语言观察表。

主要研究结论如下：

（1）体育教师身体语言是指在体育教学的特定环境中，体育教师通过表情语、身姿语、空间语、仪表语、声音语等身体语言，传递或代替无法用语言讲解清楚的技能知识和动作表现，并与学生进行有意义的互动和交流，以表达体育教师的情感、态度，从而辅助体育教师有效地进行教学活动。

（2）体育教师身体语言的内涵有具身性、知识性和符号性。外延包括"体育教师身体语言的表达效果""体育教师身体语言的表现形式""体育教师身体语言的表达系统"3大类。

（3）体育教师身体语言的特点：师师关系下教师身体语言的表意性、真实性和规定性；师生关系下教师身体语言的示范性、传播性和互感性；教师与学科关系下身体语言的文化超越性。

（4）体育教师身体语言的价值包括教学本位价值和育人本位价值。其中，教学本位价值包括教学构造价值、教学传导价值，育人本位价值包括审美价值、情感价值、德育价值。

（5）体育教师身体语言的功能包括信息传递功能和情感表达功能。其中，信息传递功能包括辅助功能和替代功能，情感表达功能包括表露功能和调节功能。辅助功能包括加强语意、补充内容的功能，替代功能包括说明动作、指示方向、提示内容的功能，表露功能包括激励作用、抑制作用、自我情感表达的功能，调节功能主要是调节氛围的功能。

（6）体育教师身体语言的评价指标中，包含5个一级指标，即表情语、身姿语、空间语、仪表语、声音语；18个二级指标，即目光语、面部表情语、头势语、手势语、示范语、站姿、走姿、跑姿、蹲姿、体距语、体触语、服饰、体型、面容、发型、语音、语调、语速。身体语言一级指标综合权重由大到小的排序为：身姿语（0.32550）、表情语（0.22875）、空间语（0.16675）、声音语（0.16075）和仪表语（0.11825）。

（7）体育教师不同的身体语言会对学生的情绪体验产生积极或消极的影响。体育教师在教学过程中应多运用"微笑""点头""环视""竖拇指""握拳（向上）""鼓掌""拍肩膀""拍后背""击掌""拥抱"动作，以及"语速平缓""铿锵有力"的身体语言，并尽量与学生保持1.25~4米的距离，要保持健硕、匀称的体型，整洁的面容，利落的发型，以及颜色素净的穿着。避免运用"瞪眼""直视""斜视""噘嘴""摇头""低头""歪头""昂头""指人""摊手""双臂胸前交叉""双臂叉腰""双臂背后""双手插兜""耸肩""拍臀部（同性）"动作，以及"低声细语""大声训斥""语速急促"等消极的身体语言，并尽量避免与学生保持过近或过远的距离。

本研究的创新点在于厘清了体育教师身体语言的概念、内涵及外延，并探究了体育教师身体语言的特点、价值及功能，进一步补充和完善了体育教师身体语言的理论研究；同时构建了体育教师身体语言的评价指标体系，采用AHP-熵权法计算各级指标的权重，便于对体育教师身体语言的使用情况进行评价和反馈；编制能够对体育教师身体语言的运用情况进行评价和反馈的评价表；运用功能观察表观察体育教师各维度身体语言所表达的功能；调查体育教师身体语言对学生情绪体验的影响，最后对体育教师身体语言的训练要求和运用原则、误区等方面进行探究，建立体育教师身体语言库，指导体育教师合理运用身体语言，促进体育教师的专业发展。

当然，由于体育教师身体语言的复杂性，本研究难免存在一些缺陷，如应补充完善在不同情境下，体育教师身体语言对学生情绪体验的影响。希望本书能够为促进体育教师合理使用身体语言，促进自身的专业发展提供帮助和启发，也希望有更多的学者、一线教师能够关注体育教师身体语言的研究。由于笔者水平有限，恳请各位同仁对于书中的不足之处予以包涵和批评指正。

目　录

第一章　绪论……………………………………………………（ 1 ）

　　第一节　研究背景………………………………………………（ 1 ）

　　第二节　研究目的与意义………………………………………（ 4 ）

　　第三节　文献综述………………………………………………（ 5 ）

　　第四节　研究内容与方法………………………………………（ 19 ）

　　第五节　理论基础………………………………………………（ 21 ）

第二章　体育教师身体语言的概念界定………………………（ 26 ）

　　第一节　核心概念界定…………………………………………（ 26 ）

　　第二节　体育教师身体语言的内涵及外延……………………（ 31 ）

第三章　体育教师身体语言的特点、价值及功能……………（ 38 ）

　　第一节　体育教师身体语言的特点……………………………（ 38 ）

　　第二节　体育教师身体语言的价值……………………………（ 40 ）

　　第三节　体育教师身体语言的功能……………………………（ 46 ）

第四章　体育教师身体语言指标体系的构建、评价表的编制及
　　　　　功能观察表的运用……………………………………（127）

　　第一节　体育教师身体语言评价指标体系的构建……………（127）

　　第二节　体育教师课堂教学身体语言评价表的编制…………（144）

第五章 体育教师身体语言对学生情绪体验的影响……（163）

  第一节 体育教师各维度身体语言对学生情绪体验的影响

    ……（164）

  第二节 体育教师身体语言对不同性别、年级学生情绪体验影响的

    差异性研究……（168）

第六章 体育教师身体语言的训练及运用研究……（173）

  第一节 体育教师身体语言的训练研究……（173）

  第二节 体育教师身体语言的运用研究……（180）

附录……（209）

第一章 绪论

第一节 研究背景

一、身体语言的重要性

身体问题作为20世纪以来备受关注的焦点,已经成为一种文化载体。身体的现象在医学、生物学、社会学、心理学等学科发展中均有着广泛体现[1]。身体语言是人们在交际的过程中,通过人体及其附饰物的某一部分形态和变化来传递信息、交流思想、表达情感的一种辅助性的非言语符号系统[2]。身体语言作为一种特殊的交际形式,伴随着人类的出现而产生,是人与人之间相互交际的重要手段,也是信息交流的重要表达方式。在此意义上,身体语言是人类文明的重要标志之一。

美国人类学家雷·L伯德惠斯特尔博士曾指出:人们面对面交谈时,讲话人65%的信息是通过非言语方式加以传播的。比如借助手势来加强语气,用眼神和动作来表达自己的情感状态和内心体验等。这些身体语言的运用极大地丰富了人类的交际能力,使人与人之间的交际变得深刻而含蓄、丰富而多彩。在某些情况下,身体语言也可能成为交往的唯一形式,甚至起到"无声胜有声"的效果。

学界普遍认为身体语言作为一种重要的具有表情达意功能的非言语交流媒介,更有助于交际的成功[3]。因此,使用身体语言进行沟通不但是利用语言和文字进行沟通交流的一种辅助和补充方式,也是人与人心理上进行交流的一

---

[1] 袁丹.基于信息诉求的身体语言设计研究[D].北京:中央美术学院,2014.
[2] 谢伦浩.副语言的文化意蕴[D].武汉:华中师范大学,2006.
[3] 刘芹,郭晓.基于语料库的中国理工科大学生体态语使用研究[J].现代教育技术,2011(2):72–76.

种方式，更是人类情绪、感情、态度和兴趣的一种外部显现方式。只有口头语言和身体语言二者相结合并合理使用，才会让教师与学生的教学活动在轻松、自然的氛围中达到事半功倍的效果。

二、体育教师专业发展的需要

我国的体育教师主要毕业于各大师范院校和体育院校，纵观我国体育教师的培养过程，在大学教育阶段，鲜有开设身体语言指导的课程，与体育教学直接相关的课程主要有"学校体育学""体育课程与教学论""体育教学设计""实习实践指导"等，这些课程中涉及身体语言应用的内容极少，因此体育教师难以认识和了解身体语言，进而不利于体育教师的专业化发展。而在体育教师入职培训中，培训内容大多是中小学教师职业道德修养、教育法规讲座、教师成长、班级管理和参加观摩课等，缺少身体语言在课堂中的实际运用。在职业发展中，也没有相应的教材和专著进行理论支撑和实践指导，体育教师缺少进一步学习和提升的路径。此前，部分学者认识到身体语言在教学中的实践价值，并进行了一些研究，但总体上研究体育教学身体语言的学者较少，研究的成果也不具有系统性，对体育教师的身体语言认识和发展的促进不足。因此，要想进一步提升体育教师的专业发展，必须深入地对体育教师身体语言进行研究。

三、体育教学质量提升的需要

教育大计，教师为本。国家繁荣、民族振兴、教育发展，需要一支师德高尚、业务精湛、结构合理、充满活力的高素质专业化教师队伍[1]。体育教育在培养"完整的人"的过程中有着其他学科无法比拟的优势和不可替代的作用[2]。体育源于人类身体活动、生产劳动，历经千百年的发展，已成为一种文化现象。而教师的作用是教书育人，其直接对应的人群是学生，教师身体

---

[1] 习近平同北京师范大学师生代表座谈时的讲话[EB/OL].[2014-9-9]. https://www.gov.cn/xinwen/2014-9/10/content_2747765.htm?from=androidqq.

[2] 李艳茹，崔洪成，齐辉.高校体育教师专业发展的困境与对策研究[J].西安体育学院学报，2020，37（1）：114-121.

语言是教师对学生进行教学和教育的一种工具和手段。教育心理学的研究表明，教师身体语言对学生心理发展有着重要的影响，它不仅能够加深学生对授课内容的感性体验，而且直接作用于学生的智慧、心灵与个性，潜移默化地影响学生的长远发展[1]。一个成功的教师在课堂教学中不仅使用口头语言，还会借助面部表情、手势等身体语言来协助自己取得更好的教学效果。因此，身体语言已成为教师专业技能的重要组成部分。

英国心理学家阿盖依尔等于1970年的试验发现，当语言符号和非语言符号不一致时，人们相信的是非语言符号所代表的意义，而且非语言交流对交际的影响是语言的4.3倍。在日常教学中，师生也许能停止一时的语言交流，但无法停止发出信息，即身体总是有意或无意地通过动作、行为等各种身体形态发出信息。在体育教学过程中，由于受到教学目标、教学内容、教学方法以及课堂环境、学生实际情况等诸多条件的限制，单一使用口头语言远远不够。此外，相较于其他学科，体育学科的主要教学特征是体育教师用更多的身体语言来展示教学内容，对于体育课程来说，不论是教师还是学生都有大量的身体活动，在对体育课堂进行研究的时候必须走进"体"的现象，揭示体育知识的本质，"体"就是体育课堂教学中最基本、最重要的对话与交往方式，这也正是体育教学各要素在互动对话方面与知识教学课堂的差异[2]。同时，体育教学中使用的身体语言是师生进行情感沟通、运动技能展示的重要手段，这些都决定了身体语言在体育教学中的特殊地位和重要价值。体育教师在课堂教学时为传授体育技能、传达教学信息，所采取的有意识身体动作都应该是体育教学中的身体语言[3]。因此，研究体育教师的身体语言可以更好地服务于体育教学，为进一步优化课堂教学效果、提高教学质量奠定基础。

---

[1] 姚智清.试论《红楼梦》中体态语的妙用[J].红楼梦学刊，2002（1）：102-110.

[2] 费薇娜，蒋新鹏.体育教师专业发展及其价值取向[J].价值工程，2011，30（21）：188-189.

[3] 郑艳华.体育教学中体态语的研究[J].山西财经大学学报，2011（S4）：114-115.

第二节 研究目的与意义

一、研究目的

本研究的主要目的在于厘清体育教师身体语言的概念、内涵及外延，分析体育教师身体语言的特点、价值及功能，构建体育教师身体语言指标体系，编制体育教师课堂教学身体语言评价表，对体育教师身体语言的使用情况进行评价和反馈，运用功能观察表对体育教师身体语言所表达的功能进行观察分析，调查体育教师身体语言对学生情绪体验的影响，最后对体育教师身体语言的训练要求、方法以及运用原则等方面进行探究，建立体育教师身体语言库，指导体育教师合理运用身体语言，促进体育教师的专业发展。

二、研究意义

（一）理论意义

自我国教育领域开始对身体语言进行研究以来，便受到了大量学者的关注，但是有关体育教师身体语言的研究一直缺乏系统、全面的探讨，极大地制约了我国体育教师的专业性发展。因此，对体育教师身体语言进行系统研究，具有深远的理论意义：

第一，体育教师对身体语言的运用，直接影响课堂的教学效果和学校体育教育的质量。体育教师是"言传身教"的直接践行者，在体育课堂中，不仅具有有声语言的表达和讲述，更多的是身体语言的示范和讲解动作，当前，由于身体语言未受到体育教育工作者的足够重视以及缺乏系统的教材去学习，体育教师身体语言的运用还存在较大的问题。因此，研究身体语言的功能、价值，以及创建正确的身体语言库，是解决这一问题的重要前提，也是体育教师正确运用身体语言的需要，还可以进一步完善我国有关身体语言的理论研究。

第二，体育教师身体语言的运用关乎其自身的专业化发展，体育教师的专业改革强调把体育教学看作一种专业，使体育教师的职业专业化，并以此提高体育教育质量。基于此,进一步完善身体语言的理论研究,探寻正确的身体语言动作对体育教师专业化发展的促进作用。反之,在课上无意使用的错误身体语言动作会影响体育教师的专业化发展。因此,本研究对丰富体育教师专业发展理论和推进教师的专业化发展具有重要意义。

(二)实践意义

对体育教师身体语言探究的主要目的,不仅限于身体语言及专业发展的理论问题,更重要的是提高体育教师对身体语言的正确运用。其实践意义主要体现在:

第一,有利于促进体育教师对身体语言的正确运用。观察体育教师在课堂中的身体语言,了解体育教师对身体语言功能的认知现状,为促进体育教师正确使用身体语言寻找契机,这是本研究的出发点。

第二,有利于体育教师专业发展的实现。20世纪80年代以来,教师专业化发展逐渐成为人们关注的焦点,体育课程的成功与否,大部分取决于体育教师,本研究在分析过程中不断总结,通过观察体育教师行为,为体育教师提供一些适合本学科特点、基本而又实用的身体语言技巧,并筛查出正确的身体语言动作,创建身体语言库,以供体育教师参考和学习。这对促进体育教师专业化发展,进一步提高教学效果具有深远意义。

第三节　文献综述

一、关于副语言的研究

副语言学(Paralanguage)这一术语最初在1958年被美国学者特拉格(Trager)首次使用。"para"为希腊语前缀,具有"besides, near, or along"的含义,"paralanguage"描述的是伴随言语交际的非语言交际[1]。在研究不同文化以及交流交际的过程中,特拉格收集整理了大量语言学学者、社会学学者和心理学学者的素材,并加以概括、归纳,从而提炼出了一些适用

---

[1] 王敏华.应重视和加强对副语言的研究[J].徐州教育学院学报,2006(4):74-75,83.

于在不同语言环境下的语音修饰成分（Voice Modifications）。特拉格认为诸如此类的语音修饰成分拥有自身的属性和特征，但是，其属性和特征是随着交际时的语言体系产生的，故而称其为副语言。其要素是：音型（Voice Set），指说话人语音生理和物理特征，这些特征使我们能够识别说话人的语气、健康状况、年龄、性别等。音质（Voice Quality），即说话人语音的音域（Pitch Range）、节奏（Rhythm）、响度（Resonance）、音速（Tempo）等。发声（Vocalization），其中不仅包括uh-huh和uh-uh等伴随音，还包括哭、笑等噪声[1]。上述三要素便是副语言这一系统的最初内涵。

1977年，英国学者沃德霍（Ward Haugh）用"非言语交际"（Nonverbal Communication）这一术语来称谓副语言，同时，体态（Body Motion）、近体学（Proxemics）之类的"非言语交流"研究已经逐步开展。而大多数学者使用"副语言"这一术语来概括非语言交际的不同维度。1982年，美国学者拉福德（Loveday）提出，副语言包括声音、身势、近体等信息传播渠道，与语言交流密不可分、相互促进。1984年，美国教育资料信息中心（ERIC）给"副语言"下的定义为："对语言结构和作用之外的言语交际的各方面研究。[2]"

副语言符号是一种非文字语言的信息交流手段，它在人类交际中起着极其重要的作用[3]。1995年，美国心理学家爱德华·霍尔（Edward Twitchell Hall Jr）在《无声的语言》一书中提出："无声语言所显示的意义要比有声语言多得多，而且深刻得多。因为有声语言往往要把表达意思的大部分，甚至绝大部分隐藏起来。"可见，副语言符号的研究是一个值得重视的课题。

2014年有研究指出，同样的非言语行为可能出现在另一种文化中，在不同的非语言行为中会体现不同的意义[4]，语言学的相关研究为非语言交际研究打开了一扇窗口，同时也促进了跨文化的交际实践。

受益于国外学者的研究成果，近些年来我国对副语言的重视程度不断加深，相关研究论文基数逐年增加，副语言相关研究受到越来越广泛的关注。国内副语言相关研究以播音主持、护患关系为主要研究方向，其次是课堂教学。

---

[1] 田华，宋秀莲. 副语言交际概述[J]. 东北师大学报：哲学社会科学版，2007（1）：111-114.

[2] 杜丽. 论副语言[D]. 乌鲁木齐：新疆师范大学，2011.

[3] 樊葳葳，张迎丰. 副语言符号英汉互译中的文化沟通[J]. 中国翻译，2000（2）：36-38.

[4] LIU Jun-hong. Cultural Difference of Paralanguage Use between Chinese and American TV Talk Show Hosts[J]. 海外英语，2014（24）：8-9, 11.

课堂教学方向以对外汉语、英语及艺术舞蹈等科目为主要对象进行研究。相比之下，体育学科的副语言相关研究较少。

1995年，陈海澎指出副语言的特征包括语调、重音、语速、音高和体态语[1]。1997年，曹合建从语音、语义和功能三个不同维度将副语言分为五大类，分别是：①个人音质符号（包括音色、音速、音域、音延、节奏等）；②语音修饰符号（夹杂在言语中的笑声、哭喊、尖叫、低语、呻吟、打呵欠等）；③语音区别符号（声音响度、音高、音量和音速的变化以及特殊语音效果）；④语音分隔符号；⑤语音替代符号（能够较为准确地将特殊的言语意义表达出来的副语言行为，其作用是取代某些词或话语）[2]。毕继万先生创新性地将副语言分为四类：体态语、类语言、客体语和环境语。此后，谢伦浩将副语言细化，指出副语言可分为动态势语和静态势语，其中，动态势语包括表情语、动作语和体势语；静态势语包括类语言、服饰语和环境语，如图1-1所示。同时，他还指出副语言所具有的特性：真实性、情境性、差异性和广泛性[3]。这使国内对于副语言的研究更加趋于完善。

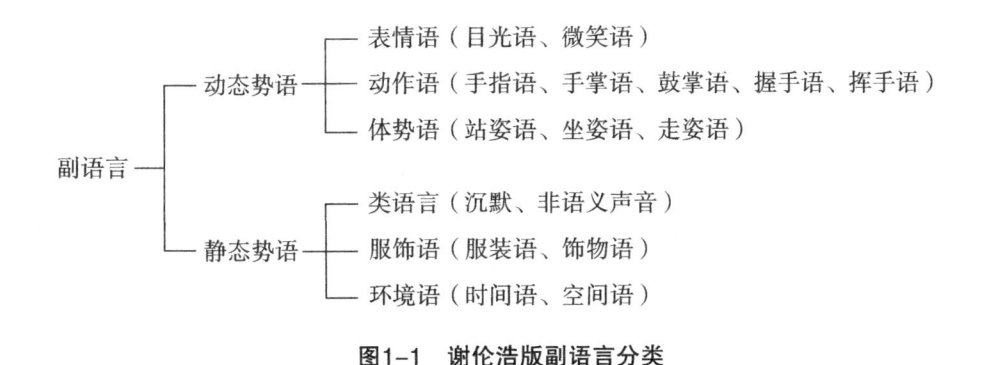

```
副语言 ┬ 动态势语 ┬ 表情语（目光语、微笑语）
       │          ├ 动作语（手指语、手掌语、鼓掌语、握手语、挥手语）
       │          └ 体势语（站姿语、坐姿语、走姿语）
       │
       └ 静态势语 ┬ 类语言（沉默、非语义声音）
                  ├ 服饰语（服装语、饰物语）
                  └ 环境语（时间语、空间语）
```

图1-1 谢伦浩版副语言分类

通过对国内外有关副语言相关研究的梳理发现，学者们对副语言所包含内容的理解有所差异，大多数学者认为副语言只包含与声音相关的维度，少数学者认为副语言包含内容广泛，除声音语要素外还包含体态维度，这为本研究身体语言的维度划分提供了参考。

---

[1] 陈海澎. 浅谈副语言特征对话语深层含义生成与理解的影响[J]. 浙江大学学报：社会科学版，1995（2）：96-100.

[2] 曹合建. 副语言与话语意义[J]. 外国语（上海外国语大学学报），1997（5）：18-21.

[3] 谢伦浩. 论副语言的社会交际功能[J]. 湖南社会科学，2001（6）：87-90.

二、关于体态语的研究

体态语又称体势学（Kinesics）或态势语，是一种非语言交际形式，涉及身体各部分的动作[1]。国外学者对于体态语的研究相对较早，美国学者洛雷塔·A·马兰德罗（LA Malandro）和拉里·巴克（L Barker）在《非语言交流》一书中指出，非语言交际至少包括语言交际可能具有的三种功能——补充言语信息、替代言语信息、强调言语信息[2]，这是对体态语功能作用较为准确的概括。国内学者对于体态语的研究同样有很多，陈望道先生在其著名的《修辞学发凡》一书中指出：体态语言就是用态势动作来交流思想的语言[3]。胡德清在2002年指出：人类所构建的神圣的语言殿堂，是由三根坚不可摧的擎天大柱支撑起来的，它们是口头语言、书面语言、体态语言[4]。体态语是人际交往中常见的一种非语言交流手段，其特点是具有含蓄、朦胧美和幽默感。胡德清将具有交际作用的各种非言语手段按其功能进行系统分类，并指出体态语具有表情、认识、指示、模仿、礼仪、替代、表露、暗示八大功能。同时，体态语在不同环境、不同文化、不同国家也有着不同的含义。比如，王军在2001年指出：由于各民族的文化差异，体态语带有强烈的民族特征，相同的体态语往往因文化差异而产生不同甚至相反的结果[5]，这也为之后研究体态语的学者提出了更严谨、更细致的研究方向。2003年，德斯蒙德·莫里斯（D Morris）指出："研究语言的人到处都有，分析语言被公认为是一门科学，但专门研究手势的人却像珍禽异兽一样难以寻觅——这不是说他们已经濒临绝迹，恰恰相反，他们几乎还没有开始进化。[6]"这种情况的产生，充分表明体态语具有不易用语言解释的特有属性，同时在不同人文因素、地域因素的作用下，人们对于体态语的理解较为懵懂，且对此暂无相关明确研究和较为统一的界定。随着人们对于语言相关研究的深入开展，非语言逐渐被人们关注，特别是非语言中的体态语这一交流手段必将进入人们的研究视野，

---

[1] 王添淼. 对外汉语教学中教师体态语的运用 [J]. 汉语学习, 2010（6）：98-103.

[2] 马兰德罗·洛雷塔·A, 拉里·巴克. 非语言交流 [M]. 孟小平, 译. 北京：北京语言学院出版社, 1991.

[3] 陈望道. 修辞学发凡 [M]. 上海：大江书铺, 1932.

[4] 胡德清. 试论体态语的功能 [J]. 外语与外语教学, 2002（12）：11-14.

[5] 王军. 中西体态语差异的文化透析 [J]. 四川外语学院学报, 2001（3）：65-67.

[6] 李凤琴. 整体性框架中的体态语多维思索 [J]. 外语与外语教学, 2004（12）：5-7.

并在相关研究中获得它应有的身份和地位。

在此体态语研究的基础上，体态语的研究范围逐步扩大并涵盖课堂教学领域。以"中国知网文献库"为数据库，以"体态语"为主题共检索出1617条结果，有关"课堂教学""教学方式"的结果名列前茅。2003年，维拉泽诺（Valenzeno）在针对课堂教师体态语的研究中指出：体态语对于提高学生的认知水平和促进课堂交际的理解有着举足轻重的作用，它能够吸引学生的注意力；能够提供丰富的信息；减轻学生的认知负担，使其拥有更多的认知资源进行学习[1]，充分强调了课堂中教师使用正确的体态语会对教学效果产生积极的影响。

在2018年国内的一项关于教师使用体态语调查研究中，共计选取了41位来自东北师范大学国际汉学院汉语初级阶段的留学生为调查对象，采取发放调查问卷的方式，分别从学生的角度调查了汉语初级阶段教师体态语的使用情况和学生的实际感受[2]。在此项调查中，七成以上的学生认为教师体态语是课堂中不可缺少的因素。并且，在教师体态语的诸多作用中，"更好地理解知识"和"活跃课堂气氛"最被学生认同，其次是"吸引注意力"和"激发学习热情"，认为"没什么帮助"的占比极少，如图1-2所示。

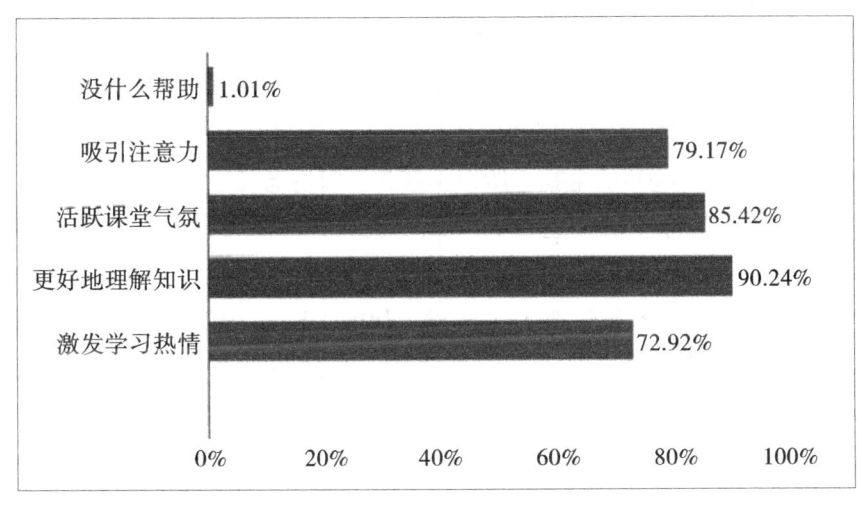

类别	占比
没什么帮助	1.01%
吸引注意力	79.17%
活跃课堂气氛	85.42%
更好地理解知识	90.24%
激发学习热情	72.92%

图1-2 教师体态语使用情况

[1] Valenzeno L, Alibali M W, Klatzky R. Teachers' gestures facilitate students' learning: A lesson in symmetry [J]. Contemporary Educational Psychology, 2003, 28（2）: 187-204.
[2] 范婉琳. 留学生对教师教学使用体态语的态度调查分析——以东北师范大学国际汉学院初级阶段留学生为例 [J]. 辽宁工业大学学报：社会科学版, 2018, 20（4）: 115-117.

国内学者已经关注到体态语和教学之间有着密不可分的联系。其中，2010年，赵立允指出教师体态语与其教育教学活动有着密不可分的关系，除了体态语的一般特性之外，他指出教师体态语还具有辅助性、有意性和情境性的特性，同时强调，教师体态语是对学生进行美育、体育、德育的重要手段[1]。由此可见，学者根据研究需要，从不同的研究视角赋予身体语言不同的概念和内涵。从身体动力学的角度，身体语言又称为体态语，学者对此也做了较多研究，并且涉及教学领域，由此充分说明了体态语对教学的重要性。

三、关于身体语言的研究

身体语言自人类诞生以来就存在并始终伴随着人类，同人类历史一样源远流长，随着社会的发展，人类对自身的认识逐渐深化。早在古代，我国就有记载有关身体语言的知识。在《礼记·乐记》中有记载："说之，故言之；言之不足，故长言之；长言之不足，故嗟叹之；嗟叹之不足，故不知手之舞之，足之蹈之。"同样在《论语·乡党》中有记载："朝，与下大夫言，侃侃如也；与上大夫言，訚訚如也；君在，踧踖如也，与与如也。"那普（Knapp）认为，在公元前600年，古希腊、古罗马时期源于对身体美的追求和演讲时体现出具有说服力的表现，已经意识到了身体语言的作用[2]。古希腊哲学家亚里士多德曾分析过人们如何用行为表达思想和愿望[3]。但是人类对于身体语言的科学研究及正确的认识却是近些年的事情，所以称其为一门古老又年轻的学科。

首先是国外对身体语言进行的早期研究，1644年约翰·布尔沃（John Bulwer）出版的《手势研究：手部的自然语言》，被视为身体语言研究的开创性著作。1790年，朱利叶斯·法斯特（Julins Fast）的《体态语言》一书问世，使得人们注意到身体语言的重要性，从此打开了研究身体语言的大门。到了19世纪，人们开始研究演员在戏剧中如何运用面部表情和身体动作表达情绪和感受。达尔文于1872年出版的《人类和动物的表情》一书，把身体语言的相关研究正式引进科学殿堂，这是对人类和动物表情进行研究的开山之作。他在著作中指出，现代人类的表情和姿势是对先祖的继承，是他们

---

[1] 赵立允，窦聚山.浅谈教师体态语对课堂教学效果的影响[J].教育与职业，2010（9）：70-72.
[2] 沈丽莉.符号学视角下教师体态语在健美操教学中的应用研究[D].成都：四川师范大学，2014.
[3] 刘汝山.体语学研究与外语教学[J].山东外语教学，1992（Z1）：11-14，17.

适应环境的结果。20世纪初,德国现代实验心理学创始人——威廉斯·文特在《道德心理学》中用一章篇幅论述了身体的姿势语言。德国学者克里奇默（Kretscher）于20世纪20年代出版的著作《体格与个性》，标志着身体语言研究的真正开始。而直到20世纪中期，身体语言研究才开始大规模展开。1952年，美国语言学家、人类学家伯德惠斯特尔（Ray L Birdwhistell）出版了《体语学导论》，首次提出一整套身体语言符号。1959年爱德华·霍尔（Edward Hall）出版的《无声的语言》，被看作跨文化交际学的奠基之作。此后，研究者逐渐增多，具有代表性的有美国社会心理学家巴克（Buck）从身体语言表达方式角度对身体语言进行了阐述，埃克曼（Ekman）则从身体语言的功能角度研究人类行为。

2011年，德国蒂宾根大学医学院的一项关于《不同性别影响阅读身体语言》的相关研究证实，如何阅读身体语言对适应社交行为和非语言交流非常重要，这种能力构成了社交能力的核心部分，健康的感知者能够推断出身体语言所代表的其他人的情绪和心情[1]，研究表明，性别影响阅读身体语言的正确性，但不影响身体语言阅读的速度。同时也表明，通过阅读他人的身体语言，可以帮助自身在社交环境中取得更具优势的地位，也可以感知他人的内心情绪和心理状态等因素，它表明了身体语言是内心情绪状态的一种外在表现。

2014年，英国东英吉利大学和伦敦大学在《商务人士身体语言的相关研究》中指出：对于商务人士来说，认识不同身体语言在自身文化中的含义是一个非常重要的领域，了解身体语言可能会导致对他人的误解或冒犯，这些知识将帮助他们认识到在某些情况下改变自己行为的必要性[2]。商务界人士交流以文雅、规范、效率等特点而著称，交流者需明确自身文化身体语言和对方文化身体语言的差异性，避免不必要的误会，以便更顺利地完成商务交流。可见身体语言在商业交流这类正式谈判中的重要性，正确地使用身体语言往往可以达到谈判目的，而无意识的身体语言冒犯，可能会对谈判结果产生消极影响。

2016年，曾有国外研究者强烈建议将"身体语言和公共演讲"纳入官方计

---

[1] Sokolov Arseny A, Kruger Samuel, Enck Paul, et al. Gender affects body language reading [J]. Frontiers in Psychology, 2011, 2.

[2] Brian J. Hurn. Body language-a minefield for international business people [J]. Industrial and Commercial Training, 2014, 46 (4).

划的沟通培训模块中[1]。这说明在社会各行各业中，身体语言和公共演讲是沟通中较为重要的决定性因素之一，各个行业中的交流沟通使用更多的身体语言已经成为一种流行趋势。同样，这对身体语言的相关研究也具有较强的社会和学科意义。

2017年，香港理工大学和悉尼科技大学在《讲座中演讲者身体语言的研究》中提到，在身体的相应节奏运动中，较小而且较快移动的身体部位（如手、脚、头部和眼睛等）容易与突出张力的小音韵波长同步，通常作为头部点头或拍打手势[2]。这一动作在中式社会生活中也是较为常见的，例如，在讲座中演讲者的手和手臂的节拍与下划线音节的音韵显著同步，如图1-3所示。

此项研究还提及，演讲者在讲座中也存在结合语言表达意义的手势表达，如以手势示意实体的大小或文本意义，如以节奏节拍的强度示意大小，来引用评价性的解释，如图1-4所示。

"The hydrostatic pressure in the glomerulus…"

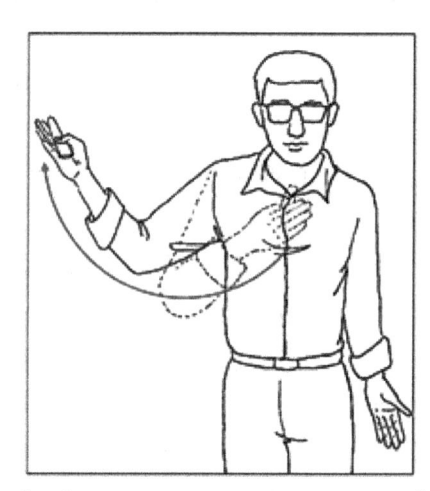

图1-3 演讲者手和手臂的节拍与音节（下划线）的音韵同步

"Yor'd ee out everything good in your body."

图1-4 演讲者的手势表达融合

---

[1] Hawani A, Melki H, Mrayeh M, et al. Impact of "Body Language and Public Speaking" Training on Physical Education Trainees' Perceptions Self-Efficacy Pedagoguique [J]. Creative Education, 2016, 7 (14)：1861-1868.

[2] Jing Hao, Susan Hood. Valuing science: The role of language and body language in a health science lecture [J]. Journal of Pragmatics, 2019, 139：200-215.

2017年，著名社会心理学家、哈佛大学教授艾米·库迪（Amy Cuddy）在她的TED Talks中讨论了身体语言重要程度的内容。期间，艾米·库迪谈到了身体语言的影响，同时指出强大的身体语言动作如何让自身感觉更好，从而获得进步[1]。在此项研究中，艾米·库迪教授建议在大型活动（如面试、公开演讲）之前，在私下采用高效率姿势坚持两分钟，让自己感觉不那么焦虑。

2018年，意大利米兰比可卡大学（Milan Bicocca University）在《男性和女性身体语言的差异研究》中证实了这样一个假设，即女性能更好地理解面部的社会信息[2]。也就是说，相较于男性，女性对面部表情类身体语言更敏感，但也更容易被面目表情的假象感染或欺骗。

2018年，斯洛文尼亚卢布尔雅那大学和弗朗西斯科家庭研究所的一项关于《身体语言作用于家庭关系之中》的研究指出，身体语言不仅可以使内心的想法更好地向配偶转移和传递，还可以解决他们最深层次的心理——有机感觉和共鸣，反之，这又成为人际关系和家庭对话的基础[3]。身体语言在处理家庭关系的环节中起到了意想不到的作用，可见，如何正确运用身体语言和明确使用身体语言的意图在当今社会生活中，甚至在家庭夫妻生活中有着关键的作用。

相较而言，我国对身体语言的研究较晚，是从翻译外国研究论著开始的。如1988年由北京语言学院出版社出版的由法斯特著作，孟小平翻译的《体态与交际》，中国青年出版社出版的由澳大利亚阿伦·皮斯著、汪福祥翻译的《奥妙的人体语言》，以及2006年首都师范大学出版社出版的英国学者彼得·卡雷特的著作《体态秘语》。到了20世纪80年代后期，出现了我国学者对身体语言的研究著作。如耿仁岭于1988年出版的《体态语概说》，对体态语的社会职能、特征、运用技巧等方面都进行了说明[4]。周国光于1996年出版的《体态语》分别对体态语和身动学进行了研究。21世纪以来，国内学者对于身体语言的研究进一步深入。其中，赵鹤在《身体语言本质研究》一文中指出，身体

---

[1] M. S. Rao. Tools and techniques to boost the eloquence of your body language in public speaking [J]. Industrial and Commercial Training, 2017, 49（2）：75–79.

[2] Proverbio A M, Ornaghi L, Gabaro V. How face blurring affects body language processing of static gestures in women and men. [J]. Social Cognitive and Affective Neuroscience, 2018, 13（6）：590–603.

[3] Gostecnik C, Slavic T R, Pate T, et al. Body Language in Relational Family Therapy [J]. Journal of Religion and Health, 2018, 57（4）：1538–1553.

[4] 耿仁岭. 体态语概说 [M]. 北京：北京语言学院出版社，1988.

语言具有丰富的传播性，身体符号已经成为某部分人的代表，建立好个人的身体语言，了解更多的身体信号对社会发展起到了一定的促进作用[1]。袁丹在《基于信息诉求的身体语言设计研究》一文中认为，人即风格，身体即信息，一个人哪怕不做任何动作，只静静地站立或默默地经过，悄无声息的信息和思想也已经开始流露[2]，说明人们在社会中，哪怕站着不说话，也无时无刻不在发出信息。刘书慧在《身体语言：在不同文化中的同与异》一文中指出，受不同文化的影响，相同的身体语言在不同的国家和地区有着不同的含义[3]。这表明身体语言和体态语具有较为相同的属性，即在不同文化、不同地域、不同人群中运用身体语言，便可能具有不同的含义。

由此可见，身体语言有着久远的历史渊源，其在人类的生活、工作中具有重要的作用。我国学者对身体语言的研究虽然相对延迟，但是也在国外学者的研究基础上进行了深入的探究，为本研究提供了理论基础。

四、关于教师身体语言的研究

教育教学是教师的主要职业活动，一些国外学者很早就注意到在教学过程中出现的身体语言，因此，教师身体语言的研究开始逐渐受到重视。如雷德尔和瓦恩曼（Redl&Wiveman）曾在1957年提出，教师在处理学生问题时，行为方式有"言语反应"和"身体语言反应"两种，其中后者是教师较可能采取的第一类反应，目的是使课堂上其他同学对有问题行为同学的注意力降到最低限度[4]。1964年美国语言学家瑞弗斯（W. Rivers）在《心理学家和外语教师》一书中，从外语教学的角度阐述了外语教师文化素质的重要性，其中包括教师对所教语言国家人们的举止、手势和面部表情等方面的了解，引起了教育界对外语教学中身体语言研究的高度重视。科德（S. Corder）认为教师是学生学习最重要的视听辅助。比切（N. Bettie）指出，语言教育的教师比教其他科目的教师更重要的作用是，语言教师在教语言的同时，还要使用必要的非语言手段，以表达话语中各种情境下的微妙含义[5]。20世纪70至80年代是美

---

[1] 赵鹤. 身体语言本质研究[D]. 大连：大连工业大学，2011.

[2] 袁丹. 基于信息诉求的身体语言设计研究[D]. 北京：中央美术学院，2014.

[3] 刘书慧. 身体语言：在不同文化中的同与异[J]. 海外英语，2012（1）：245-246.

[4] D. 阿姆斯特朗，等. 中学教师实用教学技能[M]. 高佩，等，译. 北京：中国劳动出版社，1991.

[5] 转引自郝瑜. 非语言行为交际及其在外语教学中的含义[J]. 延安大学学报：社会科学版，1996（2）：79-83.

国研究教师身体语言的发展时期，弗兰德斯（N. Flanders）于1970年创立了师生相互作用分析系统来研究师生的言语行为，这个分析方法对后来的学者进行教师身体语言研究具有重大的启发意义。一些学者不仅从理论上进行研究，还开展了实践研究，他们积极地为中小学教师开设这方面的指导课程，举办培训班来推广研究成果。

同样，苏联的一些学者也对教师的身体语言进行了不少的研究。著名的教育家马卡连柯（A. C. Makarenka）曾说："高等师范学校应当用其他方法来培养我们的教师们，如怎样站、怎样坐、怎样从桌子旁边的椅子上站起来、怎样提高声调、怎样着装等细枝末节。"1983年苏联学者卡斯达马诺夫认为，身体语言是其文化的重要组成部分，把身体语言纳入教学中有着特殊的重要意义。

1978年，美国心理学家艾伯特·梅拉比安（Albert Mehrabian）通过实验得出如下公式：课堂信息传递的总效=7%的语言+38%的语调语速+55%的表情动作[1]，说明教师的表情和动作在课堂教学的信息传递上具有举足轻重的作用。若教师使用较多的口头语言表达而忽略身体语言的运用，则会产生较大的负面作用，小学教师在课堂教学中若只是采用固定、单一的口头语言而较少使用身体语言，就会使学生产生听觉疲劳，容易引起信息的流失，造成学生的"视觉休眠"[2]，由于小学生年龄、身体、心理的特殊性，这将对小学生课堂学习的兴趣产生重要影响，从而直接影响课堂教学效果。

我国学者在20世纪80年代后逐渐意识到身体语言在教学中的作用，并由此开始了教师身体语言的研究。张广君（1987）提出了教师身体语言运用的六条原则：善意尊重、协调一致、程度控制、师生共意、最优搭配和自我意识原则[3]。方展画（1988）提出身体语言是学生非智力因素的影响机制之一[4]。由此可知，身体语言对学生的非智力因素也有一定影响。90年代后，我国学者对教师身体语言的研究日趋增多，不仅在著作中用专门章节进行论述，还以专著形式进行系统的论述。其中，朱作仁（1993）的著作《教师体

---

[1] Sternberg C N, Yagoda A, Scher H I, et al. Methotrexate, vinblastine, doxorubicin, and cisplatin foradvanced transitional cell carcinoma of the urothelium. Efficacy and patterns of response and relapse [J]. Cancer, 1989, 64（12）：2448.

[2] 魏欢.小学教师身体语言的运用对课堂教学效果的影响[J].教学与管理，2016（35）：1-3.

[3] 张广君.课堂教学中教师的非言语行为[J].教育研究，1987（6）：24-27.

[4] 方展画.非智力因素的影响机制——非语言交流[J].教育研究，1988：4.

态语言艺术》被看作一项填补国内空白的创造性研究成果。1997年由周国光、李向农编著的《体态语》，在体态语的研究视角、研究方法、体态语分类方面有着独到的看法[1]。进入21世纪，我国学者对教师身体语言的研究更加深入和全面，以学者周鹏生的《教师非言语行为研究简论》为例，著作中不仅对研究历史做了系统整理，还从理论和实践维度进行了探讨。除此之外，还有学者专门对某一学科进行研究，如亓华（2016）的著作《国际汉语教师非言语行为与规范》从"体态语""服饰仪表语""副语言""时空环境语"四个方面进行详细研究，并构建汉语教师身体语言规范理论[2]。

通过对国内有关教师身体语言的综述可以发现，我国研究者最初对教师身体语言的研究主要是在外国研究结果的基础上加以借鉴和补充，进而发展为对学校教学活动展开深入研究。随着研究角度和研究范围的具体化，教师身体语言在教育界得到越来越多的重视。这些研究结果对提高课堂教学质量以及教师自身的专业素养都有一定的指导意义，也为以后学者更进一步的研究提供了一定的理论和实践支撑。

五、关于体育教师身体语言的研究

在教师和教学身体语言相关研究基础之上，国内学者对体育教师的身体语言也已展开研究，相比之下，国外学者对于体育教师身体语言的研究较为完善，研究时间较长，研究思维较广，研究维度较多。

2006年，英国埃塞克斯学院在一项有关网球的教学研究《对手赛前行为对男性网球运动员的影响》中指出，服装和身体语言对预期结果和绩效评分均具有交互作用[3]，即对手所展现的最初印象会影响运动员判断对手的表现行为和获胜的可能性感知。也就是说，在体育训练或比赛中，通过身体语言对对手的判断是很重要的一个环节，特别是在体育教学环节，教师应对此方面进行更多的科学培训和教学。

---

［1］周国光，李向农.体态语［M］.北京：中央民族大学出版社，1997.

［2］亓华.国际汉语教师非言语行为与规范［M］.北京：北京师范大学出版社，2016.

［3］Buscombe Richard, Greenlees Iain, Holder Tim, et al. Expectancy effects in tennis: the impact of opponents' pre-match non-verbal behaviour on male tennis players［J］. Journal of sports sciences, 2006, 24（12）: 1265-1272.

2013年，第四届教育和体育教育国际学术会议有关体育教师身体语言的相关研究指出，体育课堂教学在教师的主导作用下，有计划地组织、教授体育知识和体育技能，体育教师主要通过词语评价和身体语言评价相结合来评价、评估学生的信息，身体语言评价是词语评价的必要补充和深化。但是在现阶段，结合体育课堂教学的近况，有些教师只在非自愿阶段使用身体语言评价，忽略了身体语言评价的辅助功能及其特殊功能，具体来讲，体育教师身体语言需巧妙地运用于体育课堂教学，从而控制和调整课堂气氛，改善师生心理互动，提高课堂教学质量和效果。

2013年，欧洲多国的一项关于《新手型体育教师和专家型体育教师的教学差异对比》的研究指出，与专家教师相比，新手教师上课时使用了更多的手势动作，但并没有有效地利用教学空间，表明新手型体育教师的教学空间感较专家型教师有一定差距，其应在使用较多手势动作语言的同时，更有效地学会利用教学空间。手势动作是体育教师身体语言中相对简单、直观的身体语言，但也需要经过长时间、投入较多精力学习观察和教学实践才能了解并掌握。此研究同时指出，专家型体育教师在教学中往往使用一些身体语言辅助其教学，旨在达到更好的教学效果[1]。

国内学者对体育教师的身体语言也有一定研究，目前有关体育教师身体语言的研究大多都是文章和学位论文，还未曾出现专门研究体育教师身体语言的著作。杜子平（1987）在《浅谈体育教学中教师的"体态语"》一文中指出教师在教学中合理、适时地应用体态语能够对课堂效果产生较好影响[2]。仲曾寿等（1992）认为身体语言在体育教学中有着重要的作用，主要通过四条途径进行语言传递，分别是面部语、眉目语、手势语、身姿语[3]。贺业志（2009）曾指出，体育舞蹈的风格、表现力以及体育舞蹈者有意识的形体表演都源自身体感觉、身体表达及技术技能，身体的空间性是体育舞蹈构建的先决条件，体育舞蹈与其舞蹈者自身身体感觉、身体表达和技术紧密相连，这是体育舞蹈的魅力所在，也是评判体育舞蹈优劣的指标之一[4]。雷慧（2011）构建了评价指标体系，实现了体育教师在课堂上身体语言的量化评价，具有较高

---

[1] Marta Castañer, Oleguer Camerino, M. Teresa Anguera, et al. Kinesics and proxemics communication of expert and novice PE teachers [J]. Quality & Quantity, 2011, 47（4）: 1813-1829.

[2] 杜子平. 浅谈体育教学中教师的"体态语"[J]. 体育科学研究, 1987: 11-12.

[3] 仲曾寿, 朱晓春. 论人体语言在体育教学中的运用[J]. 武汉体育学院学报, 1992（3）: 31-33.

[4] 贺业志. 论体育舞蹈的身体语言[J]. 山东体育学院学报, 2009, 25（6）: 26-27.

的推广价值[1]。许仕杰（2016）曾对体育教师的身体语言进行了分类，描述了其作用和意义[2]。李笋南等（2019）在探讨《论体育教师身体语言的运用价值》的研究中提出，体育教师身体语言在体育教学中具有教学本位价值和育人本位价值的双重价值，表明体育教师身体语言除了具有教学价值之外，其育人价值同样不容忽视，这将是未来体育教师身体语言相关研究的重点和难点。由于体育教学的特殊性，体育教师很大一部分身体语言的使用是通过动作示范进行的，在体育教学中运用示范法，学生可通过观察学习，构建示范动作的概念性表征，同时也可以对学生初始动作技术起到修正作用。

根据现阶段所查阅的相关文献和研究，国内学者认识到体育教师在教学中运用身体语言的重要性、意义和价值等因素，但对于体育教师身体语言相关功能体系及实施应用的研究较为匮乏，但这也为继续完善体育教师专业发展及其评价体系带来了崭新的思考和动力。

六、文献综述述评

上述研究成果形成了体育教学中的身体语言研究的基本架构，并初步构建了体育教学中的身体语言理论，蕴含着本研究及整个体育教学研究、身体语言研究领域的基本理论积淀。但在以往的研究中，从内容来看，有关身体语言的研究大多集中于其他学科领域，有关体育学科的研究相对较少，并且仍以理论思辨研究居多，鲜有实证性研究。本研究将进一步完善相关内容，从概念着手，对体育教师身体语言进行理论构建和实证研究。从研究方法来看，以往研究大多运用文献分析法对体育教师身体语言进行理论建构，缺少体育教师身体语言运用情况的评价表。本文运用合适的研究方法对所研究的内容进行探讨，如录像观察法，对体育教师的教学实践进行观察，从而验证指标体系及评价表。从研究视角来看，当前的研究较为宏观，有待具体化。本文将聚焦体育教师身体语言的指标体系和身体语言运用的评价表，对其进行深入研究。这为继续完善体育教师身体语言理论与实践方面的研究提供了新的研究方向和研究动力。

---

[1] 雷慧，熊茂湘.体育教师课堂教学非言语交际行为评价体系[J].武汉体育学院学报，2011，45（4）：91-96.

[2] 许仕杰.浅谈身体语言在中小学体育教学中的运用[J].课程教育研究，2016（31）：212-213.

第四节 研究内容与方法

一、研究内容

基于身体哲学视角,探讨体育教师身体语言的概念、内涵、外延、特点、分类及运用价值;确定体育教师身体语言的维度,并构建体育教师身体语言评价指标体系,编制体育教师身体语言评价表,对体育教师身体语言的使用情况进行评价和反馈;对体育教师身体语言的功能进行划分,调查体育教师对身体语言功能的自我认知和学生反馈的现状,通过实证研究对不同身体语言进行详细的功能分析;探究体育教师身体语言对不同性别、不同年级学生情绪体验的影响;最后建立体育教师的身体语言库并给予指导说明。

二、研究方法

(一)文献资料法

通过国家图书馆、北京师范大学图书馆、中国知网、百度学术、Academic Journals、Web of Science等多种渠道搜集和研读国内外与"身体语言""副语言""体态语""非言语行为""Body language""Nonverbal behavior"等相关的书籍、文献,在认真研读的基础上进行梳理和归纳,构建体育教师身体语言的相关基础理论,为后续研究据供一定的理论支撑。此外,相关文献和研究内容的回顾,为构建体育教师身体语言的评价指标体系、编制评价表提供了依据,也为厘清体育教师身体语言的概念、内涵、外延、特点、分类及运用价值提供了支撑和参考。

(二)观察法

本研究依据体育教师和体育课堂的特点,针对体育教师制订功能观察表,对体育教师课堂上使用的身体语言进行实地观察,对比不同教师在运用身体语言时有哪些特点和规律。同时，对"全国义务教育体育与健康教材教学改革论坛示范课"共计8节示范课进行体育教师身体语言使用情况的观察和记录，为本研究提供客观的材料；通过观看"2019年第8届全国中小学优秀体育课和健康教育课教学观摩展示交流活动"的6节教学录像，以此作为评价对象。4位评分专家使用《中小学体育教师课堂教学身体语言评价量表》，在观看每段录像过程中或结束后，对6名授课教师进行独立打分并写下简要评语，随后对评价结果进行检验。

（三）专家访谈法

根据研究需要，本研究对多名高校体育教学名师，以及体育教师身体语言相关研究领域的专家进行多次访谈，依据专家教师深厚的专业水平和丰富的体育教学经验，在体育教师身体语言评价指标体系的构建初期，提出大量关于体育教师身体语言的评价指标，并筛选修订已提出的指标，最终构建出体育教师身体语言评价指标体系。在制定问卷和测试指标时，走访教育学、心理学、体育学领域等多位专家寻求理论指导，多次征求专家的看法，并听取他们的意见和建议，对问卷进行了多次修改，为问卷的设计提供了保障。

（四）问卷调查法

根据研究需求，制定了体育教师身体语言指标重要程度、体育教师身体语言功能、教师课堂行为、体育教师的身体语言对学生情绪体验的影响等调查问卷，为保证问卷回收数据具有代表性，能够客观、真实反映体育教师身体语言的运用情况，在问卷发放之前，本课题组询问专家，通过反复修改确认问卷内容，并分别以纸质版问卷和"问卷星"的形式发放给研究对象，回收问卷后，剔除无效问卷，进行数据的分析。

在体育教师身体语言功能自我认知和体育教师身体语言信息传递功能及情感表达功能的分析研究中，向体育教师共发放500份问卷，回收有效问卷486份，其中男体育教师的人数为277人，女体育教师的人数为209人；城市体育教师的人数为277人，乡镇体育教师的人数为209人。问卷中的选项采用李克特五分法，非常不重要—非常重要、非常不了解—非常了解的赋值均为1~5分。

在学生对体育教师身体语言功能的反馈和体育教师身体语言对学生情绪体

验的影响研究中，向学生发放3000份问卷，回收有效问卷2620份，其中男学生的人数为1130人，女学生的人数为1490人；城市学生的人数为1987人，乡镇学生的人数为633人；高中生730人，初中生1890人。问卷中的选项采用李克特五分法，非常没有帮助—非常有帮助、非常厌恶—非常愉悦的赋值均为1~5分。

（五）数理统计法

将调查问卷所收集到的数据借助Excel软件录入及核实，运用SPSS软件进行统计分析，问卷结果的分析方法主要包括描述性统计、均值比较、方差分析、独立样本T检验等，以$P<0.05$和$P<0.01$为差异有统计学意义。在计算体育教师身体语言评价指标权重时，本文运用AHP-熵权法以及模糊综合评价法进行计算，结合主客观赋权的优势，在专家主观赋权的基础上，建立专家自身权重的熵值模型予以修正，最后将2个权重采用加权的方式进行合成，在一定程度上提升各级指标权重的精确度。模糊综合评价法对于由多层次、多指标构成的对象进行主观因素的全方位评价（如专家评分）效果显著。中小学体育教师身体语言指标体系由一系列相互联系、相互作用的多层次指标构成。因此，本研究采用模糊综合评价法，将指标体系用于中小学体育教师课堂教学中，检验其实际评价效果和可操作性。

第五节　理论基础

任何研究都建立在一定的理论基础之上，体育教师身体语言的发展和运用与其学科理论基础有着密切的关系。因此，对体育教师身体语言的相关理论基础加以了解非常重要。

一、身体哲学理论

梅洛·庞蒂的身体哲学不仅在西方现代哲学体系中具有举足轻重的地位，也对其他学科领域产生了积极影响。本研究正是基于其哲学思想来探究体育教师身体语言。梅洛·庞蒂的身体哲学可以分为三个主题：第一，人是身体性的存在。"在成为理性之前,人性是另一种身体性"[1],理解人的前提是要澄清身体是人的存在方式。身体作为一个整体是不可分割的,身体本身的存在和体验都在提醒我们一个事实,即身体是一种模棱两可的、含糊不清的存在方式[2]。当然这种模糊是一种好的状态,正是这种存在方式将心灵与肉体的对立分裂予以消解,并且把身体与灵魂无时无刻的互动作为身体运动本身所带来的必然结果。我们心中所拥有的观念、思想其实是身体整体运动所产生的功能,而观念、思想的来源有赖于身体的感知和体验。可以说,身体既是我们一切活动的基础和出发点,也是我们的终点。所以,关注身体,强调身体的感知和体验,才能真正理解人。第二,身体是朝向世界存在的。身体作为人介入世界的媒介,将我们引入特定的生存情境,并在其中与他人发生关系,产生一系列的关联与互动活动。身体是具有意向性的存在,不仅朝向外部世界存在与其发生联系,同时指向内部对自我开放,它将人的精神世界与外界连接起来,在共享共存世界的同时,保持每一个人精神上独立的空间。身体"既分化也整合着人的内心世界与现实世界"[3]。可以说,身体作为人与世界的界限,既保留着人的独立,也为人提供了发生联系的可能性。第三,我们所生活的世界是由人组成的世界,所以个体的存在与发展必然会与他人发生关联,"他人始终寓于世界和我们结合处"[4],而在这个过程中,身体起到了世界的介质和枢纽的作用[5]。我们无法逃离与他人发生关系的现实,所以应反思与他人的关系。

从梅洛·庞蒂的身体哲学出发,可以清楚地发现如下事实:体育教师通过其身体在教育生活世界中存在,并运用身体感知教育生活世界。通过身体,体育教师与教育生活世界建立联系,并重新审视和解释自己身体所处境地的意义,最终,体育教师的身体可以更好地在教育生活世界中发展。通过关注体育教师的身体,强调体育教师身体介入教育生活世界的意义,可以帮助体育教师更好地发挥身体的创造性,开发身体中潜在的可能性,更好地进行教学实践。

---

[1] 杜小真,刘哲.理解梅洛–庞蒂——梅洛–庞蒂在当代[M].北京:北京大学出版社,2011.

[2] 莫里斯·梅洛–庞蒂.知觉现象学[M].姜志辉,译.北京:商务印书馆,2001.

[3] 何芳.人之身体的教育关注[D].开封:河南大学,2009.

[4] 莫里斯·梅洛–庞蒂.世界的散文[M].杨大春,译.北京:商务印书馆,2005.

[5] 燕燕.梅洛–庞蒂具身性现象学研究[D].长春:吉林大学,2011.

二、默会知识理论

英籍犹太裔物理化学家和哲学家迈克尔·波兰尼（Michael Polanyi）在《人类的研究》（The study of man）中指出人类的知识分为两类，一类是我们可以用文字、地图或者数学公式表达的知识，另一类则是不能用公式表达的知识，比如我们有关正在做某事的知识。前一种称为可清晰表达的知识（explicit knowledge），后一种则称为默会知识（tacit knowledge），其是相对于显性知识而言的[1]。默会知识在诀窍、经验、直觉之中，更不容易进行正式的交流，经验和积累这些经验的期望、动机等因素至关重要[2]。默会知识不采取语言表达形式，而是用活动/行动来表达[3]。在体育教学中，运动技能就属于这类知识。体育教师在教授体育技术动作时，语言的指导并不能使学生充分理解动作的技术要领，而适当的肢体动作演示、示范则能够较好地促进学生对运动技能的习得，"我们的身体总是被当作获得对周围环境的认知和实际操作的基本工具"[1]，身体语言对于默会知识的表达和获得是根源性的，正如我们的"心灵本质上是身体化的"[4]。因此，不论是体育教师运动技能的教授还是学生运动技能的习得，身体语言在默会知识的表达和传递中都发挥着重要的作用。此时，身体语言表达的就是知识，身体语言表现的就是知识本体。

三、具身认知理论

具身哲学认为，我们认识世界是从自己的身体开始的，通过"体认"的方式，用身体以适当的方式与世界互动，在互动的过程中获得对世界的认知[5]。具身认知肯定身体在认知中的作用，现象学家梅洛·庞蒂在其著作中区分了两种身体：客观身体和现象身体。客观身体是指生物神经系统层面的身体，而

---

[1] Polanyi M. The study of man [M]. London: Routledge & Kegan Paul, 1957: 12.
[2] 陆德梅.知识型员工默会知识的影响因素研究[D].上海：复旦大学，2014.
[3] 郁振华.人类知识的默会维度[M].北京：北京大学出版社，2012.
[4] 郁振华.身体的认识论地位——论波兰尼默会认识论的身体性维度[J].复旦学报：社会科学版，2007（6）：72-80.
[5] 唐佩佩，叶浩生.作为主体的身体：从无身认知到具身认知[J].心理研究，2012，5（3）：3-8.

现象身体是社会文化中所经验的身体[1]。具身认知理论所强调的正是这两个层面的综合。"认知依赖于经验的种类，这些经验来自具有各种感知运动的身体；而这些感知运动能力自身内含于一个更广泛的生物、心理和文化情境之中"[2]。在认知过程中，身体运动经验与内在的、抽象的心理过程相互嵌入，无论是知觉，还是抽象思维等认知活动，都不仅仅是对外在世界简单的镜像映照，而是与身体的感觉、运动系统紧紧相连，深深植根于身体活动中，植根于身体与环境相互作用中。具身认知理论指出："语言是在生存活动中不断形成的，掌握语言的关键在于人类的生存活动，它并不是一种简单的习得和接受，我们身体的与世并存及使用就已经是原初表达"[3]。在现代体育教学双边活动过程中，通过身体语言在师生之间展开的"对话场域"中，师生双方通过肢体动作、姿态与表情等凸显身体练习体验的感觉经验，从而达到体育教学双边活动中更为深刻的对话与交流[4]。

四、符号互动论

符号互动论的创始人米德认为符号主要包括表意的姿态和语言两种形式，他特别强调意义对符号的作用[5]。德国著名哲学家卡西尔则对符号进行了如下阐释："符号是人们共同约定的用来指称一定对象的标志物，它包括以任何形式通过感觉来显示意义的全部现象[6]。"可见，符号有两个基本要素。一是能够通过人的感官感受到；二是代表某一特定的意义[7]。符号互动论主张从微观层面对社会系统进行分析，致力于研究人类的互动过程。人类社会最典型的特征即为符号互动，整个社会是人与人之间符号互动的结果。可以将其

---

[1] 梅洛·庞蒂.知觉现象学[M].北京：商务印书馆，2001.

[2] Prilleltesky I. On the social and political implications of cognitive psychology [J]. The Journal of Mind and Behavior, 1990, 11（2）：129-131.

[3] 叶浩生.具身认知：认知心理学的新取向[J].心理科学进展，2010（5）：705-710.

[4] 周惠新.身体哲学视域下现代体育教学的具身认知[J].中国教育学刊，2017（8）：41-45.

[5] 李文跃.符号、教学符号与教学符号互动的探析——基于符号互动论的视角[J].教育理论与实践，2013，33（10）：53-56.

[6] 李恩来.符号的世界——人学理论的一次新突破——恩斯特·卡西尔人学思想探析[J].安徽大学学报，2003（2）：8-13.

[7] 刘转青，杨柳，刘积德.基于符号互动论的体育课程生成研究[J].教学与管理，2017（35）：82-84.

核心观点归纳如下:"社会中的人创造符号、运用符号、通过识别他人使用的符号认识自我,同时对情境进行理解并做出反应,建构稳定的行动模式与结构。"

体育教师在教学过程中通过讲解、示范、提问等形式将所教内容传递给学生,与此同时,他还必须接受并解读学生传递的符号信息;另外,学生积极主动地接收来自体育教师的符号信息,并对这些符号信息进行编码转译,同时学生也将对所学内容的理解及某些问题的看法通过各种符号传递给体育教师,最终师生之间形成良性互动。在这一互动过程中,情境起着至关重要的作用。体育教师应当营造一种有利于师生相互沟通交流的情境,才能更好地实现双方符号的互动。

第二章 体育教师身体语言的概念界定

第一节 核心概念界定

一、身体语言概念

关于身体语言的概念，目前还没有统一的称谓和定义，不同的专家学者根据研究需要，从不同的研究视角出发，对身体语言作出不同的概念和内涵解读。从身体动力学的角度，身体语言又称为体态语、身势语、态势语、动作语言、非言语行为；从人际交往的角度，身体语言又称为非语言交际；从语言学的角度，身体语言又称为态势语，或与有声语言相对应的无声语言；有人认为身体语言包括副语言、近体学、嗅觉、皮肤灵敏性、体态等；有人将身体语言与姿势等同，包括语音修饰成分和人体动作学；有人用副语言这一术语来概括身体语言的各个方面，包括声音、身势、近体等信息传播渠道，与传统公认的渠道（即言语交际）相互伴随、相互渗透、部分统一[1]。

根据文献资料显示，国外学者对身体语言的研究较早。施拉姆认为身体语言是一种不见诸文字，没有人知道，但是大家都理解的精心设计的代码[2]。法斯特认为身体语言是同外界交流感情的全身或部分身体的反射性或非反射性动作[3]。伯贡和赛音认为身体语言是不用言词表达的，为社会所共知的人的属性或行动，这些属性和行动由发出者有目的地发出或被看成有目的地发出，由接收者有意识地接收并有可能进行反馈[4]。萨莫瓦将身体语言定义为一切言语行为之外的由人类或者环境所产生的，对于信息发出和接收者都具有

---

[1] 何奎莲.体态语：现代教师的必修课［M］.成都：西南交通大学出版社，2016.

[2] W.施拉姆，W.波特.传播学概论［M］.陈亮，等，译.北京：新华出版社，1984.

[3] J.法斯特.体态语言［M］.谢国先，等，译.昆明：云南人民出版社，1988.

[4] 转引自杨平.非言语交际述评［J］.外语教学与研究，1994（3）：1—6.

潜在信息价值的刺激[1]。布莱恩·特纳认为"当我们将身体问题集中在社会领域和人类学领域考察时，身体本身就成了一种特殊的语言，即身体语言"[2]。

相对而言，我国对身体语言的研究较晚。朱智贤认为身体语言是在社会交际活动中，以姿态、手势、面部表情和其他非语言手段来交流信息、情感和意向[3]。李振村、庄锦英将身体语言定义为人在交际过程中，用来传递信息、表达感情、表示态度的非语言的特定身体态势，这种特定的身体态势既可以支持、修饰或者否定言语行为，又可以部分地代替言语行为，同时又能表达言语行为难以表达的感情和态度[4]。周国光认为身体语言是人类重要的交际手段之一，是具有表情达意功能的一套图像性符号，包括人的面部表情、身体姿势、肢体动作和身体位置变化[5]。章光志认为"所谓身体语言，指非词语的身体信号，包括目光与面部表情、身体运动与触摸、身体姿势与外表、身体之间的空间距离等"[6]。熊征宇认为身体语言是人的面部表情、身体姿势、肢体动作和体位变化等构成的可视化符号系统，是那些能够承载信息、表达含义的身体动作[7]。尹建学认为身体语言是人类在交际过程中传达感情、态度和辅助信息的动作、姿态、表情等形义结合的视觉信号，并且这些视觉信号在交际过程中具有一定意义[8]。何奎莲认为身体语言是由人的面部表情、身体姿势、肢体动作、体位变化、声音语言等非言语因素构成的一个图像符号系统[9]。

本文认为，虽然身体语言有着不同的称谓，但是这一语言主要由人的身体发出，大部分是由身体的各种动作代替语言本身进行表情达意，更能从直观的视角来体现它与有声语言的区别。并且，身体是人人共有的，能使读者更好地

---

[1] Larry Samovar. Communication Between Cultures [M]. Tokyo: Wadsworth Publishing Company, 1998.

[2] 布莱恩·特纳. 身体与社会 [M]. 马海良, 赵国新, 译. 沈阳: 春风文艺出版社, 2000.

[3] 朱智贤. 心理学大词典 [M]. 北京: 北京师范大学出版社, 1989.

[4] 李振村, 庄锦英. 教师体态语言艺术 [M]. 济南: 山东教育出版社, 1993.

[5] 周国光. 体态语 [M]. 北京: 中央民族大学出版社, 1996.

[6] 章光志. 社会心理学 [M]. 北京: 人民教育出版社, 1996.

[7] 熊征宇. 体态语和礼仪 [M]. 北京: 中国经济出版社, 2005.

[8] 尹建学. 体态语言的分类及交际语境 [J]. 现代语文, 2011 (9): 62-64.

[9] 何奎莲 体态语: 现代教师的必修课 [M]. 成都: 西南交通大学出版社, 2016.

理解其中指代的含义。因此，本文认为称为"身体语言"较为合适。这种身体符号，可以从广义和狭义两个层面进行理解，广义的身体语言不仅包括个体借助自己身体在信息传递时发出的动作，还包括凭借与个体特征关系密切的单元（如服饰）进行信息交流时发出的动作或表现的姿态，狭义的身体语言则指个体运用自身的非语言符号进行交往时的动作或表现的姿态[1]。其不仅对语言符号起辅助作用，有时还可以代替语言进行交际，表达出语言难以表述的思想感情，是在无意识状态下交流最频繁的语言，在人际交往中具有重要作用。

二、教师身体语言概念

不同领域的工作职业都有符合其自身特点的身体语言，教师这一职业也是如此。教师的作用是教书育人，其直接面对的群体是学生，而学生又具有向师性和受教育性，他们不仅接受教师通过言语讲授的思想、知识，而且每时每刻都在观察教师的一举一动，获取各种信息和受到影响，尽管一些教师还未意识到这种影响的存在，认为自己只是在用语言开展教育教学工作，但实际上他们早已自觉或不自觉地通过丰富的身体语言将信息传达给了学生，影响着学生的智力和心灵[2]，所以教师的一言一行都会对学生产生巨大影响。身体语言是教师专业技能的重要组成部分，一个成功的教师在教学过程中不仅会借助口头语言，还会借助面部表情、手臂语、手势语等身体语言，从而在课堂上取得更好的教学效果。

王治业认为教师的身体语言是一种除口头语言、书面语言之外独特的教学"语言"，它是教师必须具备的教学行为，主要表现在教师教学、教育过程中通过眼神、面部表情、手势动作等身体部位的变化，对学生施加影响的方方面面[3]。王成蓉在论文中指出，教师身体语言是指教师在教学过程中运用眼神、表情、手势等身体部分的变化，对学生施加影响的一种非语言形式，是教师必须具备的除口头语言和书面语之外的一种特殊语言，是教师对学生进行教育教学的工具，也是完善和促进教学的一种手段[4]。周鹏生认为教师身体语言是在教育教学情境中教师特有的，针对学生而出现的，以交际为目的并与教

---

[1] 周鹏生.教师非言语行为研究简论［M］.北京：民族出版社，2006.
[2] 李振村，庄锦英.教师体态语言艺术［M］.济南：山东教育出版社，1993.
[3] 王治业.教师的非语言行为与课堂教学［J］.田中小学教师培训：中学版，1996（3）：34-35.
[4] 王成蓉.浅谈课堂教学中的体态语［J］.基础教育教学研究，2003，15（1）：134-136.

师语言紧密联系的。对教师身体语言的理解和运用也可以从广义和狭义上进行划分，广义的教师身体语言既有教师个体自身的动作，还有凭借依附于身体的物体等单元而发出的动作。狭义的教师身体语言则仅指教师借助个体身体态势符号发出的动作，主要有头势、手势、面部表情等[1]。李辉认为对教师身体语言的定义需要考虑三个因素：首先，教师的职业特点是理解教师身体语言的重要因素之一，而不是简单地在身体语言前面加上"教师"两个字；其次，要考虑在课堂教学中，教师的身体语言与口头语言之间的必然联系和相互关系；最后，要考虑教师运用身体语言的课堂环境，不同的课堂环境会对教师的身体语言产生不同的影响。基于此，李辉将教师身体语言定义为：教师在课堂中，以学生为作用对象的、辅助言语行为使用的、达到完成课堂交流活动目的的非言语交际行为[2]。阿瑾在论文中指出，教师身体语言是在教育教学情境中教师特有的、针对学生而出现的、以交际为目的的，并与教师语言紧密联系的非言语行为[3]。

结合以上对教师身体语言的概念界定，本文较认同周鹏生学者的观点。认为教师身体语言是在教育教学情境中教师特有的，针对学生而出现的，以交际为目的并与教师语言紧密联系的语言。

三、体育教师身体语言概念

不同的行业均会涉及身体语言方面的内容，其中教师行业对于身体语言的要求更高。由于教师具有"传道授业解惑"的作用，加上学生具有"向师性"的特征，因此，教师身体语言的感染性对学生的影响更为关键。此外，不同学科教师的身体语言也有所不同。由于体育课程受教学内容、教学方法以及课堂环境等诸多条件的影响，使得体育学科相比其他学科具有特殊的实践教育功能。体育教学是一种主要通过身体活动进行的教学，其中蕴含着大量的身教内容，而体育教师则是身体教育的直接贯彻者，对学生起着直接的引导教育作用。

基于此，本文从身体的具身性、知识的默会性以及身体的符号互动理论三个方面对身体语言进行概念界定。由于体育教育的特殊性，在体育教师的教

---

[1] 周鹏生.教师非言语行为研究简论[M].北京：民族出版社，2006.
[2] 李辉.大学音乐教师课堂非语言行为的行动研究[D].兰州：西北师范大学，2009.
[3] 阿瑾.教师非言语研究[D].西宁：青海师范大学，2015.

学过程中，除了可以用有声语言表达清楚的知识，常常还存在另一种知识——默会知识。所谓默会知识，是一种相对于显性知识而言的知识，它是一种只可意会不可言传的知识，是经常使用却又不能通过语言文字符号予以清晰表达或直接传递的知识[1]。同时，需要注意默会知识不是绝对地不可言说，而是不能用语言充分地表达，即把难以言说的或学生不理解的动作技术知识传递到学生的身体动作中去[2]。在体育教学中，我们常常发现体育教师在教授运动技能时，只用有声语言的指导并不能充分地传达清楚自己想要表达的信息，只有伴随着身体语言一同进行阐述，学生才能理解。因此，体育教师才会常常借用身体语言来表达体育技能的传授和指导。此外，在体育教学中，我们经常会听到体育教师所说的"球感""水感"等，它是一种亲知，是默会知识的一种类型。所谓亲知，是第一手的熟悉，它不能通过第二手的方式获得，尽管其他人能把我引向亲知[3]。基于上述分析，不论是体育教师运动技能的教授还是学生运动技能的获得，身体语言在默会知识的表达和传递中发挥着重要作用。因此，基于体育知识默会性的特征，我们可以将体育教师身体语言定义为：通过动作展现、动作示范、动作演示等身体性符号将默会知识显性化，以此来传递和代替课堂教学中无法用语言清晰讲述的体育知识和体育技能，辅助体育教师更有效地进行教学活动的一种非言语形式。

体育是在运动场的动态情境中进行教学的一门课程，强调教与学的即时性、互动性、实践性，从而使师生之间的互动形成体育教学的另一重要特点和环节。因此，体育课堂上的师生互动就显得格外重要。所谓体育教学中师生互动的社会交际语境，是指在体育教学的特定情境中，体育教师和学生以体育教学环境和教学内容为符号媒介，进行各种形式、性质和各种程度的相互作用和相互影响的社会交往过程。米德（Mead）在《心灵、自我与社会》一书中认为，心灵、自我和社会是个体通过表意的符号，在主我与客我、自我与他人，有机体与环境的内在、外在两类符号互动的社会过程中产生的。所谓"符号"即"表意的姿态"，这种姿态包括演讲语言、手势语言和面部表情等[4]。那么，教师的身体语言作为一种表意的符号，与学生进行符号互动，在一定程

---

[1] Polanyi M. The study of man [M]. London：Routledge & Kegan Paul，1957：12.

[2] 戚欢欢，张建华. 运动技能的默会性和默会认识研究[J]. 山东体育学院学报，2016，32（2）：103-107.

[3] 郁振华. 人类知识的默会维度[M]. 北京：北京大学出版社，2012.

[4] 米德. 心灵、自我与社会[M]. 赵月瑟，译. 上海：上海译文出版社，2005.

度上，身体语言作为符号起到了中介作用，具有一定意义。在师生互动交际过程中，身体语言不仅与言语符号系统交织起到辅助作用，还有强调、肯定或否定、减弱等作用，有时还可以代替语言进行交际，甚至可以表达出难以表述的思想感情，拉近师生之间的距离。因此，基于师生互动的符号形式，我们可以将体育教师身体语言定义为：体育教师在体育教学的特定环境中通过面部表情、眼神、肢体动作、手势、姿势等身体语言，与学生进行有意义的互动和交际，从而传递教师的意图、情感、态度和目的，使学生获得相应的体育知识和体育技能。

综上所述，本文将体育教师身体语言定义为：在体育教学的特定环境中，体育教师通过表情语、身姿语、空间语、仪表语、声音语等身体语言，传递或代替无法用语言讲解清楚的技能知识和动作表现，并与学生进行有意义的互动和交流，以表达体育教师的情感、态度，从而辅助体育教师有效地进行教学活动。

第二节 体育教师身体语言的内涵及外延

一、体育教师身体语言的内涵

人类对身体语言的使用早于对语言的使用，但直到古希腊时期，人们才开始在演讲技巧中注重对身体语言的研究，而我国在先秦孔子私塾教育时，提倡"身教示范"。真正将身体语言作为独立语言交流成分研究的学者是英国著名生物学家达尔文[1]，他在1872年出版的《人类和动物的表情》中，发现人类的某些手势和表情能同语言一样具有交际的功能，这引起了人们对这种现象的兴趣，同时奠定了对人类身体语言研究的基础，使之成为一个专门的研究领域。1952年，美国著名学者伯德惠斯特尔出版的《体语学导论》，更是首创了身体语言这一概念。而20世纪50年代之后，人们才开始把身体语言与有关职业联系在一起研究，从而教师身体语言研究以及体育教师身体语言研究逐渐进入大众的视野。对于体育教师身体语言的研究，不同学者根据

---

[1] C. Darwin, P. Ekman. The Expression of the Emotions in Man and Animals [M]. USA: Oxford University Press, 2002.

自己不同的研究领域或研究目的，纷纷把体育教师身体语言称为体育教师的非言语、体育教师的体态语言、体育教师的态势语等。虽然体育教师身体语言有着五花八门的称谓，但其内涵却离不开具身性、知识性及符号性这三个维度。

（一）具身性内涵

从字面意思就能看出，体育教师的身体语言是一种通过人的身体所表达的语言，其借助于表情、手势、姿态等一系列肢体动作，直接作用于学生的视觉器官，从而发挥信息传递的作用。"教师教学中将自己想要表达的思想、情感等通过肢体动作呈现出来，使得学生仅仅通过对教师动作的知觉，就将执行这一动作的神经环路激活，从而产生对教师动作的具身性模拟"[1]。在体育教学中，教师运用身体进行教学体现得尤为明显。一方面，体育是对人的身体的教育，故而借助于身体进行教学尤为直观，学生的感受也更加真实。比如体育教师对于运动技能的亲自示范，可以让学生通过观看和观察教师的动作来领悟运动技能，真正做到言传身教。另一方面，由于运动技能属于默会知识的一种类型，是一种知觉认识，本身就具有具身性，我们都是"通过寓居而认识"[2]。因此，体育教师才会常常借用身体语言传授和指导体育技能，学生通过亲身参与及领悟，才能找到所谓的"球感""水感"。

（二）知识性内涵

"身体语言作为一种理解和沟通的工具，它通过身体动作和变化来表现一个人对他人和事物的感受、想法和态度"[3]。因此，"身体语言是了解他人的情绪情感、态度和想法的重要线索，通过这些线索进而理解他人、对他人和自身做出评价"[4]。体育教师身体语言作为在特定情境——教学中的手段，它同样具有向学生传递感受、想法和态度的知识性内涵。"教师的行为举止、

---

[1] 于静.教师肢体语言在中学物理课堂中的应用研究[D].沈阳：辽宁师范大学，2017：7.
[2] 郁振华.人类知识的默会维度[M].北京：北京大学出版社，2012.
[3] Ahmet Benzer. Teacher's opinions about the use of body language[J]. Education, 2012, 132.
[4] 杨强.关注课堂教学中教师身体语言的运用[J].辽宁教育，2018（14）：92.

面部表情对学生吸收知识起很大作用"[1]，体育教师借助于身体语言，如同借助于口头及书面语言一样，向学生传递信息，简化或者形象化知识，流露或者表达情感。在体育教学中，我们发现体育教师在教授运动技术动作时，单纯依靠语言的指导并不能使学生充分理解动作的技术要领，而适当的肢体动作演示、示范则能够较好地促进学生习得运动技能。体育教师的身体语言更加直观地让学生掌握了相关运动技能和知识。因此，有时候体育教师身体语言表达的就是知识，表现的就是知识本体。

（三）符号性内涵

身体语言作为人类交际的重要媒介之一，它是"一种不见诸文字，没有人知道，但大家全都理解的精心设计的代码"，是"个体运用非言语符号进行交流时个体发出的动作或者表现的姿态"，是人际交往的符号。米德在《心灵、自我与社会》中指出，"所谓'符号'即'表意的姿态'，这种姿态包括演讲语言、手势语言和面部表情等"。因此，身体语言具有强烈的符号性内涵。在教学过程中，体育教师通过身体语言，如一次击掌，抑或大力鼓掌，与学生进行符号互动，以此表达情感，传递信息，发生交际。在一定程度上，身体语言作为符号起到了中介的作用，它不是一种记号，而是具有一定意义的、拥有一定外在表现形式的主体思想，在师生互动交际过程中，不仅与言语符号系统交织起到辅助作用，还具有强调、肯定或否定、减弱等作用，有时还可以代替语言进行交际，甚至表达出难以表述的思想感情，调节师生之间的关系。体育教师的身体语言就是在特定环境中与学生进行有意义的互动和交际，从而传递教师的意图、情感、态度、目的，促进学生获得相应的运动知识和运动技能。

可以说，体育教师身体语言的具身性、知识性和符号性内涵，三者融合交汇，在特定的教学情境中，根据体育教师不同的需要，突出不同的特点和功能。

---

[1] 王红丹. 教师肢体语言在对外汉语教学中的应用——以BBC纪录片《中国教师在美国》为背景[D]. 西安：西北大学，2017：2.

二、体育教师身体语言的外延

内涵是外延的根本和基础,外延是内涵的进一步开拓。解析体育教师身体语言的内涵有助于体育教师更好地理解和认知身体语言,而对体育教师身体语言的外延加以解析则可提供更为具体的运用方法,有助于体育教师更好地将身体语言运用到教学实践中。经文献查阅及调研总结,本研究将体育教师身体语言的外延分为"体育教师身体语言的表达效果""体育教师身体语言的表现形式""体育教师身体语言的表达系统"三大类加以阐述。

(一)按体育教师身体语言的表达效果划分

以体育教师身体语言的表达效果分类。一种观点认为可以分为支持性、中间性、反对性和忽视性四类[1],另一种观点认为可以分为积极和消极两种类型[2,3],根据我们对体育教师身体语言内涵的理解,本研究认为积极性、中间性、消极性的划分更为合理。

积极性身体语言是伴随体育教师的肯定、鼓励等含义而出现的身体语言,如点头、鼓掌等。积极性身体语言的运用能够缩短师生间的心理距离,会使学生产生良好的情绪体验。另外,体育教师的积极性身体语言能够极大地调动学生的积极性,有利于形成一种和谐、活跃的课堂氛围。

中间性身体语言是体育教师在教学过程中进行动作示范或者无意识表达的身体语言,没有明显的积极或消极的情绪表达。

消极性身体语言是伴随体育教师的否定、指责等含义的语言而出现的身体语言,使指指人、瞪眼等。消极性身体语言除了不利于师生间的感情培养,使学生产生不良的情绪体验外,还会进一步影响学生的课堂体验,造成紧张、压抑的课堂氛围,甚至会导致学生失去对体育课程的兴趣。

---

[1] 周鹏生.教师非言语行为研究简论[M].北京:民族出版社,2006.

[2] 陈秀坤.营销语言艺术[M].北京:中国商业出版社,1996.

[3] 周鹏生.教师课堂非言语行为的量化研究[D].桂林:广西师范大学,2003.

（二）按体育教师身体语言的表现形式划分

以体育教师身体语言的表现形式分类。体育教师身体语言可划分为说明性身体语言、表露性身体语言、象征性身体语言、保护帮助性身体语言、适应性身体语言和示范性身体语言。

说明性身体语言是体育教师在教学活动中与说话直接有关的，根据实际需要设计一些身体语言来辅助口语表达，用于解释、说明或描述某些内容与事物的身体动作。目的是"帮助口头语言难以表达清楚的内容，是对口头表达的重复、强调和直观演示"[1]，让学生通过体育教师的动作更好地理解教学内容。诸如体操课的跳箱环节，需要脚与跳板之间有一定的角度，并且接触时间要尽量短些，示范时学生可能无法看清脚与踏板之间的动作细节，我们就可以用两只手形象表达，一手当作踏板，一手做出脚的动作，向学生传达清晰的信息。

表露性身体语言是体育教师在教学活动中借助面部器官或上肢动作来传递情绪或情感倾向所展现出的身体动作，如一个眼神、一抹微笑、一次击掌等。同时，亦可对学生的行为作出评价，向学生反馈，诸如对学生竖大拇指、鼓掌、摇头等。身体语言所表达的感情内涵极为丰富，根据它们表达的意义可以划分为积极的表露性身体语言和消极的表露性身体语言两大类。

象征性身体语言是指体育教师在教学中用来传递明确信息，能够为绝大多数学生所理解、有固定含义的身体动作，如一手向上握拳、一手侧平举表示集合站队，或是学生在学习防守动作时，教师手心朝下并下压表示学生的重心要降低。很多时候，体育教师的象征性身体语言是教师和学生在课程中根据教学需要共同探索形成的共识，其目的是代替语言进行强调及快速有效的教学。

保护帮助性身体语言是指体育教师在教学过程中为避免学生受伤或更好地让学生感受动作的完整度所采用的身体动作。体育课程除了单纯的身体练习，还有针对器械或器材的练习，一些学生在动作技术（如单杠—骑撑后倒挂膝上）的初期学习阶段，由于对动作不熟练而需要保护帮助，这时教师通常会对学生做一些接触性的保护帮助性身体语言，从而保证课堂的安全性和动作的完整性。同时，在学生做错动作时，教师则会给学生指出问题所在以纠正错误动

---

[1] 李赢.高中物理教师课堂体态语研究[D].长春：东北师范大学，2011.

作，或者亲自做示范、手把手教学，促使学生快速理解和熟悉技术要领，建立正确的动作概念[1]。

适应性身体语言是指体育教师为适应某种心理、生理或者客观环境的需要，在较长时间内逐渐形成的身体动作。体育教师常见的适应性身体语言有双手背后、双臂交叉于胸前、双手叉腰等。这些适应性身体语言出现的频率有高有低，一些教师在感觉累时会做双手叉腰的动作，在观察学生练习时会做双臂交叉于胸前的动作，而这些适应动作应适当地加以摒弃。

示范是体育教学中最常用的一种直观教学方法，正确、标准的教学示范性体态表达，是教师一项基本的教学技能[2]。示范性身体语言是指体育教师在教学过程中通过亲身示范、动作演练等，让学生更加直观地获得动作技能要领，是经常出现的身体语言。一般情况下，教师在整套动作教学过程中，有时只会说出动作名称或简单的技术要点，之后会进行连贯的身体动作示范，这时身体所表达的信息便是替代有声语言的讲解，所以体育教师应该意识到每一个动作所表达的信息都必须是清楚、准确的。

（三）按体育教师身体语言的表达系统划分

以体育教师身体语言的表达系统分类。体育教师身体语言可划分为体态表达系统、空间表达系统、副语言表达系统[3]。

体态表达系统是指由身体本身和姿态等具有一定表达功能的动作组成的整体，可分为身姿语和表情语。其中，表情语是指通过目光、面部肌肉及两者的综合运用来传递教学信息、表达思想情感的一种非言语沟通的动态反应形式，由目光语和面部表情构成[4]。身姿语中除了包括身体各部位表达的语言外，还包括体育教师特有的身体语言——示范语。因此，体育教师身体语言的体态表达系统可分为身姿语（示范语、头势语、手势语、下肢语）、表情语（目光语和面部表情）。

空间表达系统是指人体在不同空间的位置，以及与他人不同的身体接触

---

[1] 刘骞.足球教学体态语的研究[D].北京：北京体育大学，2011.

[2] 阳兆洪.浅谈体育教学中教师的体态语言[J].体育科技，2005（2）：94-96.

[3] 任贵，李笋南，杨献南，等.我国中小学体育教师身体语言指标体系构建研究[J].北京体育大学学报，2021，44（3）：139-150.

[4] 何奎莲.体态语——现代教师的必修课[M].成都：西南交通大学出版社，2016.

方式所传递信息和表达情感的一系列构成。体育教师身体语言的空间表达系统（空间语）可分为体距语和体触语两大类。体育教师在教学过程中与学生所保持的距离，以及接触学生的方式能够对学生的情绪体验造成一定影响。

副语言表达系统是指除去身体之外的服饰、发饰、声音等具有一定表达功能的手段所构成的一个整体，它们依附于身体进行表达，与身体态势有着密不可分的关系，但同时，它们并非体态表达系统中的一部分。其中，体育教师身体语言的副语言表达系统可分为声音语（语音、语调、语速、语量）、仪表语（服饰、体型、面容、发型、体味）。体育教师声音语速的快慢、音量的大小以及服饰搭配在一定程度上都会影响学生的课堂体验。

通过对体育教师身体语言外延的确立，体育教师能够对身体语言具有较深入的认识，在教学过程中能够合理选择和运用身体语言，从而达到传递知识和情感、提高课堂效率、增加师生之间互动等目的。

---

[1] 李敏.教师体态语在小学语文课堂中的应用研究[D].南京：南京师范大学，2019.

[2] 林记明.体态语的功能及其应用[J].西安外国语学院学报.2001，12.

[3] 王耀辉.教学体态语的特点与运用[J].陕西教育学院学报.2004，8.

第三章　体育教师身体语言的特点、价值及功能

第一节　体育教师身体语言的特点

教师的职业社会角色决定了教师特定的行为规范与举止模式，学生的学习方式影响着教师的教学方法，而学科知识的传递更明确了教师的教学设计。因此，教师的身体语言在师师关系、师生关系及教师与学科关系之间有着突出的特点。

一、师师关系下教师身体语言的表意性、真实性和规定性

教师的身体语言作为一种符号形式，如同语言符号一样具有一定的意义，并不是所有的动作、姿态、表情都是身体语言，只有在交际过程中表露出来的动作、姿态、表情有意义时才称得上身体语言。如"在体育教学中教师对技术、技能的传授总是通过有意的特定姿势、动作等各种身体姿态不断发出信息，这种信息在体育教学中发挥着其他学科所不具备的独特而巨大的作用"[1]。

其次，身体语言较之口头语言更具真实性，能够较真实地反映人的内心世界。"体态语言是人的内心意识或潜意识的一种反应，人的内心情绪或感情的变化会在体态上有所表现"[2]。教师的专业素养如何，备课如何，教研员和学生通过观察体育教师的身体语言就能获得判断和认知。

最后，教师的身体语言是在教师群体中发展而来的，是教师身份认同的

---

[1] 王念辉.体育教师的体态语言[J].体育科研 2001（4）：31-33.

[2] 李振村，庄锦英.教师体态语言艺术[M].济南：山东教育出版社，1993：11, 38.

重要内容。教师对自己角色身份的认同是建立在同一群体中所共同拥有的目标、信念、价值、地位、职能上。根据学科教学的特点，教师会形成一系列群体的规定性身体语言，体现出该群体独有的符号特征。例如，体育教师的每一个动作的具体步骤、方式、细节具有严格的客观规定性，有时甚至带有强迫的含义。

二、师生关系下教师身体语言的示范性、传播性和互感性

"其身正，不令而行；其身不正，虽令不从"（《论语·子路》）。身体语言无时不在地向学生传递着教育信息，传递着示范信息。教师身体语言的示范性，使学生在知识上获得更为直观的认识，特别是在体育教学中，对于一些动作的速度、力度、方向、幅度、节奏等有更好的观察。同时，教师的身体语言具有被学生模仿和作为学习典范的作用。

其次，身体语言也是一种传播介质。身体语言传递出来的信息"可为大多数不同民族、不同地位、不同肤色及操不同语言，或可为有着不同文化背景的人们能够接受并解释出一致或接近的含义"[1]，实现了教学中，不同性别学生、不同能力学生、师生之间和生生之间的交流与互动。

最后，教师的身体语言具有示范性和传播性的特点，体现出身体语言在教师与学生关系之间的互感性。教师将具有象征意义的眼神、面部表情传递给学生，对学生进行及时评价，学生接收教师肯定或否定的身体语言做出相应的反应。

三、教师与学科关系下身体语言的文化超越性

身体语言的发展根植于学科的发展，某一时期的教学理论、教学方法、政治背景等都会对身体语言的形成或改变产生影响，从而使教师的身体语言带有鲜明的文化超越性。不同性质的学科，不同的教学内容，需要运用不同的身体语言。一般来说，"体育、舞蹈等技巧性或艺术性科目，体态语言的使用频率最高"[2]。此外，身体语言的文化超越性使教师在身份认同上具有强烈的归

---

[1] 曲彦斌.副语言习俗[M].沈阳：辽宁大学出版社，1988：195.

[2] 李振村，庄锦英.教师体态语言艺术[M].济南：山东教育出版社，1993：11，38.

属感和文化符号。

总之，教师身体语言的特点是由教师与教师群体、学生及学科之间的关系共同决定的。教师身体语言必须符合所在群体的目标价值观，传递出的信息必须真实可靠且有意义，展现出规定性的身体语言。从教师与学生的关系来看，教师的身体语言必须具有示范性和传播性的特点，对学生的学习、指导、评价方面体现互感性。同时，随着时代的迁移，学科理论的进步与改变，使教师的身体语言在与学科的关系中具有了文化超越性。教学中教师身体语言具有强烈的学科特征，体现了学科的文化和价值。

第二节　体育教师身体语言的价值

本文将体育教师身体语言的价值分为教学本位价值和育人本位价值两大类，其中前者包括教学构造价值、教学传导价值，后者包括审美价值、情感价值、德育价值。

一、体育教师身体语言的教学本位价值

（一）体育教师身体语言的教学构造价值

动作示范性身体语言是体育教学的重要组成部分。在我国各级各类学校体育教学中，绝大多数体育教师在运用有声语言叙述、讲解、授课的同时，还必须使用一种无声语言，即示范性身体语言来辅助完成教学。体育教学中正确的动作示范，不仅可以使学生获得必要的直接感受，以提高掌握动作要领的效率，而且可以提高学生学习兴趣，激发学生学习的自觉性，有利于形成正确的动力定型[1]。"动作示范"是学生掌握动作要领、方法和技巧的有效途径，娴熟而优美的示范性动作，可以有效激发学生的学习欲望，使学生获得真切的感受，有助于学生掌握动作要领，是一种有利于建立正确动作表象的、高效的体育教学方法[2]。由于示范性身体语言可以向学生直观、生动、立体地展

---

[1] 董桂东.动作示范在体育教学中的作用[J].科学大众，2008（12）：32.
[2] 胡斌.重视"动作示范"在体育教学中的作用[J].中国教育学刊，2016（11）：106.

示所描述技术动作的全过程,很多时候能够达到有声语言叙述、讲解、授课无法表现出来的效果和目的。在体育教学中,每一项运动技术的教学,每一个动作方法的教授,一般都是教师先用有声语言讲解,再示范动作,或者先示范动作,再用有声语言讲解,然后指导学生练习,教师再示范、再讲解,再指导学生直到达到教学要求。教师专业、优美、标准的动作示范不但能给学生带来学习的积极性,还能够为学生提供正确的学习方法。示范性身体语言是我国各级各类学校体育教学重要的教学方法和手段,是连接"教师怎么教"和"学生怎么学"的桥梁和纽带。分析和研究示范性身体语言,并使之更好地发挥作用,对于提高我国各阶层体育教师的教学能力和教学水平有着重要的价值和作用。

(二)体育教师身体语言的教学传导价值

非动作示意性身体语言是体育教学中不可缺少的辅助教学手段。课堂教学是一种相对特殊的传输信息、表情达意的交流方式,青少年学生正处于世界观、人生观逐渐趋于成熟的重要阶段,他们会从教师每个细微动作中获取和传递各种信息和情绪。课堂上,体育教师简洁大方的着装,举止文明、大方得体的教态,朝气蓬勃的形象,都对师生间良好的沟通产生积极的影响。一个鼓励的眼神、一抹亲切的微笑、一缕赞扬的目光,有时胜过千言万语的说教,还会引起师生情感的共鸣,这种积极的交流可活跃课堂气氛,减轻学生练习时的压力,增强学生克服困难的信心,有助于教师亲和力的提升,增加教师授课教学的感染力,增加学生对于重要信息的接受量,从而有效地提高课堂教学效果。总之,示意性的身体语言是每个体育教师内心外化的表达形式,只有体育教师在道德、涵养和美学各方面具有较高水平时,才能充分地发挥非动作示意性身体语言在体育教学中既体教又育人的双重作用。现如今,青少年学生大多为独生子女,社会适应感较低、独立性较差,体育教师由于职业特点,与学生接触时间长,且不同于其他学科室内授课,体育课对学生的教育是显性的,体育教师通过自己的面部表情、眼神、手势、身体姿态等积极示意性身体语言持续向学生表达鼓励、赞美、信任的信息,则会对学生"社会化"进程产生促进作用。

此外,体育教师运用身体语言有助于对学生大脑的开发。罗杰·斯佩里博士的左右脑分工理论表明,人体大脑左半球主要负责逻辑、语言和五感等,右半球主要负责空间形象记忆、直觉、情感、身体协调、视知觉、美术、节奏、想象、灵感、顿悟等。"右半球是处理表象、具体形象思维、发散思维、直觉思维的中枢"[1]，当体育教师进行身体语言表述时，学生注意力会集中于视觉空间任务，大脑右半球处于相对兴奋状态，并有效地指挥机体完成当前任务。身体语言是形象信号，更多由大脑右半球调控，而听觉和视觉同步，是大脑两个半球同时工作，效果自然会更好。在这个意义上，身体语言在体育课堂上的有效运用不仅能够推进课堂内容的深入，同样能够在生理学和心理学意义上锻炼学生的学习能力。

在课堂教学中，身体语言与有声语言是相互依存、缺一不可的，只有二者相互配合，才能达到一堂好课的标准。虽然有声语言仍是课堂教学的主要手段，但教师身体语言在课堂教学中同样发挥着重要的作用。

二、体育教师身体语言的育人本位价值

体育教师在教学时，通过身体语言表现出的思想、道德、智慧和文化是一种具有独特品质的审美观。学生会对体育教师各种行为和姿态进行观察和模仿，因而教师的身体语言更能引起学生心理、情感等方面的共鸣。

（一）体育教师身体语言的审美价值

身体语言是体育教师"内、外在美"的重要表现。身体语言美是人的思想情操、道德品质、文化教养、行为举止等方面的内在境界通过人的身体的动作姿势表现出来的一种美。人们会通过对外在表现的判断、欣赏和认知产生情感或行为上的体验，并从中得到审美愉悦和享受，这就是身体语言的美感。身体语言美具有美学价值。体育教师在教学中通过身体语言表现出的美，不仅能使学生感受到美的情感和行为，而且帮助学生树立正确的审美观，激发学生对塑造体态美的执着追求。体育教师以其形象、艺术的身体语言辅助教学，是一种特殊的教育形式，可以达到事半功倍的效果，同时也会给学生一种美的享受。现阶段，体育教学是我国学校体育工作的重要抓手，体育教师身体语言美的实质主要表现在外在和内在两个维度：从体态形象上看，主要是指健康匀称的体型、优美的姿态、高雅得体的举止、意韵洒脱的神情以及敏捷、熟练、协调和优美的演示性操作等；从修养内涵上看，身体语言表达内心思想，即反映正面

---

[1]董奇.右脑功能与创造性思维[J].北京师范大学学报，1986（1）：10–17，34.

精神品质的道德情操、文化品位、坚毅的性格、豁达的胸襟和坚强的意志品质等。人的身体语言美具有德、智、体、美诸多方面的内涵，同样，体育中的体和美的结合，乃至德、智、体、美的结合，都会使体育教育产生更深远的影响。体育与美育都是体育教学的重要组成部分，它们之间不是简单的相加，而是相互融合渗透的关系，在体育教学中强调美育能够增强体育的教学效果[1]。因此，体育教师身体语言是内在本质美、实际美与外在健康美、动作美的有机结合。

（二）体育教师身体语言的情感价值

身体语言是达成体育课情感目标的重要途径。在体育课教学的三维目标中，情感目标最难把握，而体育教师通过身体语言（目光、表情、手势、体距等）的外在形式表现出体育教师内在观念和认识，有助于学生达成课堂情感教学目标。因此，身体语言是连接教师和学生的桥梁，是达成体育课情感目标的有效措施之一。

近年来，学界普遍认为体育教学是体育教师与学生共同参与的双边活动过程[2]。教师是体育教学的双边活动主导者，学生对教师的各种行为和姿态现象具有观察、反馈、探究和模仿等心理和情感，尤其是教师的身体语言，更能引起学生心理、感情等方面的认识和变化，而这种认识和变化往往都涵盖在默会知识内容中，即在潜移默化中完成。例如，在冬季体育课教学中，教师不惧严寒、飒爽英姿，表现出自信、积极、安然若素的精神面貌，标准无误地完成各种动作示范与演示，不仅给学生留下了积极乐观的印象，而且提高了教学效果，增强了学生练习的信心和勇气。如果身在其中的体育教师无精打采，动作敷衍、马虎，甚至瑟缩着身体，将两臂紧缩，这种身体语言留给学生的是怯懦、忌惮和畏手畏脚的情感。教育教学实践表明，很多教师重视语言交流而忽视非语言交流，影响了教育教学质量的提高[3]。在教学中，体育教师身体语言所带来的心理、情感正负两方面都将传授给学生。

可见，体育教师身体语言的潜在感染力巨大。师生、学生之间为了实现

---

[1]张红梅.成都市高校师生体育美育需求的现状与发展研究[D].成都：四川师范大学，2011.

[2]肖紫来.试谈体育课堂教学过程的优化[J].体育教学，2000（6）：12-13.

[3]廖祥龙，张怀军，孟凡会.身体语言教学法在高校体育教学中的运用[J].体育成人教育学刊，2005（1）：87-88.

体育课堂教学目标，遵循中学体育课堂教学规律，以言语和非言语符号为媒介，产生各种形式、各种性质、各种程度的、积极的相互作用和影响[1]。教师是其教学实践和认识的主体，学生是教师教学实践的客体和其认识的客体之一。在教学过程中，体育教师细微的身体语言，自然会引起学生的注意和模仿。例如，教师的腿不经意间抖动、双手插兜、眼神游离、举目四望等，都会引起学生的注意和模仿。有些模仿是在不由自主中进行的，这种学生的模仿效应是由体育教师特殊地位所决定的。因此，合理、正确、艺术地使用身体语言至关重要。正确的身体语言可以帮助教师树立良好的形象，改善课堂教学效果，提高体育教师在学生心目中的形象和影响力。在教学过程中，体育教师高雅的行为举止以及优美的体态形象，会引起学生的效仿和崇敬。例如，在篮球教学中，教师以灵活迅速的脚步、规范标准的传球和精准柔和的投篮表现出力量与美感的结合，以整洁得体的服装加以正确规范的身体语言动作，以富有朝气、乐观积极的态度进行教学授课，这会让学生在不知不觉中产生崇敬感，让学生在潜意识上建立评判体育运动"美"的观念，从而去追求、效仿。教师课堂身体语言是教师思维和情感在课堂上视觉化的结果，在视听信息的接收中占有重要位置，除此之外，教师身体语言的运用更能在职业领域实现其"言传身教"的切实意义[2]。

现阶段，应提倡体育教师使用身体语言表达意图，但意图的表达一定要具有积极正面的价值意义。体育课堂上需要宽松、和谐的气氛，教师和善可亲的面孔、规范亲切的举动以及优美自然的教态等，都是促成这种课堂气氛的重要因素。表情机械板滞、生硬、态度蛮横以及动作粗俗、散漫、随意，都会给学生带来消极的负面影响，从而破坏课堂气氛。体育教师在身体语言运用上，应从不同方位和角度来感染学生，并准确地表达身体语言意图。体育与美育都是体育教学的重要组成部分，它们之间不是简单的相加，而是相互融合、渗透交融的关系，在体育教学中强调美育能够增强体育的教学效果。教师风趣幽默的教学语言，适度优美的示范动作，精巧严谨的课堂设计和驾轻就熟的教学手段都会使学生感到美的召唤。由此可见，体育教师的身体语言融汇着"育体"和"育心"两大方面。通过体育教师身体语言，给学生以身心双重影响，从而更加激发学生对美的向往、追求、欣赏和塑造，最终使学生德、智、体、美得到

---

[1] 许文鑫.中学体育课堂有效互动的理论与实证研究[D].福州：福建师范大学，2014.
[2] 孟庆玲.小学教师课堂身体语言运用的问题及对策[D].长春：东北师范大学，2011.

全方面发展。总之，体育教师应认识和理解正确的身体语言所具有的价值和意义，注重体态动作和语言修养，使其能正确积极地展示在学生面前。只要体育教师大胆创新，勇于实践，充分发挥课堂主导作用，自然会使体育教育成为一种展示身体语言和传播身体语言的过程，使身体语言在整个教学活动中凸显独有的魅力。

（三）体育教师身体语言的德育价值

身体语言是塑造体育教师形象的主要方式。形象是人们对于客观事物的直接认识。教师形象代表了一个社会对教师的理想要求[1]，是人们对教师特殊姿态和风貌的一种认识，这可以反映出时代和社会对于教师的期望。教师的形象是指教师所具有的道德品质、文化修养、个性特点、身体机能与形态、专业能力给人们的直接反应[2]。在体育教学中，不同的教师形象会对学生产生不同的影响，教师形象在教学过程中的展现主要可体现为内与外两个维度。

首先，体育教师形象具有准公众性人物的特征。体育教师虽不同于高级官员或体育、演艺明星那样完全的公众性人物，但相当一部分时间在学生、家长及学校周边环境的注视之下，因此必须注重塑造和维护自身的积极形象。未来的体育教师必须健康，根据世界卫生组织对健康的定义，健康应包括身体、心理和社会适应能力三个方面[3]。身体语言塑造体育教师外在形象主要包括三个方面：礼仪美、健康美和举止美。体育教学中，率先进入学生视线的就是体育教师的礼仪，它是教师内心世界的外在表现，神态气质的自然流露。其次，一个健康、充满活力的体育教师是增强教学效果、完成教学任务的前提，还可激励学生向教师学习，加强体魄的塑造。最后，由于体育教师是学生最喜欢效仿的对象之一，因而体育教师要时刻保持举止的得体，同时在教学时大量运用身体语言与学生交流，充分锻炼学生的多种感知觉，把形象思维与抽象思维结合起来，即体育教师既是身体健壮、性格豪放、举止优雅的代名词，也是力与美的结合，更具有高超的指挥和掌控能力，能更有效地完成教学，也能塑造积

---

[1] 陈云奔，车筱萌."教师形象"研究的若干问题[J].教育评论，2010（3）：32-35.

[2] 袁田.体育教师形象塑造初探[J].知识经济，2011（3）：148.

[3] 王昆.塑造体育课堂中教师形象[J].中国科教创新导刊，2009（28）：211.

极的体育教师形象。

　　同时，体育教师身体语言是内在情感的外在自然流露。体育教师具有良好的道德与精神风貌，对体育道德精神倾力坚守，是其具有社会责任感的内核[1]。体育教师的身体语言是其言传身教、以身作则、为人师表的共同外在表现。具体表现在既向学生传授知识技术，同时也教育学生做人。教师的道德品质、一言一行、为人处世、治学精神和行为习惯等都对学生产生深远影响。体育教师带给学生的感染是否积极有效不仅取决于体育教师的言教，而且取决于身教，体育教师身体语言是身教的重要表现形式之一。只有严于律己、反求诸己，才能以身作则。

第三节　体育教师身体语言的功能

一、体育教师身体语言的功能

　　我国学者耿仁岭提出身体语言具有交流思想、传达感情、昭示心理、强调代指和表示社会联结关系的社会职能[2]，李如密提出教师身体语言具有传递信息功能、情感表达功能和控制调节功能[3]，周志俊提出体育教学过程中的身体语言具有信息传递、情感交流、课堂调控的功能[4]，其中，信息传递功能表现在身体语言是体育教师传递教学信息，对学生进行教育、教学重要的直观手段；情感表达功能表现在身体语言在师生情感交流方面具有不可替代的作用，正确的身体语言更是能够起到融洽、增强师生感情的作用。约万诺维奇、兹德拉夫科维奇提出了身体语言是以一种直接的方式来表达情感、意图、期望和传达信息的[5]。

---

[1] 祝娅，黄依柱.当代体育教师社会责任的三维结构及内容阐释[J].西安体育学院学报，2014，31（4）：450-452.

[2] 耿仁岭.体态语概说[M].北京：北京语言学院出版社，1988.

[3] 李如密.教学艺术论[M].济南：山东教育出版社，1995.

[4] 周志俊.体态语表达的特点与功能[J].中国学校体育，1996（3）：19.

[5] Jovanovic, Marija & Zdravković, Danijela. Nonverbal communication and physical education classes in social context[J]. Facta Universitatis. Series: Physical Education and Sports, 2017, 15（1）：195-206.

根据前人的研究以及身体语言的内涵、特点，本文将体育教师的身体语言功能分为信息传递功能、情感表达功能。

（一）体育教学中身体语言的信息传递功能

信息传递功能是身体语言最为重要的功能。身体语言同讲话一样，能够等同传达我们心智所要传达的信息，尽管非语言符号不容易系统地编排成准确的语言，但是大量的信息正是通过它们传达给我们的[1]。美国学者洛雷塔·马兰德罗和拉里·巴克在《非语言交流》中指出：非语言交流有三个功能，即替代功能、补充功能和强调功能[2]。身体语言能有效地配合有声语言传递信息，补充、支持、强调、修饰和强化有声语言，并使语言信息具体化，提升有声语言表达效果[1]。同样，英国学者阿盖勒也认为：非言语行为的功能主要有补充或润色语言所表达的含义、支持或否定言语行为、替代或调节言语交流、表达语言沟通中难以表达的情感和态度。体育教学中，教师运用精准的语言和动作进行指导，提示学生转换集中意识对象，完善和修正动作。在教师难以讲解（如动作的速度、力度、方向、幅度、节奏等）动作时，适当的身体语言能够形象地表达出动作的节奏和身体内部的感觉，从而"潜入"学生内部进行洞察，发现学生的动作问题，并合理地运用"身体碰触、手把手教"的教学手段，通过感官和行动帮助学生获得动作内部的知识，完成知识的传递。

具体来讲，身体语言的信息传递功能在体育教学中主要表现为替代功能和辅助功能。替代功能主要表现在说明动作、指示方向和提示内容上；辅助功能主要表现在加强语意和补充内容上。说明动作是教师运用身体部位代替语言形象描述体育技术动作，让学生有更加直观形象的认识。诸如体操课的跳箱环节，需要脚与跳板之间有一定的角度，并且接触时间要尽量短些，示范时学生可能无法看清脚与踏板之间的细节动作，我们就可以用两只手形象表达，一只手当作踏板，另一只手做出脚的动作，向学生传达清晰的信息。

---

[1] 威尔伯·施拉姆, 威廉·波特. 传播学概论 [M]. 孙庚, 译. 北京: 中国人民大学出版社, 2010: 5.
[2] 洛雷塔·A.马兰德罗, 拉里·巴克. 非言语交流 [M]. 孟小平, 等, 译. 北京: 北京语言学院出版社, 1991.

身体语言的指示方向和提示内容功能是教师和学生在教学过程中建立的类似非言语行为的编码系统,在特定的教学情境中代替语言,从而进行快速有效的指示和提示作用。提示内容功能更多运用于课程复习阶段和唤醒学生记忆时刻,此时不需要教师赘述,只需要做出一个或一系列动作提醒即可达到目的。比如在复习投篮姿势时,教师在上课提问时就可以只做出动作来让学生回答并分析技术要点。

在身体语言辅助功能方面,通过"补充内容、加强语意"辅助于言语的形式,使教学信息通过教师的身体来表达和传递,学生通过观察、模仿、体会来领会和内化要学习的内容。例如教师在羽毛球高远球教学时,为了突出球飞出的高弧度,会踮起脚用整个手臂画一个大弧,由此引导学生打出高远球。而在篮球教学中,在教授防守降低重心时,教师除了有声语言表达,还可以做手掌心朝下往下压的动作,从而让学生从内心和视觉感官上都意识到要降低重心,起到强调及加强语意的功能,进而辅助语言教学。

(二)体育教学中身体语言的情感表达功能

有研究表明,人类交际中只有7%的情感是通过语言传达给对方的,剩下的93%的情感都是通过非语言的形式传达的[1]。当两者表达的意义不一致时,人们往往选择身体语言信息而舍弃有声语言信息,因为身体语言本身也能表达一定的意义,而且就表达感情态度而言,身体语言的分量比有声语言的分量大五倍[1]。与此同时,"身体语言还是个人形象的主要载体,是个体内在素质的外在表现,揭示和展示了人的情感、态度、智慧、素养和身份。人的身体姿势和内心世界紧密相连,身体时时都在表露人的内心世界"[2],并且"通过重建自我和互动情境来消除个体之间的互动冲突"[3]。因此,身体语言在一定程度上具有情感表达功能,并且在体育教学中是教师传递情感和表达自我的重要渠道。教师通过脸部表情、姿势、肢体动作等与学生进行情感交

---

[1] 史会娟.社会交际中的体育分析[J].山西煤炭管理干部学院学报,2011,24(2):181-183.

[2] 伊建学.体态语言的分类及交际语境[J].现代语文语言研究,2011(9):62-64.

[3] 希恩·德玛.气场修习术[M].马晓佳,译.北京:中国青年出版社,2011.

[4] 张俭民,董泽芳.从冲突到和谐:高效师生课堂互动关系的重构——基于米德符号互动论的视角[J].现代大学教育,2014(1):7-12.

流，学生也会随时"注意教师的姿势、阅读教师的嘴唇，从教师的非语言行为中得到教师所要展现的观点和情感，从而寻找一种在当时情境中的语境、环境和位置的平衡"[1]。同时，有效的身体语言还能帮助教师在教学中起到暗示作用，启发和引导学生思路，调节交际和教学气氛，化不利、被动的局面为有利、主动的局面，从而避免尴尬。

具体来讲，身体语言的情感表达功能还可以细分为个人情感的表露功能和课堂控制的调节功能。在体育教学中，表露功能又体现在教师通过身体语言向学生表达激励作用、抑制作用和其自我情感表达。体育课堂由于其特殊性，在行为举止上的激励有时候比口头语言更客观，在鼓励和强调一些需要学习或应该注意的心理和运动特征方面具有特殊的作用。如为了培养学生勇敢、坚持的良好品质，少不了教师对学生的激励行为，如鼓掌、竖拇指、击掌，这些身体语言都能够给学生带来正面的鼓励作用，从而给学生带来无限的动力和勇气去完成动作练习。而当学生上课不认真练习，过于活泼时，教师可通过一个犀利的眼神或严肃的面部表情表现出他对学生课堂表现的不满，并将学生"镇压"。而自我情感表达出于体育教师对体育学科的认识及经验的积累，形成自己的一套教学方法，从而表达出对于体育课堂的情感。虽然其使用的手势、表情、姿态等是无意识做出的反应，但是这些动作所传递的情感也会影响到学生。

身体语言的调节功能又可分为调节教学活动氛围和调节人际态度氛围两方面。首先，身体语言作为有意义的姿态，体育教师可以运用身体语言来调控教学氛围和教学活动。例如，当课堂氛围过于活跃，教师想要保持课堂安静时，可将食指竖着放在嘴边，做"嘘"的动作，或者表情严肃地环顾队列，抑或在不中断讲解的过程中用眼神直视或走近过分活跃的学生，这样既不会破坏课堂的流畅性，也减少了对其他学生的影响，同时还保留了该学生的自尊心。此外，体育课堂上无时无刻不存在师生和学生之间的互动，而互动的性质是由互动过程中所发生的人际态度所决定的，人际关系态度的基本维度又是在人际交往中出现的，如友谊—敌意、支配—顺从是其中重要的维度，除此之外还有许多其他更为复杂的情绪，如嫉妒、吸引、抗拒、支持等。"学生会通过阅读

---

[1] Jovanović, Marija & Zdravković, Danijela. Nonverbal communication and physical education classes in social context [J]. Facta Universitatis. Series: Physical Education and Sports, 2017, 15（1）: 195-206.

教师的动作、表情来认定教师是否友善"[1]。在教学中合理、高质量、高效率地组织和运用身体语言，可以帮助体育教师调节人际氛围，使敌意的、抗拒的人际态度发生转变，从而建立良好的师生、生生关系，促进师生之间的良好互动。例如教师应该建立眼神交流，保持微笑并表示出感兴趣，对学生保持注意，建立合理的物理空间等。

基于上述分析，体育教师身体语言功能如图3-1所示。

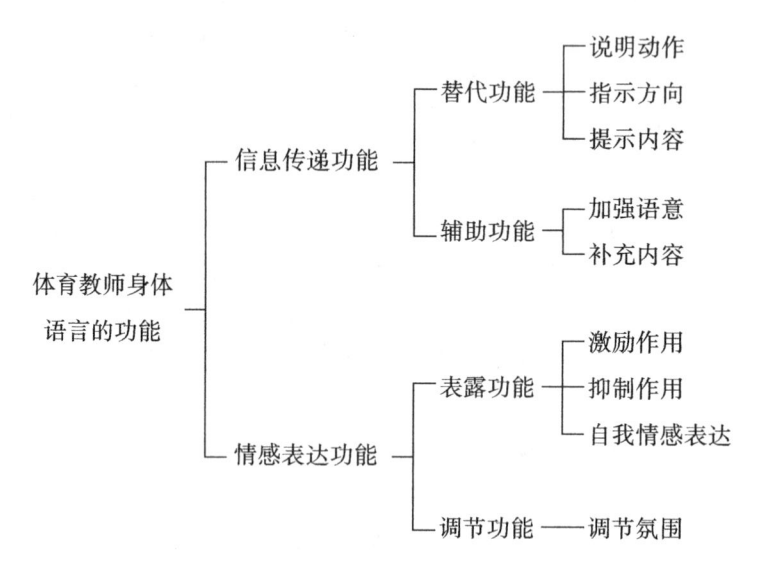

```
                                    ┌─ 说明动作
                        ┌─ 替代功能 ─┼─ 指示方向
                        │           └─ 提示内容
         ┌─ 信息传递功能─┤
         │              │           ┌─ 加强语意
         │              └─ 辅助功能 ─┤
体育教师身体               └─ 补充内容
语言的功能─┤
         │                          ┌─ 激励作用
         │              ┌─ 表露功能 ─┼─ 抑制作用
         └─ 情感表达功能─┤           └─ 自我情感表达
                        │
                        └─ 调节功能 ── 调节氛围
```

图3-1　体育教师身体语言功能

体育教师身体语言的信息传递功能和情感表达功能，对于学生在知识与技能，过程与方法，情感、态度与价值观三维教育目标上都有一定的影响。信息传递功能是体育教师身体语言在教学中最重要的功能，是替代、辅助语言教学的重要方法，为学生获得完整、直观、形象的知识提供最佳策略，同时也是体育教师教学能力提升的体现；而情感表达功能则维系了师生之间、生生之间的情感交流，对于课堂氛围也起到一定调节作用。总而言之，身体语言是体育教师在教学过程中不可缺少的教育技术环节。

---

[1] Carol Miller. Body language for competent teachers [M]. London: Sean Neill and Chris Caswell, Routeledge, 1993.

二、体育教师身体语言功能的自我认知和学生反馈

在阐释体育教师身体语言功能的基础上，为了解体育教师对身体语言功能的自我认知程度以及学生对体育教师运用身体语言的反馈，分别对体育教师和学生进行问卷调查，研究结果如下。

（一）体育教师身体语言功能的自我认知分析

本文发放问卷调查，研究中学体育教师身体语言功能认知差异，分为体育教师对身体语言功能了解情况认知和体育教师对身体语言功能重要程度认知两方面，并从不同性别和不同工作区域对两方面进行现状分析。

1. 体育教师对身体语言功能了解情况认知

由表3-1可知，在对486位体育教师进行的有关"您是否了解体育教师身体语言功能"问题的调查显示，有264位体育教师了解身体语言功能，占比为54.32%；有222位体育教师对身体语言功能感到模糊，占比为45.68%。从总体情况分析，体育教师对身体语言功能的了解情况不容乐观，超过四成的体育教师对体育教师身体语言功能感到模糊，对于身体语言的具体功能含混不清。

表3-1 体育教师对身体语言功能了解情况认知

了解情况	频数	有效百分比/%
了解	264	54.32
模糊	222	45.68
总计	486	100.00

由表3-2可知，在共计277位男体育教师中，自我认为了解身体语言功能的有179人，自我认为对身体语言功能感到模糊有98人；在共计209位女体育教师中，自我认为了解身体语言功能的有85人，自我认为对身体语言功能感到模糊的有124人。在自我认为了解身体语言功能的264位体育教师中，男教师占比为67.80%，女教师占比为32.20%；在自我认为对身体语言功能感到模

糊的222位体育教师中，男教师占比为44.14%，女教师占比为55.86%。数据结果反映出，相较于女教师，男教师自我认为对体育教师身体语言功能更为了解。

表3-2　不同性别体育教师对身体语言功能了解情况认知[N(%)]

性别	了解	模糊	总计
男	179（67.80）	98（44.14）	277（57.00）
女	85（32.20）	124（55.86）	209（43.00）
总计	264（100.00）	222（100.00）	486（100.00）

由表3-3可知，在共计277位城市体育教师中，自我认为了解体育教师身体语言功能的有155人，自我认为对体育教师身体语言功能感到模糊的有122人；在共计209位乡镇体育教师中，自我认为了解体育教师身体语言功能的有109人，自我认为对体育教师身体语言感到模糊的有100人。在自我认为了解体育教师身体语言功能的264位体育教师中，城市教师占比为58.71%，乡镇教师占比为41.29%；在自我认为对体育教师身体语言功能感到模糊的222位体育教师中，城市教师占比为54.95%，乡镇教师占比为45.05%。从数据结果可以看出，相较于乡镇教师，城市教师自我认为对体育教师身体语言功能更为了解。

表3-3　不同工作区域体育教师对身体语言功能了解情况认知[N(%)]

工作区域	了解	模糊	总计
城市	155（58.71）	122（54.95）	277（57.00）
乡镇	109（41.29）	100（45.05）	209（43.00）
总计	264（100.00）	222（100.00）	486（100.00）

2. 体育教师对身体语言功能重要程度认知

由表3-4可知，在486名体育教师中，认为"非常重要"和"重要"的人数占比为69.14%；认为"不重要"和"非常不重要"的人数占比仅为9.46%。

由此可见，在被调查的体育教师中，将近七成教师认为体育教师身体语言功能重要，认为不重要的教师不足一成。

表3-4 体育教师对身体语言功能重要程度认知

重要程度	频数	有效百分比/%	累计百分比/%
非常重要	187	38.48	38.48
重要	149	30.66	69.14
一般	104	21.40	90.54
不重要	44	9.05	99.59
非常不重要	2	0.41	100.00
总计	486	100.00	100.00

由表3-5可知，在277位男体育教师中，认为"非常重要"和"重要"的有216人，占比为77.98%；在209位女体育教师中，认为"非常重要"和"重要"的有120人，占比为57.42%。

表3-5 不同性别体育教师对身体语言功能重要程度认知 [N（%）]

性别	非常重要	重要	一般	不重要	非常不重要	总计
男	119（63.64）	97（65.10）	45（43.27）	15（34.09）	1（50.00）	277（57.00）
女	68（36.36）	52（34.90）	59（56.73）	29（65.91）	1（50.00）	209（43.00）
总计	187（100.00）	149（100.00）	104（100.00）	44（100.00）	2（100.00）	486（100.00）

由表3-6可知，在"您认为体育教师身体语言功能重要程度"的问题调查中，男性教师均值为2.25，女性教师均值为1.85；检定结果达到显著水平（$p=0.000<0.05$），表示男性体育教师与女性体育教师对于"您认为体育教师身体语言功能重要程度"的感受有显著性差异。也就是说，相比于女性体育教师，男性体育教师认为体育教师身体语言功能的重要性更强。

表3-6　不同性别体育教师对身体语言功能重要程度认知差异性分析

性别	样本数	平均数	标准差	平均数差异	标准误	t	自由度	显著性
男	277	2.25	1.07	-0.4	0.09	-4.41	484	0.00
女	209	1.85	0.91					

由表3-7可知，在277位城市教师中，认为"非常重要"和"重要"的有193人，占比为69.67%；在209位乡镇教师中，认为"非常重要"和"重要"的有143人，占比为68.42%。

表3-7　不同工作区域体育教师对身体语言功能重要程度认知［N（%）］

工作区域	非常重要	重要	一般	不重要	非常不重要	总计
城市	100（53.48）	93（62.42）	60（57.69）	23（52.27）	1（50.00）	277（57.00）
乡镇	87（46.52）	56（37.58）	44（42.31）	21（47.73）	1（50.00）	209（43.00）
总计	187（100.00）	149（100.00）	104（100.00）	44（100.00）	2（100.00）	486（100.00）

由表3-8可知，在"您认为体育教师身体语言功能重要程度"的问题调查中，城市教师均值为2.03，乡镇教师均值为2.01；检定结果未达到显著水平（$p=0.319>0.05$），表示城市与乡镇对于"您认为体育教师身体语言功能重要程度"的感受没有显著性差异。

表3-8　不同工作区域体育教师对身体语言功能重要程度认知差异性分析

工作区域	样本数	平均数	标准差	平均数差异	标准误	t	自由度	显著性
城市	277	2.03	0.97	-0.09	0.09	-1	484	0.319
乡镇	209	2.01	1.03					

第三章 体育教师身体语言的特点、价值及功能

由表3-9可知，在"您是否了解体育教师身体语言功能"的问题中，选择"了解"的有264人，均值为2.42，选择"模糊"的有222人，均值为1.66；"您是否了解体育教师身体语言功能"在"您认为体育教师身体语言功能的重要程度"构面的F检定达到显著水平（$p=0.00<0.05$），表示"您是否了解体育教师身体语言功能"在"您认为体育教师身体语言功能的重要程度"构面上有显著性差异。经Scheffe法进行事后比较得知，选择"了解"选项的体育教师对"您认为体育教师身体语言功能的重要程度"问题的回答人数明显高于选择"模糊"的体育教师人数。即对身体语言功能了解的体育教师更加认为体育教师身体语言重要。

表3-9 "重要程度"和"了解情况"双构面分析

构面	您是否了解体育教师身体语言功能	频数	平均值	标准差	F值	显著性	事后检验
您认为体育教师身体语言功能重要程度	了解	264	2.42	1.04	30.2	0.00	了解＞模糊
	模糊	222	1.66	0.79			

3. 体育教师对身体语言功能的自我认知小结

（1）体育教师对身体语言功能的了解情况认知

从体育教师对身体语言功能了解情况认知的总体情况分析，其结果不容乐观，超过40%的体育教师对体育教师身体语言功能感到模糊。从不同性别教师的数据结果可反映出，相较于女教师，男教师自认为对体育教师身体语言功能更为了解；从不同区域体育教师的数据结果可以看出，相较于乡镇教师，城市教师自认为对体育教师身体语言功能更为了解。

（2）体育教师对身体语言功能的重要程度认知

从体育教师对身体语言功能重要程度认知的总体情况分析，将近70%的体育教师认为身体语言功能重要，认为不重要的教师不足一成。从不同性别教师的数据得出，相比于女体育教师，男体育教师认为体育教师身体语言功能重要

性更强;从不同区域教师数据得出,城市和乡镇的体育教师在自身认为体育教师身体语言功能重要程度上没有显着差异。

结合体育教师对身体语言功能了解情况认知和体育教师对身体语言功能重要程度认知二者数据我们发现,对身体语言功能感到了解的体育教师更加认为体育教师身体语言重要。

(二)学生对体育教师身体语言功能的反馈分析

本文发放问卷调查研究学生对体育教师身体语言功能的反馈,并分为"学生对身体语言促进学习内容理解的反馈"和"学生对身体语言促进师生感情的反馈"两方面,从不同性别和不同学校区域进行现状分析。

1. 学生对身体语言促进学习内容理解的反馈

由表3-10可知,在对2620位学生进行有关"你认为体育教师身体语言功能对自身理解学习内容帮助程度"问题的调查中显示,认为"非常有帮助"的学生有820人,认为"有很多帮助"的学生有669人,认为"有一定帮助"的学生有1010人,认为"有很少帮助"的学生有93人,认为"非常没有帮助"的学生有28人。从总体数据上来分析,九成以上的学生认为体育教师身体语言功能对自身理解学习内容是有帮助的。

表3-10 学生对身体语言促进学习内容理解的反馈

帮助程度	理解学习内容频数	有效百分比/%	累积百分比/%
非常有帮助	820	31.30	31.30
有很多帮助	669	25.53	56.83
有一定帮助	1010	38.55	95.38
有很少帮助	93	3.55	98.93
非常没有帮助	28	1.07	100.00
总计	2620	100.00	100.00

由表3-11可知,在"理解学习内容"构面;"男学生"均值为2.21,"女学生"均值2.13;检定结果达到显著水平($p=0.022<0.05$),表示男学生与女

学生对于"理解学习内容"的感受有显著差异。从不同性别学生的数据来分析，相较于女学生，男学生认为体育教师身体语言功能对自身理解学习内容有更大帮助。

表3-11　不同性别学生对身体语言功能理解学习内容反馈

帮助程度	性别	样本数	平均数	标准差	平均数差异	标准误	t	自由度	显著性
理解学习内容	男	1130	2.21	0.95	-0.09	0.04	-2.3	2618	0.022
	女	1490	2.13	0.95					

由表3-12可知，在"理解学习内容"构面，"城市学生"均值为2.38，"乡镇学生"均值为2.11；检定结果达到显著水平（$p=0.000<0.05$），表示城市学生与乡镇学生对于"理解学习内容"的感受有显著差异。从不同学校区域的数据来分析，相较于乡镇学生，城市学生认为体育教师身体语言功能对自身理解学习内容有更大帮助。

表3-12　不同学校区域学生对身体语言功能理解学习内容反馈

帮助程度	性别	样本数	平均数	标准差	平均数差异	标准误	t	自由度	显著性
理解学习内容	城市	1987	2.38	0.95	-0.27	0.04	-6.17	2618	0.000
	乡镇	633	2.11	0.94					

2. 学生对身体语言促进师生感情的反馈

由表3-13可知，在对"你认为体育教师身体语言功能对促进师生情感帮助程度"问题的调查中显示，认为"非常有帮助"的学生有936人，认为"有很多帮助"的学生有492人，认为"有一定帮助"的学生有1062人，认为"有很少帮助"的学生有86人，认为"非常没有帮助"的学生有44人。从总体数据上来分析，九成以上的学生认为体育教师身体语言功能对促进师生情感是有帮助的。

表3-13　学生对身体语言促进师生情感的反馈

帮助程度	促进师生情感		
	频数	有效百分比/%	累积百分比/%
非常有帮助	936	35.73	35.73
有很多帮助	492	18.78	54.51
有一定帮助	1062	40.53	95.04
有很少帮助	86	3.28	98.32
非常没有帮助	44	1.68	100.00
总计	2620	100.00	100.00

由表3-14可知，在"促进师生情感"构面，"男学生"均值为2.09，"女学生"均值为2.22；检定结果达到显著水平（$p=0.002<0.05$），表示男学生与女学生对于"促进师生情感"的感受有显著差异。从不同性别学生的数据来分析，相较于男学生，女学生认为体育教师身体语言功能对促进师生情感有更大帮助。

表3-14　不同性别学生对身体语言功能促进师生情感反馈

帮助程度	性别	样本数	平均数	标准差	平均数差异	标准误	t	自由度	显著性
促进师生情感	男	1130	2.09	1	−0.12	0.04	−3.07	2618	0.002
	女	1490	2.22	1.01					

由表3-15可知，在"促进师生情感"构面，"城市学生"均值2.31，"乡镇学生"均值为2.12；检定结果达到显著水平（$p=0.000<0.05$），表示城市学生与乡镇学生对于促进师生情感交流的感受有显著差异。从不同学校区域的数据来分析，相较于乡镇学生，城市学生认为体育教师身体语言功能对促进师生情感有更大帮助。

表3-15　不同学校区域学生对身体语言功能促进师生感情反馈

帮助程度	区域	样本数	平均数	标准差	平均数差异	标准误	t	自由度	显著性
促进师生情感	城市	1987	2.31	0.99	-0.2	0.05	-4.32	2618	0.000
	乡镇	633	2.12	1.01					

3. 学生对体育教师身体语言功能反馈分析小结

（1）学生对身体语言功能理解学习内容反馈

通过总体数据分析，90%以上的学生认为体育教师身体语言对自身理解学习内容是有帮助的。在不同性别学生的数据方面，相较于女学生，男学生认为体育教师身体语言功能对自身理解学习内容有更大帮助；从不同学校区域的数据来看，相较于乡镇学生，城市学生认为体育教师身体语言功能对自身理解学习内容有更大帮助。

（2）学生对身体语言功能促进师生感情反馈

从总体数据上来分析，90%以上的学生认为体育教师身体语言功能对促进师生情感是有帮助的。从不同性别学生的数据来分析，相较于男学生，女学生认为体育教师身体语言功能对促进师生情感有更大帮助；从不同学校区域的数据来分析，相较于乡镇学生，城市学生认为体育教师身体语言功能对促进师生情感有更大帮助。

三、体育教师身体语言的具体功能分析

身体语言能展示更全面的信息、更真实的情感，增强传播效果。体育教师身体语言在体育课程中的不同情境下所表达的功能也有所不同。

（一）体育教师身体语言信息传递功能分析

根据上文体育教师身体语言的功能划分，确定体育教师身体语言信息传递

功能包括加强语意、补充内容、说明动作、指示方向和提示内容。然后分别对课堂积极氛围和消极氛围情境下体育教师身体语言的信息传递功能、不同性别体育教师身体语言的信息传递功能、不同工作区域体育教师身体语言的信息传递功能进行分析，最终结果如下。

1. 课堂积极氛围下体育教师身体语言信息传递功能

（1）课堂积极氛围下体育教师身体语言的信息传递功能

以头势语为例，如表3-16所示，当课堂处于积极氛围时：认为"点头"具有"说明动作"功能的教师人数最多，占比为54.53%；认为"点头"具有"加强语意"功能、"补充内容"功能、"指示方向"功能和"提示内容"功能的教师人数均较少。认为"摇头"具有"说明动作"功能的教师人数最多，占比为39.09%；"补充内容"功能次之，占比为32.72%；认为"摇头"具有"加强语意"功能、"指示方向"功能和"提示内容"功能的教师人数均较少。认为"歪头"具有"说明动作"功能的教师人数最多，占比为57.82%；其次为"补充内容"功能，占比为17.90%；认为"歪头"具有"加强语意"功能、"指示方向"功能和"提示内容"功能的教师人数均较少。认为"昂头"具有"说明动作"功能的教师人数最多，占比为32.51%；认为"昂头"具有"加强语意"功能、"补充内容"功能、"指示方向"功能和"提示内容"功能的教师人数均较少。认为"低头"具有"说明动作"功能的教师人数最多，占比为30.86%；"补充内容"功能和"加强语意"功能次之，占比分别为30.45%和28.40%；认为"低头"具有"指示方向"功能和"提示内容"功能的教师人数均较少。

第三章　体育教师身体语言的特点、价值及功能

表3-16　课堂积极氛围下体育教师身体语言的信息传递功能

指标	动作	加强语意	补充内容	说明动作	指示方向	提示内容
头势语	点头	83（17.08%）	75（15.43%）	265（54.53%）	50（10.29%）	13（2.67%）
	摇头	91（18.72%）	159（32.72%）	190（39.09%）	25（5.14%）	21（4.32%）
	歪头	51（10.49%）	87（17.90%）	281（57.82%）	47（9.67%）	20（4.12%）
	昂头	132（27.16%）	138（28.40%）	158（32.51%）	29（5.97%）	29（5.97%）
	低头	138（28.40%）	148（30.45%）	150（30.86%）	26（5.35%）	24（4.94%）
手势语	指人	60（12.35%）	82（16.87%）	279（57.41%）	45（9.26%）	20（4.12%）
	竖拇指	86（17.70%）	78（16.05%）	264（54.32%）	40（8.23%）	18（3.70%）
	鼓掌	74（15.23%）	84（17.28%）	273（56.17%）	39（8.02%）	16（3.29%）
	摊手	61（12.55%）	109（22.43%）	259（53.29%）	36（7.41%）	21（4.32%）
	握拳	111（22.84%）	111（22.84%）	214（44.03%）	25（5.14%）	25（5.14%）

61

（续表）

指标	动作	加强语意	补充内容	说明动作	指示方向	提示内容
手臂语	双臂胸前交叉	81（16.67%）	156（32.10%）	189（38.89%）	37（7.61%）	23（4.73%）
	双手叉腰	90（18.52%）	122（25.10%）	215（44.24%）	41（8.44%）	18（3.70%）
	双臂背后	48（9.88%）	87（17.90%）	243（50.00%）	66（13.58%）	42（8.64%）
	双手插兜	66（13.58%）	103（21.19%）	251（51.65%）	37（7.61%）	29（5.97%）
	耸肩	46（9.47%）	109（22.43%）	267（54.94%）	38（7.82%）	26（5.35%）
目光语	瞪眼	95（19.55%）	157（32.30%）	120（24.69%）	78（16.05%）	36（7.41%）
	斜视	59（12.14%）	66（13.58）	249（51.23%）	74（15.23%）	38（7.82%）
	环视	78（16.05%）	109（22.43%）	142（29.22%）	116（23.87%）	41（8.44%）
	直视	153（31.48%）	91（18.72%）	102（20.99%）	73（15.02）	67（13.79）
面部表情语	微笑	170（34.98%）	134（27.57%）	110（22.63%）	50（10.29%）	22（4.53%）
	无表情	66（13.58%）	119（24.49%）	242（49.79%）	28（5.76%）	31（6.38%）
	噘嘴	57（11.73%）	91（18.72%）	272（55.97%）	36（7.41%）	30（6.17%）

（2）课堂积极氛围下不同性别体育教师身体语言的信息传递功能

以头势语为例，如表3-17所示，当课堂处于积极氛围时：在认为"点头"具有"加强语意"功能的83位教师中，男教师为72.29%；在认为"点头"具有"补充内容"功能的75位教师中，男教师占60%；认为"点头"具有"说明动作"功能、"指示方向"功能和"提示内容"功能的教师人数较少或男女教师比例较为接近。在认为"摇头"具有"加强语意"功能的91位教师中，男教师为61.54%；认为"摇头"具有"补充内容"功能、"说明动作"功能、"指示方向"功能和"提示内容"功能的教师人数较少或者男女教师比例较为接近。在认为"歪头"具有"补充内容"功能的87位教师中，男教师占60.92%；认为"歪头"具有"加强语意"功能、"说明动作"功能、"指示方向"功能和"提示内容"功能的教师人数较少或者男女教师比例较为接近。认为"昂头"具有"加强语意"功能、"补充内容"功能、"说明动作"功能、"指示方向"功能和"提示内容"功能的教师均人数较少或者男女教师比例较为接近。在认为"低头"具有"说明动作"功能的150位教师中，男教师比例占据六成；认为"低头"具有"加强语意"功能、"补充内容"功能、"指示方向"功能和"提示内容"功能的教师均人数较少或者男女教师比例较为接近。

表3-17 课堂积极氛围下不同性别体育教师身体语言的信息传递功能

指标	动作	教师性别	加强语意	补充内容	说明动作	指示方向	提示内容
头势语	点头	男性	60（72.29%）	45（60.00%）	138（52.08%）	30（60.00%）	4（30.77%）
		女性	23（27.71%）	30（40.00%）	127（47.92%）	20（40.00%）	9（69.23%）
		总计	83（100.00%）	75（100.00%）	265（100.00%）	50（100.00%）	13（100.00%）
	摇头	男性	56（61.54%）	82（51.57%）	109（57.37%）	17（68.00%）	13（61.90%）
		女性	35（38.46%）	77（48.43%）	81（42.63%）	8（32.00%）	8（38.10%）
		总计	91（100.00%）	159（100.00%）	190（100.00%）	25（100.00%）	21（100.00%）
	歪头	男性	38（74.51%）	53（60.92%）	146（51.96%）	34（72.34%）	6（30.00%）
		女性	13（25.49%）	34（39.08%）	135（48.04%）	13（27.66%）	14（70.00%）
		总计	51（100.00%）	87（100.00%）	281（100.00%）	47（100.00%）	20（100.00%）
	昂头	男性	73（55.30%）	79（57.25%）	93（58.86%）	19（65.52%）	13（44.83%）
		女性	59（44.70%）	59（42.75%）	65（41.14%）	10（34.48%）	16（55.17%）
		总计	132（100.00%）	138（100.00%）	158（100.00%）	29（100.00%）	29（100.00%）
	低头	男性	69（50.00%）	86（58.11%）	90（60.00%）	17（65.38%）	15（62.50%）
		女性	69（50.00%）	62（41.89%）	60（40.00%）	9（34.62%）	9（37.50%）
		总计	138（100.00%）	148（100.00%）	150（100.00%）	26（100.00%）	24（100.00%）

（续表）

指标	动作	教师性别	加强语意	补充内容	说明动作	指示方向	提示内容
手势语	指人	男性	37（61.67%）	58（70.73%）	141（50.54%）	29（64.44%）	12（60.00%）
		女性	23（38.33%）	24（29.27%）	138（49.46%）	16（35.56%）	8（40.00%）
		总计	60（100.00%）	82（100.00%）	279（100.00%）	45（100.00%）	20（100.00%）
	竖拇指	男性	56（65.12%）	42（53.85%）	144（54.55%）	24（60.00%）	11（61.11%）
		女性	30（34.88%）	36（46.15%）	120（45.45%）	16（40.00%）	7（38.89%）
		总计	86（100.00%）	78（100.00%）	264（100.00%）	40（100.00%）	18（100.00%）
	鼓掌	男性	50（67.57%）	53（63.10%）	141（51.65%）	24（61.54%）	9（56.25%）
		女性	24（32.43%）	31（36.90%）	132（48.35%）	15（38.46%）	7（43.75%）
		总计	74（100.00%）	84（100.00%）	273（100.00%）	39（100.00%）	16（100.00%）
	摊手	男性	41（67.21%）	66（60.55%）	134（51.74%）	20（55.56%）	16（76.19%）
		女性	20（32.79%）	43（39.45%）	125（48.26%）	16（44.44%）	5（23.81%）
		总计	61（100.00%）	109（100.00%）	259（100.00%）	36（100.00%）	21（100.00%）
	握拳	男性	68（61.26%）	62（55.86%）	112（52.34%）	18（72.00%）	17（68.00%）
		女性	43（38.74%）	49（44.14%）	102（47.66%）	7（28.00%）	8（32.00%）
		总计	111（100.00%）	111（100.00%）	214（100.00%）	25（100.00%）	25（100.00%）

（续表）

指标	动作	教师性别	加强语意	补充内容	说明动作	指示方向	提示内容
手臂语	双臂胸前交叉	男性	49（60.49%）	83（53.21%）	107（56.61%）	23（62.16%）	15（65.22%）
		女性	32（39.51%）	73（46.79%）	82（43.39%）	14（37.84%）	8（34.78%）
		总计	81（100.00%）	156（100.00%）	189（100.00%）	37（100.00%）	23（100.00%）
	双手叉腰	男性	50（55.56%）	74（60.66%）	116（53.95%）	25（60.98%）	12（66.67%）
		女性	40（44.44%）	48（39.34%）	99（46.05%）	16（39.02%）	6（33.33%）
		总计	90（100.00%）	122（100.00%）	215（100.00%）	41（100.00%）	18（100.00%）
	双臂背后	男性	32（66.67%）	50（57.47%）	128（52.67%）	41（62.12%）	26（61.90%）
		女性	16（33.33%）	37（42.53%）	115（47.33%）	25（37.88%）	16（38.10%）
		总计	48（100.00%）	87（100.00%）	243（100.00%）	66（100.00%）	42（100.00%）
	双手插兜	男性	40（60.61%）	61（59.22%）	137（54.58%）	21（56.76%）	18（62.07%）
		女性	26（39.39%）	42（40.78%）	114（45.42%）	16（43.24%）	11（37.93%）
		总计	66（100.00%）	103（100.00%）	251（100.00%）	37（100.00%）	29（100.00%）
	耸肩	男性	25（54.35%）	73（66.97%）	141（52.81%）	21（55.26%）	17（65.38%）
		女性	21（45.65%）	36（33.03%）	126（47.19%）	17（44.74%）	9（34.62%）
		总计	46（100.00%）	109（100.00%）	267（100.00%）	38（100.00%）	26（100.00%）

(续表)

指标	动作	教师性别	加强语意	补充内容	说明动作	指示方向	提示内容
目光语	瞪眼	男性	57（60.00%）	83（52.87%）	73（60.83%）	45（57.69%）	19（52.78%）
		女性	38（40.00%）	74（47.13%）	47（39.17%）	33（42.31%）	17（47.22%）
		总计	95（100.00%）	157（100.00%）	120（100.00%）	78（100.00%）	36（100.00%）
	斜视	男性	41（59.49%）	48（72.73%）	124（49.80%）	45（60.81%）	19（52.78%）
		女性	18（30.51%）	18（27.27%）	125（50.20%）	29（39.19%）	17（47.22%）
		总计	59（100.00%）	66（100.00%）	249（100.00%）	74（100.00%）	36（100.00%）
	环视	男性	47（60.26%）	68（62.39%）	76（53.52%）	74（63.79%）	12（29.27%）
		女性	31（39.74%）	41（37.61%）	66（46.48%）	42（36.21%）	29（70.73%）
		总计	78（100.00%）	109（100.00%）	142（100.00%）	116（100.00%）	41（100.00%）
	直视	男性	94（61.44%）	62（68.13%）	61（59.80%）	41（56.16%）	19（28.36%）
		女性	59（38.56%）	29（31.87%）	41（40.20%）	32（43.84%）	48（71.64%）
		总计	153（100.00%）	91（100.00%）	102（100.00%）	73（100.00%）	67（100.00%）

（续表）

指标	动作	教师性别	加强语意	补充内容	说明动作	指示方向	提示内容
面部表情语	微笑	男性	114（67.06%）	71（52.99%）	57（51.82%）	27（54.00%）	8（36.36%）
		女性	56（32.94%）	63（47.01%）	53（48.18%）	23（46.00%）	14（63.64%）
		总计	170（100.00%）	134（100.00%）	110（100.00%）	50（100.00%）	22（100.00%）
	无表情	男性	38（57.58%）	75（63.03%）	126（52.07%）	22（78.57%）	16（51.61%）
		女性	28（42.42%）	44（36.97%）	116（47.93%）	6（21.43%）	15（48.39%）
		总计	66（100.00%）	119（100.00%）	242（100.00%）	28（100.00%）	31（100.00%）
	噘嘴	男性	38（66.67%）	58（63.74%）	143（52.57%）	22（61.11%）	16（53.33%）
		女性	19（33.33%）	33（36.26%）	129（47.43%）	14（38.89%）	14（46.67%）
		总计	57（100.00%）	91（100.00%）	272（100.00%）	36（100.00%）	30（100.00%）

（3）课堂积极氛围下不同工作区域体育教师身体语言的信息传递功能

以头势语为例，如表3-18所示，当课堂处于积极氛围时：在认为"点头"具有"加强语意"功能的83位教师中，城市教师为83.13%；认为"点头"具有"补充内容"功能、"说明动作"功能、"指示方向"功能和"提示内容"功能的教师人数均较少或者这一指标统计城乡教师比例较为接近。认为"摇头"具有"加强语意"功能、"补充内容"功能、"说明动作"功能、"指示方向"功能和"提示内容"功能的教师人数均较少，或者城乡教师比例较为接近。认为"歪头"具有"加强语意"功能、"补充内容"功能、"说明动作"功能、"指示方向"功能和"提示内容"功能的教师人数均较少，或者城乡教师比例较为接近。在认为"昂头"具有"加强语意"功能的132位教师中，乡镇教师占比为57.58%；认为"昂头"具有"补充内容"功能、"说明动作"功能、"指示方向"功能和"提示内容"功能的教师人数均较少，或者城乡教师比例较为接近。在认为"低头"具有"说明动作"功能的150位教师中，城市教师占比为68.00%；认为"低头"具有"加强语意"功能、"补充内容"功能、"指示方向"功能和"提示内容"功能的教师人数均较少或者城乡教师比例较为接近。

表3-18 课堂积极氛围下不同工作区域体育教师身体语言的信息传递功能

指标	动作	工作区域	加强语意	补充内容	说明动作	指示方向	提示内容
头势语	点头	城市	69（83.13%）	41（54.67%）	129（48.68%）	28（56.00%）	10（76.92%）
		乡镇	14（16.87%）	34（45.33%）	136（51.32%）	22（44.00%）	3（23.08%）
		总计	83（100.00%）	75（100.00%）	265（100.00%）	50（100.00%）	13（100.00%）
	摇头	城市	43（47.25%）	93（58.49%）	101（53.16%）	21（84.00%）	19（90.48%）
		乡镇	48（52.75%）	66（41.51%）	89（46.84%）	4（16.00%）	2（9.52%）
		总计	91（100.00%）	159（100.00%）	190（100.00%）	25（100.00%）	21（100.00%）
	歪头	城市	35（68.63%）	51（58.62%）	144（51.25%）	31（65.96%）	16（80.00%）
		乡镇	16（31.37%）	36（41.38%）	137（48.75%）	16（34.04%）	4（20.00%）
		总计	51（100.00%）	87（100.00%）	281（100.00%）	47（100.00%）	20（100.00%）
	昂头	城市	56（42.42%）	80（57.97%）	92（58.23%）	23（79.31%）	26（89.66%）
		乡镇	76（57.58%）	58（42.03%）	66（41.77%）	6（20.69%）	3（10.34%）
		总计	132（100.00%）	138（100.00%）	158（100.00%）	29（100.00%）	29（100.00%）
	低头	城市	58（42.03%）	81（54.73%）	102（68.00%）	16（61.54%）	20（83.33%）
		乡镇	80（57.97%）	67（45.27%）	48（32.00%）	10（38.46%）	4（16.67%）
		总计	138（100.00%）	148（100.00%）	150（100.00%）	26（100.00%）	24（100.00%）

第三章　体育教师身体语言的特点、价值及功能

（续表）

指标	动作		工作区域	加重语意	补充内容	说明动作	指示方向	提示内容
手势语	指人		城市	43（71.67%）	52（63.41%）	134（48.03%）	30（66.67%）	18（90.00%）
			乡镇	17（28.33%）	30（36.59%）	145（51.97%）	15（33.33%）	2（10.00%）
			总计	60（100.00%）	82（100.00%）	279（100.00%）	45（100.00%）	20（100.00%）
	竖拇指		城市	57（66.28%）	45（57.69%）	130（49.24%）	28（70.00%）	17（94.44%）
			乡镇	29（33.72%）	33（42.31%）	134（50.76%）	12（30.00%）	1（5.56%）
			总计	86（100.00%）	78（100.00%）	264（100.00%）	40（100.00%）	18（100.00%）
	鼓掌		城市	54（72.97%）	50（59.52%）	135（49.45%）	24（61.54%）	18（90.00%）
			乡镇	20（27.03%）	34（40.48%）	138（50.55%）	15（38.46%）	2（10.00%）
			总计	74（100.00%）	84（100.00%）	273（100.00%）	39（100.00%）	20（100.00%）
	摊手		城市	38（52.30%）	61（55.96%）	142（54.83%）	19（52.78%）	17（80.95%）
			乡镇	23（37.70%）	48（44.04%）	117（45.17%）	17（47.22%）	4（19.05%）
			总计	61（100.00%）	109（100.00%）	259（100.00%）	36（100.00%）	21（100.00%）
	握拳		城市	58（52.25%）	63（56.76%）	115（53.74%）	19（76.00%）	22（88.00%）
			乡镇	53（47.75%）	48（43.24%）	99（46.26%）	6（24.00%）	3（12.00%）
			总计	111（100.00%）	111（100.00%）	214（100.00%）	25（100.00%）	25（100.00%）

（续表）

指标	动作	工作区域	加强语意	补充内容	说明动作	指示方向	提示内容
手臂语	双臂胸前交叉	城市	45（55.56%）	77（49.36%）	106（56.08%）	29（78.38%）	20（86.96%）
		乡镇	36（44.44%）	79（50.64%）	83（43.92%）	8（21.62%）	3（13.04%）
		总计	81（100.00%）	156（100.00%）	189（100.00%）	37（100.00%）	23（100.00%）
	双手叉腰	城市	55（61.11%）	72（59.02%）	112（52.09%）	24（58.54%）	14（77.78%）
		乡镇	35（38.89%）	50（40.98%）	103（47.91%）	17（41.46%）	4（22.22%）
		总计	90（100.00%）	122（100.00%）	215（100.00%）	41（100.00%）	18（100.00%）
	双臂背后	城市	30（62.50%）	57（65.52%）	127（52.26%）	34（51.52%）	29（69.05%）
		乡镇	18（37.50%）	30（34.48%）	116（47.74%）	32（48.48%）	13（30.95%）
		总计	48（100.00%）	87（100.00%）	243（100.00%）	66（100.00%）	42（100.00%）
	双手插兜	城市	37（56.06%）	54（52.43%）	134（53.39%）	26（70.27%）	26（89.66%）
		乡镇	29（43.94%）	49（47.57%）	117（46.61%）	11（29.73%）	3（10.34%）
		总计	66（100.00%）	103（100.00%）	251（100.00%）	37（100.00%）	29（100.00%）
	耸肩	城市	29（63.04%）	65（59.63%）	135（50.56%）	28（73.68%）	20（76.92%）
		乡镇	17（36.96%）	44（40.37%）	132（49.44%）	10（26.32%）	6（23.08%）
		总计	46（100.00%）	109（100.00%）	267（100.00%）	38（100.00%）	26（100.00%）

（续表）

指标	动作	工作区域	加强语意	补充内容	说明动作	指示方向	提示内容
目光语	瞪眼	城市	51（53.68%）	88（56.05%）	66（55.00%）	44（56.41%）	28（77.78%）
		乡镇	44（46.32%）	69（43.95%）	54（45.00%）	34（43.59%）	8（22.22%）
		总计	95（100.00%）	157（100.00%）	120（100.00%）	78（100.00%）	36（100.00%）
	斜视	城市	39（66.10%）	50（75.76%）	122（49.00%）	40（54.05%）	26（68.42%）
		乡镇	20（33.90%）	16（24.24%）	127（51.00%）	34（45.95%）	12（31.58%）
		总计	59（100.00%）	66（100.00%）	249（100.00%）	74（100.00%）	38（100.00%）
	环视	城市	43（55.13%）	78（71.56%）	75（52.82%）	67（57.76%）	14（34.15%）
		乡镇	35（44.87%）	31（28.44%）	67（47.18%）	49（42.24%）	27（65.85%）
		总计	78（100%）	109（100%）	142（100%）	116（100%）	41（100%）
	直视	城市	87（56.86%）	52（57.14%）	50（49.02%）	39（53.42%）	49（73.13%）
		乡镇	66（43.14%）	39（42.86%）	52（50.98%）	34（46.58%）	18（26.87%）
		总计	153（100%）	91（100%）	102（100%）	73（100%）	67（100%）

（续表）

指标	动作	工作区域	加强语意	补充内容	说明动作	指示方向	提示内容
面部表情语	微笑	城市	109（64.12%）	59（44.03%）	64（58.18%）	29（58.00%）	16（72.73%）
		乡镇	61（35.88%）	75（55.97%）	46（41.82%）	21（42.00%）	6（27.27%）
		总计	170（100.00%）	134（100.00%）	110（100.00%）	50（100.00%）	22（100.00%）
	无表情	城市	35（53.03%）	66（55.46%）	131（54.13%）	18（64.29%）	27（87.10%）
		乡镇	31（46.97%）	53（44.54%）	111（45.87%）	10（35.71%）	4（12.90%）
		总计	66（100.00%）	119（100.00%）	242（100.00%）	28（100.00%）	31（100.00%）
	噘嘴	城市	43（75.44%）	54（59.34%）	131（48.16%）	27（75.00%）	22（73.33%）
		乡镇	14（24.56%）	37（40.66%）	141（51.84%）	9（25.00%）	8（26.67%）
		总计	57（100.00%）	91（100.00%）	272（100.00%）	36（100.00%）	30（100.00%）

综合而言，在积极氛围情境下，头势语中的"点头"有"说明动作"功能，"摇头"有"说明动作"和"补充内容"功能，"歪头"有"说明动作"和"补充内容"功能，"昂头"有"说明动作"功能，"低头"有"说明动作""补充内容"和"加强语意"功能。相对于女性教师，男性教师认为"点头""摇头""歪头""低头"动作更具有"补充内容""加强语意"和"说明动作"的功能。相对于乡镇区域工作的教师，城市工作区域的教师认为"点头""低头"动作更具有"加强语意"和"说明动作"的功能。

手势语中的"指人""竖拇指""鼓掌""摊手""握拳"是最具有"说明动作"的功能。相对于女性教师，男性教师认为"指人"动作更加具有"加强语意""补充内容"的功能，"鼓掌""摊手"更具有"补充内容""加强语意"的功能，"握拳""竖拇指"更具有"加强语意"的功能。相对于乡镇工作区域的教师，城市工作区域的教师认为"竖拇指""鼓掌""摊手"动作更具"加强语意"功能。"指人"动作更加具有"补充内容""加强语意"功能。

手臂语中的"双臂胸前交叉""双手叉腰""双臂背后""双手插兜"和"耸肩"更具"说明动作"的功能。相比女教师，男教师认为"耸肩"更具"补充内容"的功能。一般而言，男教师使用"耸肩"去表达"补充内容"功能时，"耸肩"往往是下意识做出的调节性动作，在信息传递功能下其动作与教育教学无直接联系。

目光语中的"瞪眼"最具有"补充内容"和"指示方向"功能；"斜视"最具有"说明动作"和"补充内容""加强语意"功能；"环视"最具有"说明动作"、指示方向和"补充内容""加强语意"功能；"直视"最具有"加强语意""说明动作"和"加强语意""补充内容"功能。相对比女性教师，男性教师认为"瞪眼""斜视""环视""直视"动作所表达的"加强语意""补充内容""提示内容"功能更加强烈。相对比乡镇的教师，城市教师认为"瞪眼""斜视""环视""直视"动作所表达的"加强语意""补充内容""说明动作"功能更加强烈。

面部表情语中的"微笑"最具有"加强语意"功能，"无表情"和"噘嘴"最具有"说明动作"功能。相对于女性教师，男性教师认为"微笑"更加具有"加强语意"功能，"无表情"和"噘嘴"动作更加具有

"补充内容"功能。相对于乡镇工作区域的教师，城市工作区域的教师认为微笑动作更加具有"加强语意""补充内容"和"说明动作"功能，"无表情"和"噘嘴"动作更加具有"说明动作"和"补充内容"功能。

2. 课堂消极氛围下体育教师身体语言信息传递功能

（1）课堂消极氛围下体育教师身体语言的信息传递功能

以头势语为例，如表3-19所示，当课堂处于消极氛围时：认为"点头"具有"说明动作"的教师人数最多，占比为58.85%；"补充内容"功能次之，占比为18.31%；认为"点头"具有"加强语意""指示方向"和"提示内容"功能的教师人数均较少。认为"摇头"具有"说明动作"功能的教师人数最多，占比为55.35%；其次是"补充内容"功能，占比为19.96%；认为"摇头"具有"加强语意"功能、"指示方向"功能和"提示内容"功能的教师人数均较少。认为"歪头"具有"说明动作"功能的教师人数最多，占比为54.32%；"补充内容"功能和"指示方向"功能其次，占比分别为15.02%和14.81%；认为"歪头"具有"加强语意"功能和"提示内容"功能的教师人数均较少。认为"昂头"具有"说明动作"的教师人数最多，占比为54.73%；认为"补充内容"功能次之，占比为23.25%；认为"昂头"具有"加强语意"功能、"指示方向"功能和"提示内容"功能的教师人数均较少。认为"低头"具有"说明动作"功能的教师人数最多并超过半数，占比为51.85%；"补充内容"功能次之，占比为18.93%；认为"低头"具有"加强语意"功能、"指示方向"功能和"提示内容"功能的教师人数均较少。

表3-19 课堂消极氛围下体育教师身体语言的信息传递功能

指标	动作	加强语意	补充内容	说明动作	指示方向	提示内容
头势语	点头	38（7.82%）	89（18.31%）	286（58.85%）	45（9.26%）	28（5.76%）
	摇头	67（13.79%）	97（19.96%）	269（55.35%）	34（7.00%）	19（3.91%）
	歪头	53（10.91%）	73（15.02%）	264（54.32%）	72（14.81%）	24（4.94%）
	昂头	36（7.41%）	113（23.25%）	266（54.73%）	50（10.29%）	21（4.32%）
	低头	54（11.11%）	92（18.93%）	252（51.85%）	52（10.70%）	36（7.41%）
手势语	指人	53（10.91%）	99（20.37%）	272（55.97%）	37（7.61%）	25（5.14%）
	竖拇指	50（10.29%）	98（20.16%）	267（54.94%）	44（9.05%）	27（5.56%）
	鼓掌	77（15.84%）	128（26.34%）	234（48.15%）	36（7.41%）	11（2.26%）
	摊手	103（21.19%）	133（27.37%）	213（43.83%）	24（4.94%）	13（2.67%）
	握拳	54（11.11%）	86（17.70%）	277（57.00%）	37（7.61%）	32（6.58%）

（续表）

指标	动作	加强语意	补充内容	说明动作	指示方向	提示内容
手臂语	双臂胸前交叉	57（11.73%）	120（24.69%）	233（47.94%）	50（10.29%）	26（5.35%）
	双手叉腰	50（10.29%）	71（14.61%）	201（41.36%）	107（22.02%）	57（11.73%）
	双臂背后	58（11.93%）	108（22.22%）	258（53.09%）	34（7.00%）	28（5.76%）
	双手插兜	61（12.55%）	125（25.72%）	241（49.59%）	36（7.41%）	23（4.73%）
	耸肩	52（10.70%）	113（23.25%）	262（53.91%）	36（7.41%）	23（4.73%）
目光语	瞪眼	51（10.49%）	71（14.61%）	132（27.16%）	147（30.25%）	85（17.49%）
	斜视	165（33.95%）	167（34.36%）	97（19.96%）	34（7.00%）	23（4.73%）
	环视	132（27.16%）	158（32.51%）	86（17.70%）	32（6.58%）	78（16.05%）
	直视	176（36.21%）	115（23.66%）	87（17.90%）	53（10.91%）	55（11.32%）
面部表情语	微笑	61（12.55%）	117（24.07%）	147（30.25%）	116（23.87%）	45（9.26%）
	无表情	50（10.29%）	76（15.64%）	286（58.85%）	47（9.67%）	27（5.56%）
	噘嘴	45（9.26%）	71（14.61%）	258（53.09%）	64（13.17%）	48（9.88%）

（2）课堂消极氛围下不同性别体育教师身体语言的信息传递功能

以头势语为例，如表3-20所示，当课堂处于消极氛围时：认为"点头"具有"加强语意"功能、"补充内容"功能、"说明动作"功能、"指示方向"功能和"提示内容"功能的教师均人数较少，或者男女教师比例较为接近。在认为"摇头"具有"加强语意"功能的67位教师中，男教师占比为70.15%；认为"摇头"具有"补充内容"功能、"说明动作"功能、"指示方向"功能和"提示内容"功能的教师人数较少，或者男女教师比例较为接近。在认为"歪头"具有"补充内容"功能的73位教师中，男教师为60.27%；认为"歪头"具有"加强语意"功能、"说明动作"功能、"指示方向"功能和"提示内容"功能的教师人数较少，或者男女教师比例较为接近。在认为"昂头"具有"补充内容"的113位教师中，男教师占比为61.06%；认为"昂头"具有"加强语意"功能、"说明动作"功能、"指示方向"功能和"提示内容"功能的教师人数较少，或者男女教师比例较为接近。在认为"低头"具有"补充内容"的92位教师中，男教师的比例65.22%；认为"低头"具有"加强语意"功能、"说明动作"功能、"指示方向"功能和"提示内容"功能的教师人数较少，或者男女教师比例较为接近。

表3-20 课堂消极氛围下不同性别体育教师身体语言的信息传递功能

指标	动作		教师性别	加强语意	补充内容	说明动作	指示方向	提示内容
头势语	点头		男性	31（81.58%）	50（56.18%）	150（52.45%）	32（71.11%）	14（50.00%）
			女性	7（18.42%）	39（43.82%）	136（47.55%）	13（28.89%）	14（50.00%）
			总计	38（100.00%）	89（100.00%）	286（100.00%）	45（100.00%）	28（100.00%）
	摇头		男性	47（70.15%）	56（57.73%）	145（53.90%）	16（47.06%）	13（68.42%）
			女性	20（29.85%）	41（42.27%）	124（46.10%）	18（52.94%）	6（31.58%）
			总计	67（100.00%）	97（100.00%）	269（100.00%）	34（100.00%）	19（100.00%）
	歪头		男性	43（81.13%）	44（60.27%）	134（50.76%）	43（59.72%）	13（54.17%）
			女性	10（18.87%）	29（39.73%）	130（49.24%）	29（40.28%）	11（45.83%）
			总计	53（100.00%）	73（100.00%）	264（100.00%）	72（100.00%）	24（100.00%）
	昂头		男性	22（61.11%）	69（61.06%）	143（53.76%）	31（62.00%）	12（57.14%）
			女性	14（38.89%）	44（38.94%）	123（46.24%）	19（38.00%）	9（42.86%）
			总计	36（100.00%）	113（100.00%）	266（100.00%）	50（100.00%）	21（100.00%）
	低头		男性	41（75.93%）	60（65.22%）	124（49.21%）	29（55.77%）	23（63.89%）
			女性	13（24.07%）	32（34.78%）	128（50.79%）	23（44.23%）	13（36.11%）
			总计	54（100.00%）	92（100.00%）	252（100.00%）	52（100.00%）	36（100.00%）

(续表)

指标	动作	教师性别	加强语意	补充内容	说明动作	指示方向	提示内容
手势语	指人	男性	36（67.92%）	62（62.63%）	144（52.94%）	24（64.86%）	11（44.00%）
		女性	17（32.08%）	37（37.37%）	128（47.06%）	13（35.14%）	14（56.00%）
		总计	53（100.00%）	99（100.00%）	272（100.00%）	37（100.00%）	25（100.00%）
	竖拇指	男性	34（68.00%）	61（62.24%）	142（53.18%）	23（52.27%）	17（62.96%）
		女性	16（32.00%）	37（37.76%）	125（46.82%）	21（47.73%）	10（37.04%）
		总计	50（100.00%）	98（100.00%）	267（100.00%）	44（100.00%）	27（100.00%）
	鼓掌	男性	51（66.23%）	79（61.72%）	119（50.85%）	23（63.89%）	5（45.45%）
		女性	26（33.77%）	49（38.28%）	115（49.15%）	13（36.11%）	6（54.55%）
		总计	77（100.00%）	128（100.00%）	234（100.00%）	36（100.00%）	11（100.00%）
	摊手	男性	64（62.14%）	79（59.40%）	112（52.58%）	15（62.50%）	7（53.85%）
		女性	39（37.86%）	54（40.60%）	101（47.42%）	9（37.50%）	6（46.15%）
		总计	103（100.00%）	133（100.00%）	213（100.00%）	24（100.00%）	13（100.00%）
	握拳	男性	42（77.78%）	59（68.60%）	140（50.54%）	19（51.35%）	17（53.13%）
		女性	12（22.22%）	27（31.40%）	137（49.46%）	18（48.65%）	15（46.88%）
		总计	54（100.00%）	86（100.00%）	277（100.00%）	37（100.00%）	32（100.00%）

（续表）

指标	动作	教师性别	加强语意	补充内容	说明动作	指示方向	提示内容
手臂语	双臂胸前交叉	男性	33（57.89%）	67（55.83%）	132（56.65%）	28（56.00%）	17（65.38%）
		女性	24（42.11%）	53（44.17%）	101（43.35%）	22（44.00%）	9（34.62%）
		总计	57（100.00%）	120（100.00%）	233（100.00%）	50（100.00%）	26（100.00%）
	双手叉腰	男性	39（78.00%）	51（71.83%）	108（53.73%）	45（42.06%）	34（59.65%）
		女性	11（22.00%）	20（28.17%）	93（46.27%）	62（57.94%）	23（40.35%）
		总计	50（100.00%）	71（100.00%）	201（100.00%）	107（100.00%）	57（100.00%）
	双臂背后	男性	40（68.97%）	71（65.74%）	128（49.61%）	21（61.76%）	17（60.71%）
		女性	18（31.03%）	37（34.26%）	130（50.39%）	13（38.24%）	11（39.29%）
		总计	58（100.00%）	108（100.00%）	258（100.00%）	34（100.00%）	28（100.00%）
	双手插兜	男性	40（65.57%）	76（60.80%）	129（53.53%）	21（58.33%）	11（47.83%）
		女性	21（34.43%）	49（39.20%）	112（46.47%）	15（41.67%）	12（52.17%）
		总计	61（100.00%）	125（100.00%）	241（100.00%）	36（100.00%）	23（100.00%）
	耸肩	男性	35（67.31%）	81（71.68%）	128（48.85%）	19（52.78%）	14（60.87%）
		女性	17（32.69%）	32（28.32%）	134（51.15%）	17（47.22%）	9（39.13%）
		总计	52（100.00%）	113（100.00%）	262（100.00%）	36（100.00%）	23（100.00%）

（续表）

指标	动作	教师性别	加强语意	补充内容	说明动作	指示方向	提示内容
目光语	瞪眼	男性	35（68.63%）	44（61.97%）	84（63.64%）	65（46.10%）	49（53.85%）
		女性	16（31.37%）	27（38.03%）	48（36.36%）	76（53.90%）	42（46.15%）
		总计	51（100.00%）	71（100.00%）	132（100.00%）	141（100.00%）	91（100.00%）
	斜视	男性	84（50.91%）	100（59.88%）	56（57.73%）	21（61.76%）	16（69.57%）
		女性	81（49.09%）	67（40.12%）	41（42.27%）	13（38.24%）	7（30.43%）
		总计	165（100.00%）	167（100.00%）	97（100.00%）	34（100.00%）	23（100.00%）
	环视	男性	74（56.06%）	86（54.43%）	51（59.30%）	17（53.13%）	49（62.82%）
		女性	58（43.94%）	72（45.57%）	35（40.70%）	15（46.88%）	29（37.18%）
		总计	132（100.00%）	158（100.00%）	86（100.00%）	32（100.00%）	78（100.00%）
	直视	男性	93（52.84%）	78（67.83%）	47（54.02%）	30（56.60%）	29（52.73%）
		女性	83（47.16%）	37（32.17%）	40（45.98%）	23（43.40%）	26（47.27%）
		总计	176（100.00%）	115（100.00%）	87（100.00%）	53（100.00%）	55（100.00%）

(续表)

指标	动作	教师性别	加强语意	补充内容	说明动作	指示方向	提示内容
面部表情语	微笑	男性	35（57.38%）	79（67.52%）	78（53.06%）	65（50.00%）	20（64.52%）
		女性	26（42.62%）	38（32.48%）	69（46.94%）	65（50.00%）	11（35.48%）
		总计	61（100.00%）	117（100.00%）	147（100.00%）	130（100.00%）	31（100.00%）
	无表情	男性	42（84.00%）	44（57.89%）	146（51.05%）	29（61.70%）	16（59.26%）
		女性	8（16.00%）	32（42.11%）	140（48.95%）	18（38.30%）	11（40.74%）
		总计	50（100.00%）	76（100.00%）	286（100.00%）	47（100.00%）	27（100.00%）
	噘嘴	男性	33（73.33%）	53（74.65%）	133（51.55%）	31（48.44%）	27（56.25%）
		女性	12（26.67%）	18（25.35%）	125（48.45%）	33（51.56%）	21（43.75%）
		总计	45（100.00%）	71（100.00%）	258（100.00%）	64（100.00%）	48（100.00%）

（3）课堂消极氛围下不同工作区域体育教师身体语言的信息传递功能

以头势语为例，如表3-21所示，当课堂处于消极氛围时：在认为"点头"具有"补充内容"功能的89位教师中，城市教师有58人，占比为65.17%；认为"点头"具有"加强语意"功能、"说明动作"功能、"指示方向"功能和"提示内容"功能的教师人数均较少，或者城乡教师比例较为接近。在认为"摇头"具有"加强语意"功能的67位教师中，城市教师占比为74.63%；认为"摇头"具有"补充内容"功能、"说明动作"功能、"指示方向"功能和"提示内容"功能的教师人数均较少，或者城乡教师比例较为接近。在认为"歪头"具有"补充内容"功能的73位教师中，城市教师占据63.01%；认为"歪头"具有"加强语意"功能、"说明动作"功能、"指示方向"功能和"提示内容"功能的教师人数均较少，或者城乡教师比例较为接近。在认为"昂头"具有"指示方向"功能的50位教师中，城市教师占比为74.00%；认为"昂头"具有"加强语意"功能、"补充内容"功能、"说明动作"功能和"提示内容"功能的教师人数均较少，或者城乡教师比例较为接近。在认为"低头"具有"指示方向"功能的52位教师中，城市教师占比为78.85%；认为"低头"具有"加强语意"功能、"补充内容"功能、"说明动作"功能和"提示内容"功能的教师人数均较少，或者城乡教师比例较为接近。

表3-21 课堂消极氛围下不同工作区域体育教师身体语言的信息传递功能

指标	动作	工作区域	加强语意	补充内容	说明动作	指示方向	提示内容
头势语	点头	城市	29（76.32%）	58（65.17%）	138（48.25%）	29（64.44%）	23（82.14%）
		乡镇	9（23.68%）	31（34.83%）	148（51.75%）	16（35.56%）	5（17.86%）
		总计	38（100.00%）	89（100.00%）	286（100.00%）	45（100.00%）	28（100.00%）
	摇头	城市	50（74.63%）	55（56.70%）	134（49.81%）	21（61.76%）	17（89.47%）
		乡镇	17（25.37%）	42（43.30%）	135（50.19%）	13（38.24%）	2（10.53%）
		总计	67（100.00%）	97（100.00%）	269（100.00%）	34（100.00%）	19（100.00%）
	歪头	城市	40（75.47%）	46（63.01%）	139（52.65%）	42（58.33%）	10（41.67%）
		乡镇	13（24.53%）	27（36.99%）	125（47.35%）	30（41.67%）	14（58.33%）
		总计	53（100.00%）	73（100.00%）	264（100.00%）	72（100.00%）	24（100.00%）
	昂头	城市	26（72.22%）	66（58.41%）	130（48.87%）	37（74.00%）	18（85.71%）
		乡镇	10（27.78%）	47（41.59%）	136（51.13%）	13（26.00%）	3（14.29%）
		总计	36（100.00%）	113（100.00%）	266（100.00%）	50（100.00%）	21（100.00%）
	低头	城市	34（62.96%）	54（58.70%）	124（49.21%）	41（78.85%）	24（66.67%）
		乡镇	20（37.04%）	38（41.30%）	128（50.79%）	11（21.15%）	12（33.33%）
		总计	54（100.00%）	92（100.00%）	252（100.00%）	52（100.00%）	36（100.00%）

（续表）

指标	动作	工作区域	加强语意	补充内容	说明动作	指示方向	提示内容
手势语	指人	城市	37（69.81%）	63（63.64%）	132（48.53%）	24（64.86%）	21（84.00%）
		乡镇	16（30.19%）	36（36.36%）	140（51.47%）	13（35.14%）	4（16.00%）
		总计	53（100.00%）	99（100.00%）	272（100.00%）	37（100.00%）	25（100.00%）
	竖拇指	城市	35（70.00%）	64（65.31%）	121（45.32%）	32（72.73%）	25（92.59%）
		乡镇	15（30.00%）	34（34.69%）	146（54.68%）	12（27.27%）	2（7.41%）
		总计	50（100.00%）	98（100.00%）	267（100.00%）	44（100.00%）	27（100.00%）
	鼓掌	城市	42（54.55%）	75（58.59%）	128（54.70%）	25（69.44%）	7（63.64%）
		乡镇	35（45.45%）	53（41.41%）	106（45.30%）	11（30.56%）	4（36.36%）
		总计	77（100.00%）	128（100.00%）	234（100.00%）	36（100.00%）	11（100.00%）
	摊手	城市	50（48.54%）	85（63.91%）	112（52.58%）	19（79.17%）	11（84.62%）
		乡镇	53（51.46%）	48（36.09%）	101（47.42%）	5（20.83%）	2（15.38%）
		总计	103（100.00%）	133（100.00%）	213（100.00%）	24（100.00%）	13（100.00%）
	握拳	城市	36（66.67%）	51（59.30%）	142（51.26%）	23（62.16%）	25（78.12%）
		乡镇	18（33.33%）	35（40.70%）	135（48.74%）	14（37.84%）	7（21.88%）
		总计	54（100.00%）	86（100.00%）	277（100.00%）	37（100.00%）	32（100.00%）

(续表)

指标	动作	工作区域	加强语意	补充内容	说明动作	指示方向	提示内容
手臂语	双臂胸前交叉	城市	34 (59.65%)	68 (56.67%)	126 (54.08%)	26 (52.00%)	23 (88.46%)
		乡镇	23 (40.35%)	52 (43.33%)	107 (45.92%)	24 (48.00%)	3 (11.54%)
		总计	57 (100.00%)	120 (100.00%)	233 (100.00%)	50 (100.00%)	26 (100.00%)
	双手叉腰	城市	37 (74.00%)	47 (66.20%)	115 (57.21%)	50 (46.73%)	28 (49.12%)
		乡镇	13 (26.00%)	24 (33.80%)	86 (42.79%)	57 (53.27%)	29 (50.88%)
		总计	50 (100.00%)	71 (100.00%)	201 (100.00%)	107 (100.00%)	57 (100.00%)
	双臂背后	城市	31 (53.45%)	66 (61.11%)	133 (51.55%)	25 (73.53%)	22 (78.57%)
		乡镇	27 (46.55%)	42 (38.89%)	125 (48.45%)	9 (26.47%)	6 (21.43%)
		总计	58 (100.00%)	108 (100.00%)	258 (100.00%)	34 (100.00%)	28 (100.00%)
	双手插兜	城市	39 (63.93%)	78 (62.40%)	121 (50.21%)	23 (63.89%)	16 (69.57%)
		乡镇	22 (36.07%)	47 (37.60%)	120 (49.79%)	13 (36.11%)	7 (30.43%)
		总计	61 (100.00%)	125 (100.00%)	241 (100.00%)	36 (100.00%)	23 (100.00%)
	耸肩	城市	29 (55.77%)	73 (64.60%)	127 (48.47%)	30 (83.33%)	18 (78.26%)
		乡镇	23 (44.23%)	40 (35.40%)	135 (51.53%)	6 (16.67%)	5 (21.74%)
		总计	52 (100.00%)	113 (100.00%)	262 (100.00%)	36 (100.00%)	23 (100.00%)

（续表）

指标	动作	工作区域	加强语意	补充内容	说明动作	指示方向	提示内容
目光语	瞪眼	城市	37（72.55%）	45（63.38%）	66（50.00%）	71（48.30%）	58（68.24%）
		乡镇	14（27.45%）	26（36.62%）	66（50.00%）	76（51.70%）	27（31.76%）
		总计	51（100.00%）	71（100.00%）	132（100.00%）	147（100.00%）	85（100.00%）
	斜视	城市	80（48.48%）	94（56.29%）	62（63.92%）	24（70.59%）	17（73.91%）
		乡镇	85（51.52%）	73（43.71%）	35（36.08%）	10（29.41%）	6（26.09%）
		总计	165（100.00%）	167（100.00%）	97（100.00%）	34（100.00%）	23（100.00%）
	环视	城市	64（48.48%）	86（54.43%）	57（66.28%）	15（46.88%）	55（70.51%）
		乡镇	68（51.52%）	72（45.57%）	29（33.72%）	17（53.13%）	23（29.49%）
		总计	132（100%）	158（100%）	86（100%）	32（100%）	78（100%）
	直视	城市	97（55.11%）	63（54.78%）	43（48.86%）	28（52.83%）	46（85.19%）
		乡镇	79（44.89%）	52（45.22%）	45（51.14%）	25（47.17%）	8（14.81%）
		总计	176（100%）	115（100%）	88（100%）	53（100%）	54（100%）

（续表）

指标	动作	工作区域	加强语意	补充内容	说明动作	指示方向	提示内容
面部表情语	微笑	城市	34（55.74%）	80（68.38%）	69（46.94%）	64（55.17%）	30（66.67%）
		乡镇	27（44.26%）	37（31.62%）	78（53.06%）	52（44.83%）	15（33.33%）
		总计	61（100.00%）	117（100.00%）	147（100.00%）	116（100.00%）	45（100.00%）
	无表情	城市	42（84.00%）	41（53.95%）	134（46.85%）	37（78.72%）	23（85.19%）
		乡镇	8（16.00%）	35（46.05%）	152（53.15%）	10（21.28%）	4（14.81%）
		总计	50（100.00%）	76（100.00%）	286（100.00%）	47（100.00%）	27（100.00%）
	噘嘴	城市	38（84.44%）	48（67.61%）	119（46.12%）	37（57.81%）	35（72.92%）
		乡镇	7（15.56%）	23（32.39%）	139（53.88%）	27（42.19%）	13（27.08%）
		总计	45（100.00%）	71（100.00%）	258（100.00%）	64（100.00%）	48（100.00%）

综合而言，在消极氛围情境下，头势语中的"点头""摇头""昂头""低头"有"说明动作""补充内容"功能，"歪头"有"说明动作""补充内容"和"指示方向"功能。相对于女性教师，男性教师认为头势语更具有以上功能；相对于乡镇工作区域的教师，城市工作区域的教师认为头势语更具有以上功能。

手势语中的"指人""竖拇指""鼓掌""摊手""握拳"最具有"说明动作"的功能。相对于女性教师，男性教师认为"指人""鼓掌""摊手""握拳"动作更加具有"加强语意"和"补充内容"的功能，"竖拇指"更具有"加强语意"的功能。相对于乡镇工作区域的教师，城市工作区域的教师认为"指人""竖拇指"动作更加具有"补充内容""加强语意"的功能；"握拳"动作更加具有"加强语意"的功能；"摊手"动作更具有"补充内容"的功能。

手臂语中的"双臂胸前交叉""双手叉腰""双臂背后""双手插兜"和"耸肩"更具"说明动作"的功能。相较于女教师，男教师认为"双手叉腰"具有"加强语意"功能和"补充内容"功能程度更强，认为"耸肩"具有"补充内容"功能的程度更强。相较于乡镇教师，城市教师认为"双手叉腰"更具"加强语意"的功能。

目光语中的"瞪眼"最具有"补充内容"和"指示方向"功能；"斜视"最具有"说明动作"和"补充内容""加强语意"功能；"环视"最具有"说明动作"、"指示方向"和"补充内容""加强语意"功能。"直视"最具有"加强语意""说明动作"和"加强语意""补充内容"功能。相对比女性教师，男性教师认为"瞪眼""斜视""环视""直视"动作所表达的"加强语意""补充内容""提示内容"功能更加强烈。相对比乡镇的教师，城市教师认为"瞪眼""斜视""环视""直视"动作所表达的"加强语意""补充内容""说明动作"功能更加强烈。

面部表情语中的"微笑""无表情"和"噘嘴"动作最具有"说明动作"功能。相对于女性教师，男性教师认为"微笑"动作更加具有"加强语意""补充内容""说明动作""指示方向"的功能，"无表情"动作更加具有"加强语意""补充内容""说明动作"的功能，"噘嘴"动作更加具有"加强语意""补充内容""说明动作"和"提示内容"的功能。相对于乡镇工作区域的教师，城市工作区域的教师认为"微笑"动作更加具有"加强语意""补充内容""指示方向""提示内容"的功能，"无表情"和"噘嘴"动作更加具有"加强语意""补充内容""指示方向""提示内容"的功能。

（二）体育教师身体语言情感表达功能分析

1. 课堂积极氛围下体育教师身体语言情感表达功能

（1）课堂积极氛围下体育教师身体语言的情感表达功能

以头势语为例，如表3-22所示，当课堂处于积极氛围时：认为"点头"具有"激励作用"功能的教师人数最多，占比为38.07%；认为"自我情感表达"功能的教师人数次之，占比为37.65%；认为"点头"具有"抑制作用"功能和"调节氛围"功能的教师人数均较少。认为"摇头"具有"自我情感表达"功能的教师人数最多并接近半数，占比为49.18%；认为"摇头"具有"抑制作用"功能的教师人数次之，占比为30.04%；认为"摇头"具有"激励作用"功能和"调节氛围"功能的教师人数均较少。认为"歪头"具有"自我情感表达"功能的教师人数最多，所占百分比为52.88%；"抑制作用"功能次之，占比为20.78%；认为"歪头"具有"激励作用"功能和"调节氛围"功能的教师人数均较少。认为"昂头"具有"自我情感表达"功能的教师人数最多，占比为54.53%；认为"昂头"具有"抑制作用"功能次之，占比为21.40%；认为"昂头"具有"激励作用"功能和"调节氛围"功能的教师人数均少。认为"低头"具有"自我情感表达"功能的教师人数最多，占比为53.09%；其次是认为"低头"具有"抑制作用"功能，占比为21.81%；认为"低头"具有"激励作用"功能和"调节氛围"功能的教师人数均较少。

表3-22 课堂积极氛围下体育教师身体语言的情感表达功能

指标	动作	激励作用	抑制作用	自我情感表达	调节氛围
头势语	点头	185（38.07%）	66（13.58%）	183（37.65%）	52（10.70%）
	摇头	54（11.11%）	146（30.04%）	239（49.18%）	47（9.67%）
	歪头	75（15.43%）	101（20.78%）	257（52.88%）	53（10.91%）
	昂头	74（15.23%）	104（21.40%）	265（54.53%）	43（8.84%）
	低头	58（11.93%）	106（21.81%）	258（53.09%）	64（13.17%）
手势语	指人	95（19.55%）	156（32.10%）	194（39.92%）	41（8.44%）
	竖拇指	200（41.15%）	107（22.02%）	162（33.33%）	17（3.50%）
	鼓掌	172（35.39%）	69（14.20%）	209（43.00%）	36（7.41%）
	摊手	77（15.84%）	117（24.07%）	242（49.79%）	50（10.29%）
	握拳	136（27.98%）	70（14.40%）	195（40.12%）	85（17.49%）
手臂语	双臂胸前交叉	54（11.11%）	130（26.75%）	262（53.91%）	40（8.23%）
	双手叉腰	57（11.73%）	114（23.46%）	262（53.91%）	53（10.91%）
	双臂背后	56（11.52%）	127（26.13%）	261（53.70%）	42（8.64%）
	双手插兜	67（13.79%）	120（24.69%）	264（54.32%）	35（7.20%）
	耸肩	93（19.14%）	141（29.01%）	204（41.98%）	48（9.88%）
目光语	瞪眼	56（11.52%）	124（25.51%）	247（50.82%）	59（12.14%）
	斜视	53（10.91%）	124（25.51%）	208（42.80%）	101（20.78%）
	环视	68（13.99%）	94（19.34%）	223（45.88%）	101（20.78%）
	盲视	82（16.87%）	117（24.07%）	198（40.74%）	89（18.31%）
表情语 面部	微笑	262（53.91%）	92（18.93%）	118（24.28%）	14（2.88%）
	无表情	42（8.64%）	117（24.07%）	287（59.05%）	40（8.23%）
	噘嘴	49（10.08%）	120（24.69%）	254（52.26%）	63（12.96%）

（2）课堂积极氛围下不同性别体育教师身体语言的情感表达功能

以头势语为例，如表3-23所示，当课堂处于积极氛围时：在认为"点头"具有"激励作用"功能的185位教师中，男教师占比为65.95%；在认为"点头"具有"抑制作用"功能的66位教师中，男教师比例为69.70%；认为"点头"具有"自我情感表达"功能和"调节氛围"功能的教师人数较少或者男女教师比例较为接近。在认为"摇头"具有"抑制作用"功能的146位教师中，男教师占比为64.38%；在认为"摇头"具有"激励作用"功能的54位教师中，男教师为64.81%；认为"摇头"具有"自我情感表达"功能和"调节氛围"功能的教师人数较少，或者男女教师比例较为接近。在认为"歪头"具有"抑制作用"功能的101位教师中，男教师占比为66.34%；在认为"歪头"具有"激励作用"功能的75位教师中，男教师占比为65.33%；认为"歪头"具有"自我情感表达"功能和"调节氛围"功能的教师人数较少，或者男女教师比例较为接近。在认为"昂头"具有"抑制作用"功能的104位教师中，男教师占比为64.42%；认为"昂头"具有"激励作用"功能、"自我情感表达"功能和"调节氛围"功能的教师人数较少，或者男女教师比例较为接近。在认为"低头"具有"抑制作用"功能的106位教师中，男教师占比为66.98%；在认为"低头"具有"调节氛围"功能的64位教师中，男教师占比为64.06%；认为"低头"具有"激励作用"功能和"自我情感表达"功能的教师人数较少，或者男女教师比例较为接近。

表3-23 课堂积极氛围下不同性别体育教师身体语言的情感表达功能

指标	动作	教师性别	激励作用	抑制作用	自我情感表达	调节氛围
头势语	点头	男性	122（65.95%）	46（69.70%）	84（45.90%）	25（48.08%）
		女性	63（34.05%）	20（30.30%）	99（54.10%）	27（51.92%）
		总计	185（100.00%）	66（100.00%）	183（100.00%）	52（100.00%）
	摇头	男性	35（64.81%）	94（64.38%）	121（50.63%）	27（57.45%）
		女性	19（35.19%）	52（35.62%）	118（49.37%）	20（42.55%）
		总计	54（100.00%）	146（100.00%）	239（100.00%）	47（100.00%）
	歪头	男性	49（65.33%）	67（66.34%）	133（51.75%）	28（52.83%）
		女性	26（34.67%）	34（33.66%）	124（48.25%）	25（47.17%）
		总计	75（100.00%）	101（100.00%）	257（100.00%）	53（100.00%）
	昂头	男性	42（56.76%）	67（64.42%）	143（53.96%）	25（58.14%）
		女性	32（43.24%）	37（35.58%）	122（46.04%）	18（41.86%）
		总计	74（100.00%）	104（100.00%）	265（100.00%）	43（100.00%）
	低头	男性	33（56.90%）	71（66.98%）	132（51.16%）	41（64.06%）
		女性	25（43.10%）	35（33.02%）	126（48.84%）	23（35.94%）
		总计	58（100.00%）	106（100.00%）	258（100.00%）	64（100.00%）

(续表)

指标	动作	教师性别	激励作用	抑制作用	自我情感表达	调节氛围
手势语	指人	男性	53（55.79%）	105（67.31%）	94（48.45%）	25（60.98%）
		女性	42（44.21%）	51（32.69%）	100（51.55%）	16（39.02%）
		总计	95（100.00%）	156（100.00%）	194（100.00%）	41（100.00%）
	竖拇指	男性	120（60.00%）	71（66.36%）	74（45.68%）	12（70.59%）
		女性	80（40.00%）	36（33.64%）	88（54.32%）	5（29.41%）
		总计	200（100.00%）	107（100.00%）	162（100.00%）	17（100.00%）
	鼓掌	男性	112（65.12%）	53（76.81%）	96（45.93%）	16（44.44%）
		女性	60（34.88%）	16（23.19%）	113（54.07%）	20（55.56%）
		总计	172（100.00%）	69（100.00%）	209（100.00%）	36（100.00%）
	摊手	男性	44（57.14%）	78（66.67%）	123（50.83%）	32（64.00%）
		女性	33（42.86%）	39（33.33%）	119（49.17%）	18（36.00%）
		总计	77（100.00%）	117（100.00%）	242（100.00%）	50（100.00%）
	握拳	男性	89（65.44%）	53（75.71%）	94（48.21%）	41（48.24%）
		女性	47（34.56%）	17（24.29%）	101（51.79%）	44（51.76%）
		总计	136（100.00%）	70（100.00%）	195（100.00%）	85（100.00%）

(续表)

指标	动作	教师性别	激励作用	抑制作用	自我情感表达	调节氛围
手臂语	双臂胸前交叉	男性	38（70.37%）	91（70.00%）	125（47.71%）	23（57.50%）
		女性	16（29.63%）	39（30.00%）	137（52.29%）	17（42.50%）
		总计	54（100.00%）	130（100.00%）	262（100.00%）	40（100.00%）
	双手叉腰	男性	40（70.18%）	79（69.30%）	129（49.24%）	29（54.72%）
		女性	17（29.82%）	35（30.70%）	133（50.76%）	24（45.28%）
		总计	57（100.00%）	114（100.00%）	262（100.00%）	53（100.00%）
	双臂背后	男性	39（69.64%）	82（64.57%）	130（49.81%）	26（61.90%）
		女性	17（30.36%）	45（35.43%）	131（50.19%）	16（38.10%）
		总计	56（100.00%）	127（100.00%）	261（100.00%）	42（100.00%）
	双手插兜	男性	33（49.25%）	77（64.17%）	142（53.79%）	25（71.43%）
		女性	34（50.75%）	43（35.83%）	122（46.21%）	10（28.57%）
		总计	67（100.00%）	120（100.00%）	264（100.00%）	35（100.00%）
	耸肩	男性	42（45.16%）	89（63.12%）	111（54.41%）	35（72.92%）
		女性	51（54.84%）	52（36.88%）	93（45.59%）	13（27.08%）
		总计	93（100.00%）	141（100.00%）	204（100.00%）	48（100.00%）

(续表)

指标	动作	教师性别	激励作用	抑制作用	自我情感表达	调节氛围
目光语	瞪眼	男性	37（66.07%）	79（63.71%）	127（51.42%）	34（57.63%）
		女性	19（33.93%）	45（36.29%）	120（48.58%）	25（42.37%）
		总计	56（100.00%）	124（100.00%）	247（100.00%）	59（100.00%）
	斜视	男性	38（71.70%）	88（70.97%）	100（48.08%）	51（50.50%）
		女性	15（28.30%）	36（29.03%）	108（51.92%）	50（49.50%）
		总计	53（100.00%）	124（100.00%）	208（100.00%）	101（100.00%）
	环视	男性	39（57.35%）	56（59.57%）	109（48.88%）	73（72.28%）
		女性	29（42.65%）	38（40.43%）	114（51.12%）	28（27.72%）
		总计	68（100.00%）	94（100.00%）	223（100.00%）	101（100.00%）
	直视	男性	54（65.85%）	75（64.10%）	102（51.52%）	46（51.69%）
		女性	28（34.15%）	42（35.90%）	96（48.48%）	43（48.31%）
		总计	82（100.00%）	117（100.00%）	198（100.00%）	89（100.00%）

（续表）

指标	动作	教师性别	激励作用	抑制作用	自我情感表达	调节氛围
面部表情语	微笑	男性	149（56.87%）	52（56.52%）	69（58.47%）	7（50.00%）
		女性	113（43.13%）	40（43.48%）	49（41.53%）	7（50.00%）
		总计	262（100.00%）	92（100.00%）	118（100.00%）	14（100.00%）
	无表情	男性	26（51.90%）	82（70.09%）	148（51.57%）	21（52.50%）
		女性	16（38.10%）	35（29.91%）	139（48.43%）	19（47.50%）
		总计	42（100.00%）	117（100.00%）	287（100.00%）	40（100.00%）
	噘嘴	男性	33（67.35%）	75（62.50%）	131（51.57%）	38（60.32%）
		女性	16（32.65%）	45（37.50%）	123（48.43%）	25（39.68%）
		总计	49（100.00%）	120（100.00%）	254（100.00%）	63（100.00%）

（3）课堂积极氛围下不同工作区域体育教师身体语言的情感表达功能

以头势语为例，如表3-24所示，当课堂处于积极氛围时：在认为"点头"具有"激励作用"功能的185位教师中，城市教师占比为66.49%；认为"点头"具有"抑制作用"功能、"自我情感表达"功能和"调节氛围"功能的教师人数较少，同时城乡教师比例较为接近。认为"摇头"具有"激励作用"功能、"抑制作用"功能、"自我情感表达"功能和"调节氛围"功能的教师人数较少，同时城乡教师比例较为接近。在认为"低头"具有"抑制作用"功能的106位教师中，城市教师占比为60.38%；认为"低头"具有"激励作用"功能、"自我情感表达"功能和"调节氛围"功能的教师人数较少，同时城乡教师比例较为接近。在认为"昂头"具有"激励作用"功能的74位教师中，城市教师占比为60.81%；认为"昂头"具有"抑制作用"功能、"自我情感表达"功能和"调节氛围"功能的教师人数较少，同时城乡教师比例较为接近。在认为"歪头"具有"调节氛围"功能的53位教师中，城市教师占比为86.79%；认为"歪头"具有"激励作用"功能、"抑制作用"功能和"自我情感表达"功能的教师人数较少，同时城乡教师比例较为接近。

综合而言，在积极氛围的情境下，头势语中的"点头"有"激励作用"和"自我情感表达"的功能，"摇头""歪头""昂头""低头"有"抑制作用"和"自我情感表达"的功能。相对于女教师，男教师认为"点头"动作更加具有"激励作用""抑制作用"的功能，"摇头"动作更加具有"激励作用""抑制作用"的功能，"歪头"动作更加具有"激励作用""抑制作用"的功能，"昂头"动作更加具有"抑制作用"的功能，"低头"动作更加具有"抑制作用""调节氛围作用"的功能。相对于乡镇工作区域的教师，城市工作区域的教师认为"点头"和"昂头"动作更加具有"激励作用"的功能，"低头"动作更加具有"抑制作用"的功能，"歪头"动作更加具有"调节氛围"的功能。

手势语中的"指人"最具有"自我情感表达"的功能。"竖拇指"最具有"激励作用"的功能。"鼓掌""摊手""握拳"最具有"自我情感表达"的功能。相对于女教师，男教师认为"指人"更具有"抑制作用"功能。"竖拇指"更具有"激励作用""抑制作用""自我情感表达"功能。"鼓掌"更具有"激励作用""抑制作用"功能。"摊手"更具有"抑制作用""调节氛围"功能。"握拳"更具有"激励作用""抑制作用"功能。

第三章 体育教师身体语言的特点、价值及功能

表3-24 课堂积极氛围下不同工作区域体育教师身体语言的情感表达功能

指标	动作	工作区域	激励作用	抑制作用	自我情感表达	调节氛围
头势语	点头	城市	123（66.49%）	36（54.55%）	87（47.54%）	31（59.62%）
		乡镇	62（33.51%）	30（45.45%）	96（52.46%）	21（40.38%）
		总计	185（100.00%）	66（100.00%）	183（100.00%）	52（100.00%）
	摇头	城市	27（50.00%）	84（57.53%）	127（53.14%）	39（82.98%）
		乡镇	27（50.00%）	62（42.47%）	112（46.86%）	8（17.02%）
		总计	54（100.00%）	146（100.00%）	239（100.00%）	47（100.00%）
	歪头	城市	42（56.00%）	56（55.45%）	133（51.75%）	46（86.79%）
		乡镇	33（44.00%）	45（44.55%）	124（48.25%）	7（13.21%）
		总计	75（100.00%）	101（100.00%）	257（100.00%）	53（100.00%）
	昂头	城市	45（60.81%）	59（56.73%）	137（51.70%）	36（83.72%）
		乡镇	29（39.19%）	45（43.27%）	128（48.30%）	7（16.28%）
		总计	74（100.00%）	104（100.00%）	265（100.00%）	43（100.00%）
	低头	城市	34（58.62%）	64（60.38%）	135（52.33%）	44（68.75%）
		乡镇	24（41.38%）	42（39.62%）	123（47.67%）	20（31.25%）
		总计	58（100.00%）	106（100.00%）	258（100.00%）	64（100.00%）

（续表）

指标	动作	工作区域	激励作用	抑制作用	自我情感表达	调节氛围
手势语	指人	城市	61（64.21%）	79（50.64%）	102（52.58%）	35（85.37%）
		乡镇	34（35.79%）	77（49.36%）	92（47.42%）	6（14.63%）
		总计	95（100.00%）	156（100.00%）	194（100.00%）	41（100.00%）
	竖拇指	城市	134（67.00%）	58（60.42%）	68（41.98%）	17（58.62%）
		乡镇	66（33.00%）	38（39.58%）	94（58.02%）	12（41.38%）
		总计	200（100.00%）	96（100.00%）	162（100.00%）	29（100.00%）
	鼓掌	城市	116（67.44%）	40（57.97%）	92（44.02%）	29（80.56%）
		乡镇	56（32.56%）	29（42.03%）	117（55.98%）	7（19.44%）
		总计	172（100.00%）	69（100.00%）	209（100.00%）	36（100.00%）
	摊手	城市	43（55.84%）	65（55.56%）	136（56.20%）	33（66.00%）
		乡镇	34（44.16%）	52（44.44%）	106（43.80%）	17（34.00%）
		总计	77（100.00%）	117（100.00%）	242（100.00%）	50（100.00%）
	握拳	城市	90（66.18%）	38（54.29%）	93（47.69%）	56（65.88%）
		乡镇	46（33.82%）	32（45.71%）	102（52.31%）	29（34.12%）
		总计	136（100.00%）	70（100.00%）	195（100.00%）	85（100.00%）

第三章 体育教师身体语言的特点、价值及功能

（续表）

指标	动作	工作区域	激励作用	抑制作用	自我情感表达	调节氛围
手臂语	双臂胸前交叉	城市	39（72.22%）	63（48.46%）	143（54.58%）	32（80.00%）
		乡镇	15（27.78%）	67（51.54%）	119（45.42%）	8（20.00%）
		总计	54（100.00%）	130（100.00%）	262（100.00%）	40（100.00%）
	双手叉腰	城市	31（54.39%）	69（60.53%）	142（54.20%）	35（66.04%）
		乡镇	26（45.61%）	45（39.47%）	120（45.80%）	18（33.96%）
		总计	57（100.00%）	114（100.00%）	262（100.00%）	53（100.00%）
	双臂背后	城市	31（55.36%）	70（55.12%）	137（52.49%）	39（92.86%）
		乡镇	25（44.64%）	57（44.88%）	124（47.51%）	3（7.14%）
		总计	56（100.00%）	127（100.00%）	261（100.00%）	42（100.00%）
	双手捅兜	城市	32（47.76%）	68（56.67%）	154（58.33%）	23（65.71%）
		乡镇	35（52.24%）	52（43.33%）	110（41.67%）	12（34.29%）
		总计	67（100.00%）	120（100.00%）	264（100.00%）	35（100.00%）
	耸肩	城市	52（55.91%）	75（53.19%）	114（55.88%）	36（75.00%）
		乡镇	41（44.09%）	66（46.81%）	90（44.12%）	12（25.00%）
		总计	93（100.00%）	141（100.00%）	204（100.00%）	48（100.00%）

(续表)

指标	动作	工作区域	激励作用	抑制作用	自我情感表达	调节氛围
目光语	瞪眼	城市	27（48.21%）	70（56.45%）	136（55.06%）	44（74.58%）
		乡镇	29（51.79%）	54（43.55%）	111（44.94%）	15（25.42%）
		总计	56（100.00%）	124（100.00%）	247（100.00%）	59（100.00%）
	斜视	城市	29（54.72%）	73（58.87%）	112（53.85%）	63（62.38%）
		乡镇	24（45.28%）	51（41.13%）	96（46.15%）	38（37.62%）
		总计	53（100.00%）	124（100.00%）	208（100.00%）	101（100.00%）
	环视	城市	37（54.41%）	53（56.38%）	126（56.50%）	61（60.40%）
		乡镇	31（45.59%）	41（43.62%）	97（43.50%）	40（39.60%）
		总计	68（100%）	94（100%）	223（100%）	101（100%）
	直视	城市	45（54.88%）	69（58.97%）	108（54.55%）	55（61.80%）
		乡镇	37（45.12%）	48（41.03%）	90（45.45%）	34（38.20%）
		总计	82（100%）	117（100%）	198（100%）	89（100%）

（续表）

指标	动作	工作区域	激动作用	抑制作用	自我情感表达	调节氛围
面部表情语	微笑	城市	153（58.40%）	48（58.54%）	59（50.00%）	17（70.83%）
		乡镇	109（41.60%）	34（41.46%）	59（50.00%）	7（29.17%）
		总计	262（100.00%）	82（100.00%）	118（100.00%）	24（100.00%）
	无表情	城市	20（47.62%）	68（58.12%）	151（52.61%）	38（95.00%）
		乡镇	22（52.38%）	49（41.88%）	136（47.39%）	2（5.00%）
		总计	42（100.00%）	117（100.00%）	287（100.00%）	40（100.00%）
	噘嘴	城市	21（42.86%）	78（65.00%）	129（50.79%）	49（77.78%）
		乡镇	28（57.14%）	42（35.00%）	125（49.21%）	14（22.22%）
		总计	49（100.00%）	120（100.00%）	254（100.00%）	63（100.00%）

手臂语中的"双臂胸前交叉""双手叉腰""双臂背后""双手插兜"和"耸肩"具有"自我情感表达"功能的程度最高,其次是"抑制作用"功能。相较于女教师,男教师认为"双臂胸前交叉""双手叉腰""双臂背后""双手插兜"和"耸肩"更具有"抑制作用"功能。

目光语中的"瞪眼""斜视""环视"和"直视"动作,一般属于"自我情感表达"。相对于女教师,男教师认为"瞪眼""斜视""环视"和"直视"更具有"激励作用""抑制作用"功能。相较于乡镇教师,城市教师认为"瞪眼""斜视""环视"和"直视"更具有"自我情感表达"和"抑制作用"功能。

面部表情语中的"微笑"动作主要是表示"激励作用",而"无表情动作"和"噘嘴"动作多为教师的一种"自我情感表达"。相较于女教师,男教师认为"微笑""无表情"和"噘嘴"更具有"激励作用""抑制作用"和"自我情感表达"功能。相对于乡镇工作区域的教师,城市工作区域的教师认为"微笑""无表情"和"噘嘴"更具有"调节作用""抑制作用"功能。

2. 课堂消极氛围下体育教师身体语言情感表达功能

(1)课堂消极氛围下体育教师身体语言的情感表达功能

以头势语为例,如表3-25所示,当课堂处于消极氛围时:认为"点头"具有"自我情感表达"功能的教师人数最多,占比为40.53%;认为"点头"具有"抑制作用"功能次之,占比为26.34%;认为"点头"具有"激励功能"和"调节氛围"功能排名最后,占比分别为19.75%和13.37%。认为"摇头"具有"抑制作用"功能和"自我情感表达"功能的教师人数排名前两位,占比分别为38.68%和32.51%;其次是"激励作用"功能,占比为21.00%;认为"摇头"具有"调节氛围"功能的教师人数较少。认为"歪头"具有"自我情感表达"功能的教师人数最多,占比为50%;认为"歪头"具有"抑制作用"功能次之,占比为27.78%;认为"歪头"具有"激励作用"功能和"调节氛围"功能的教师人数均较少。认为"昂头"具有"自我情感表达"功能的教师人数最多,占比为50.41%;认为"昂头"具有"抑制作用"功能的教师人数排名第二,占比为29.60%;认为"昂头"具有"激励作用"功能和"调节氛围"功能的教师人数均较少。认为"低头"具有"自我情感表达"功能的教师人数最多,占比为46.09%;认为"低头"具有"抑制作用"功能的教师人数次之,占比为30.86%;认为"低头"具有"激励作用"功能和"调节氛围"功能占比均超过10%。

表3-25 课堂消极氛围下体育教师身体语言的情感表达功能

指标	动作	激励作用	抑制作用	自我情感表达	调节氛围
头势语	点头	96（19.75%）	128（26.34%）	197（40.53%）	65（13.37%）
	摇头	102（20.99%）	188（38.68%）	158（32.51%）	38（7.82%）
	歪头	67（13.79%）	135（27.78%）	243（50.00%）	41（8.44%）
	昂头	48（9.88%）	144（29.63%）	245（50.41%）	49（10.08%）
	低头	49（10.08%）	150（30.86%）	224（46.09%）	63（12.96%）
手势语	指人	84（17.28%）	172（35.39%）	190（39.09%）	40（8.23%）
	竖拇指	93（19.14%）	120（24.69%）	211（43.42%）	62（12.76%）
	鼓掌	90（18.52%）	133（27.37%）	204（41.98%）	59（12.14%）
	摊手	79（16.26%）	163（33.54%）	200（41.15%）	44（9.05%）
	握拳	69（14.20%）	106（21.81%）	242（49.79%）	69（14.20%）
手臂语	双臂胸前交叉	59（12.14%）	146（30.04%）	242（49.79%）	39（8.02%）
	双手叉腰	49（10.08%）	135（27.78%）	259（53.29%）	43（8.85%）
	双臂背后	49（10.08%）	138（28.40%）	249（51.23%）	50（10.29%）
	双手插兜	44（9.05%）	120（24.69%）	261（53.70%）	61（12.55%）
	耸肩	98（20.16%）	165（33.95%）	178（36.63%）	45（9.26%）
目光语	瞪眼	57（11.73%）	163（33.54%）	215（44.24%）	51（10.49%）
	斜视	49（10.08%）	151（31.07%）	230（47.33%）	56（11.52%）
	环视	68（13.99%）	105（21.60%）	223（45.88%）	90（18.52%）
	直视	72（14.81%）	137（28.19%）	235（48.35%）	42（8.64%）
面部表情语	微笑	70（14.40%）	135（27.78%）	193（39.71%）	88（18.11%）
	无表情	79（16.26%）	161（33.13%）	202（41.56%）	44（9.05%）
	噘嘴	70（14.40%）	135（27.78%）	231（47.53%）	50（10.29%）

（2）课堂消极氛围下不同性别体育教师身体语言的情感表达功能

以头势语为例，如表3-26所示，当课堂处于消极氛围时：在认为"点头"具有"调节氛围"功能的65位教师中，男教师占比为64.62%；认为"点头"具有"激励作用"功能、"自我情感表达"功能和"调节氛围"功能的教师人数较少同时男女教师比例较为接近。在认为"摇头"具有"抑制作用"功能的188位教师中，男教师占比为60.11%；认为"摇头"具有"激励作用"功能、"自我情感表达"功能和"调节氛围"功能的教师人数较少同时男女教师比例较为接近。在认为"歪头"具有"抑制作用"功能的135位教师中，男教师占比为63.70%；认为"歪头"具有"激励作用"功能、"自我情感表达"功能和"调节氛围"功能的教师人数较少或者男女教师比例较为接近。在认为"昂头"具有"抑制作用"功能的144位教师中，男教师占比为63.89%；认为"昂头"具有"激励作用"功能、"自我情感表达"功能和"调节氛围"功能的教师人数较少同时男女教师比例较为接近。在认为"低头"具有"抑制作用"功能的150位教师中，男教师占比为62.00%；认为"低头"具有"激励作用"功能、"自我情感表达"功能和"调节氛围"功能的教师人数较少同时男女教师比例较为接近。

表3-26 课堂消极氛围下不同性别体育教师身体语言的情感表达功能

指标	动作		教师性别	激励作用	抑制作用	自我情感表达	调节氛围
头势语	点头		男性	50（52.08%）	76（59.38%）	109（55.33%）	42（64.62%）
			女性	46（47.92%）	52（40.63%）	88（44.67%）	23（35.38%）
			总计	96（100.00%）	128（100.00%）	197（100.00%）	65（100.00%）
	摇头		男性	54（52.94%）	113（60.11%）	83（52.53%）	27（71.05%）
			女性	48（47.06%）	75（39.89%）	75（47.47%）	11（28.95%）
			总计	102（100.00%）	188（100.00%）	158（100.00%）	38（100.00%）
	歪头		男性	37（55.22%）	86（63.70%）	128（52.67%）	26（63.41%）
			女性	30（44.78%）	49（36.30%）	115（47.33%）	15（36.59%）
			总计	67（100.00%）	135（100.00%）	243（100.00%）	41（100.00%）
	昂头		男性	27（56.25%）	92（63.89%）	125（51.02%）	33（67.35%）
			女性	21（43.75%）	52（36.11%）	120（48.98%）	16（32.65%）
			总计	48（100.00%）	144（100.00%）	245（100.00%）	49（100.00%）
	低头		男性	27（55.10%）	93（62.00%）	116（51.79%）	41（65.08%）
			女性	22（44.90%）	57（38.00%）	108（48.21%）	22（34.92%）
			总计	49（100.00%）	150（100.00%）	224（100.00%）	63（100.00%）

（续表）

指标	动作	教师性别	激励作用	抑制作用	自我情感表达	调节氛围
手势语	指人	男性	44（52.38%）	110（63.95%）	91（47.89%）	32（80.00%）
		女性	40（47.62%）	62（36.05%）	99（52.11%）	8（20.00%）
		总计	84（100.00%）	172（100.00%）	190（100.00%）	40（100.00%）
	竖拇指	男性	54（58.06%）	76（63.33%）	111（52.61%）	36（58.06%）
		女性	39（41.94%）	44（36.67%）	100（47.39%）	26（41.94%）
		总计	93（100.00%）	120（100.00%）	211（100.00%）	62（100.00%）
	鼓掌	男性	53（58.89%）	86（64.66%）	105（51.47%）	33（55.93%）
		女性	37（41.11%）	47（35.34%）	99（48.53%）	26（44.07%）
		总计	90（100.00%）	133（100.00%）	204（100.00%）	59（100.00%）
	摊手	男性	49（62.03%）	105（64.42%）	101（50.50%）	22（50.00%）
		女性	30（37.97%）	58（35.58%）	99（49.50%）	22（50.00%）
		总计	79（100.00%）	163（100.00%）	200（100.00%）	44（100.00%）
	握拳	男性	44（63.77%）	71（66.98%）	121（50.00%）	41（59.42%）
		女性	25（36.23%）	35（33.02%）	121（50.00%）	28（40.58%）
		总计	69（100.00%）	106（100.00%）	242（100.00%）	69（100.00%）

（续表）

指标	动作	教师性别	激励作用	抑制作用	自我情感表达	调节氛围
手臂语	双臂胸前交叉	男性	36（61.02%）	101（69.18%）	116（47.93%）	24（61.54%）
		女性	23（38.98%）	45（30.82%）	126（52.07%）	15（38.46%）
		总计	59（100.00%）	146（100.00%）	242（100.00%）	39（100.00%）
	双手叉腰	男性	31（63.27%）	90（66.67%）	133（51.35%）	23（53.49%）
		女性	18（36.73%）	45（33.33%）	126（48.65%）	20（46.51%）
		总计	49（100.00%）	135（100.00%）	259（100.00%）	43（100.00%）
	双臂背后	男性	27（55.10%）	95（68.84%）	129（51.81%）	26（52.00%）
		女性	22（44.90%）	43（31.16%）	120（48.19%）	24（48.00%）
		总计	49（100.00%）	138（100.00%）	249（100.00%）	50（100.00%）
	双手插兜	男性	21（47.73%）	88（73.33%）	136（52.11%）	32（52.46%）
		女性	23（52.27%）	32（26.67%）	125（47.89%）	29（47.54%）
		总计	44（100.00%）	120（100.00%）	261（100.00%）	61（100.00%）
	耸肩	男性	45（45.92%）	105（63.64%）	100（56.18%）	27（60.00%）
		女性	53（54.08%）	60（36.36%）	78（43.82%）	18（40.00%）
		总计	98（100.00%）	165（100.00%）	178（100.00%）	45（100.00%）

（续表）

指标	动作	教师性别	激励作用	抑制作用	自我情感表达	调节氛围
目光语	瞪眼	男性	41（71.93%）	102（62.58%）	107（49.77%）	27（52.94%）
		女性	16（28.07%）	61（37.42%）	108（50.23%）	24（47.06%）
		总计	57（100.00%）	163（100.00%）	215（100.00%）	51（100.00%）
	斜视	男性	31（63.27%）	95（62.91%）	118（51.30%）	33（58.93%）
		女性	18（36.73%）	56（37.09%）	112（48.70%）	23（41.07%）
		总计	49（100.00%）	151（100.00%）	230（100.00%）	56（100.00%）
	环视	男性	42（61.76%）	68（64.76%）	116（52.02%）	51（56.67%）
		女性	26（38.24%）	37（35.24%）	107（47.98%）	39（43.33%）
		总计	68（100%）	105（100%）	223（100%）	90（100%）
	直视	男性	43（59.72%）	87（63.50%）	115（48.94%）	32（76.19%）
		女性	29（40.28%）	50（36.50%）	120（51.06%）	10（23.81%）
		总计	72（100%）	137（100%）	235（100%）	42（100%）

第三章 体育教师身体语言的特点、价值及功能

(续表)

指标	动作	教师性别	激励作用	抑制作用	自我情感表达	调节氛围
面部表情语	微笑	男性	39（55.71%）	76（56.30%）	108（55.96%）	54（61.36%）
		女性	31（44.29%）	59（43.70%）	85（44.04%）	34（38.64%）
		总计	70（100.00%）	135（100.00%）	193（100.00%）	88（100.00%）
	无表情	男性	43（54.43%）	98（60.87%）	108（53.47%）	28（63.64%）
		女性	36（45.57%）	63（39.13%）	94（46.53%）	16（36.36%）
		总计	79（100.00%）	161（100.00%）	202（100.00%）	44（100.00%）
	噘嘴	男性	40（57.14%）	88（65.19%）	116（50.22%）	33（66.00%）
		女性	30（42.86%）	47（34.81%）	115（49.78%）	17（34.00%）
		总计	70（100.00%）	135（100.00%）	231（100.00%）	50（100.00%）

（3）课堂消极氛围下不同工作区域体育教师身体语言的情感表达功能

以头势语为例，如表3-27所示，当课堂处于消极氛围时，在认为"点头"具有"激励作用"功能的96位教师中，城市教师占比为60.42%；认为"点头"具有"抑制作用"功能、"自我情感表达"功能和"调节氛围"功能的教师人数较少同时城乡教师比例较为接近。在认为"摇头"具有"抑制作用"功能的188位教师中，城市教师占比为60.11%；认为"摇头"具有"激励作用"功能、"自我情感表达"功能和"调节氛围"功能的教师人数较少同时城乡教师比例较为接近。在认为"歪头"具有"激励作用"功能的67位教师中，城市教师占比为61.19%；认为"歪头"具有"抑制作用"功能、"自我情感表达"功能和"调节氛围"功能的教师人数较少同时城乡教师比例较为接近。认为"昂头"具有"激励作用"功能、"抑制作用"功能、"自我情感表达"功能和"调节氛围"功能的教师人数较少同时城乡教师比例较为接近。在认为"低头"具有"抑制作用"功能的150位教师中，城市教师占比为61.33%；认为"摇头"具有"激励作用"功能、"自我情感表达"功能和"调节氛围"功能的教师人数较少同时城乡教师比例较为接近。

表3-27 课堂消极氛围下不同工作区域体育教师身体语言的情感表达功能

指标	动作	工作区域	激励作用	抑制作用	自我情感表达	调节氛围
头势语	点头	城市	58（60.42%）	70（54.69%）	103（52.28%）	46（70.77%）
		乡镇	38（39.58%）	58（45.31%）	94（47.72%）	19（29.23%）
		总计	96（100.00%）	128（100.00%）	197（100.00%）	65（100.00%）
	摇头	城市	50（49.02%）	113（60.11%）	81（51.27%）	33（86.84%）
		乡镇	52（50.98%）	75（39.89%）	77（48.73%）	5（13.16%）
		总计	102（100.00%）	188（100.00%）	158（100.00%）	38（100.00%）
	歪头	城市	41（61.19%）	76（56.30%）	130（53.50%）	30（73.17%）
		乡镇	26（38.81%）	59（43.70%）	113（46.50%）	11（26.83%）
		总计	67（100.00%）	135（100.00%）	243（100.00%）	41（100.00%）
	昂头	城市	28（58.33%）	77（53.47%）	137（55.92%）	35（71.43%）
		乡镇	20（41.67%）	67（46.53%）	108（44.08%）	14（28.57%）
		总计	48（100.00%）	144（100.00%）	245（100.00%）	49（100.00%）
	低头	城市	27（55.10%）	92（61.33%）	113（50.45%）	45（71.43%）
		乡镇	22（44.90%）	58（38.67%）	111（49.55%）	18（28.57%）
		总计	49（100.00%）	150（100.00%）	224（100.00%）	63（100.00%）

(续表)

指标	动作	工作区域	激励作用	抑制作用	自我情感表达	调节氛围
手势语	指人	城市	56（66.67%）	101（58.72%）	92（48.42%）	28（70.00%）
		乡镇	28（33.33%）	71（41.28%）	98（51.58%）	12（30.00%）
		总计	84（100.00%）	172（100.00%）	190（100.00%）	40（100.00%）
	竖拇指	城市	57（61.29%）	63（52.50%）	103（48.82%）	54（87.10%）
		乡镇	36（38.71%）	57（47.50%）	108（51.18%）	8（12.90%）
		总计	93（100.00%）	120（100.00%）	211（100.00%）	62（100.00%）
	鼓掌	城市	59（65.56%）	71（53.38%）	107（52.45%）	40（67.80%）
		乡镇	31（34.44%）	62（46.62%）	97（47.55%）	19（32.20%）
		总计	90（100.00%）	133（100.00%）	204（100.00%）	59（100.00%）
	摊手	城市	50（63.29%）	85（54.84%）	97（48.50%）	45（86.54%）
		乡镇	29（36.71%）	70（45.16%）	103（51.50%）	7（13.46%）
		总计	79（100.00%）	155（100.00%）	200（100.00%）	52（100.00%）
	握拳	城市	43（62.32%）	61（57.55%）	125（51.65%）	48（69.57%）
		乡镇	26（37.68%）	45（42.45%）	117（48.35%）	21（30.43%）
		总计	69（100.00%）	106（100.00%）	242（100.00%）	69（100.00%）

（续表）

指标	动作	工作区域	激励作用	抑制作用	自我情感表达	调节氛围
手臂语	双臂胸前交叉	城市	33（55.93%）	86（58.90%）	122（50.41%）	36（92.31%）
		乡镇	26（44.07%）	60（41.10%）	120（49.59%）	3（7.69%）
		总计	59（100.00%）	146（100.00%）	242（100.00%）	39（100.00%）
	双手叉腰	城市	26（53.06%）	88（65.19%）	130（50.19%）	33（76.74%）
		乡镇	23（46.94%）	47（34.81%）	129（49.81%）	10（23.26%）
		总计	49（100.00%）	135（100.00%）	259（100.00%）	43（100.00%）
	双臂背后	城市	27（55.10%）	76（55.07%）	131（52.61%）	43（86.00%）
		乡镇	22（44.90%）	62（44.93%）	118（47.39%）	7（14.00%）
		总计	49（100.00%）	138（100.00%）	249（100.00%）	50（100.00%）
	双手捕兜	城市	23（52.27%）	71（59.17%）	139（53.26%）	44（72.13%）
		乡镇	21（47.73%）	49（40.83%）	122（46.74%）	17（27.87%）
		总计	44（100.00%）	120（100.00%）	261（100.00%）	61（100.00%）
	耸肩	城市	52（53.06%）	93（56.36%）	98（55.06%）	34（75.56%）
		乡镇	46（46.94%）	72（43.64%）	80（44.94%）	11（24.44%）
		总计	98（100.00%）	165（100.00%）	178（100.00%）	45（100.00%）

（续表）

指标	动作	工作区域	激励作用	抑制作用	自我情感表达	调节氛围
目光语	瞪眼	城市	31（54.39%）	93（57.06%）	113（52.56%）	40（78.43%）
		乡镇	26（45.61%）	70（42.94%）	102（47.44%）	11（21.57%）
		总计	57（100.00%）	163（100.00%）	215（100.00%）	51（100.00%）
	斜视	城市	27（55.10%）	102（67.55%）	109（47.39%）	39（69.64%）
		乡镇	22（44.90%）	49（32.45%）	121（52.61%）	17（30.36%）
		总计	49（100.00%）	151（100.00%）	230（100.00%）	56（100.00%）
	环视	城市	35（51.47%）	74（70.48%）	109（48.88%）	59（65.56%）
		乡镇	33（48.53%）	31（29.52%）	114（51.12%）	31（34.44%）
		总计	68（100.00%）	105（100.00%）	223（100.00%）	90（100.00%）
	直视	城市	38（52.78%）	82（59.85%）	121（51.49%）	36（85.71%）
		乡镇	34（47.22%）	55（40.15%）	114（48.51%）	6（14.29%）
		总计	72（100.00%）	137（100.00%）	235（100.00%）	42（100.00%）

第三章　体育教师身体语言的特点、价值及功能

（续表）

指标	动作	工作区域	激励作用	抑制作用	自我情感表达	调节氛围
面部表情语	微笑	城市	47（67.14%）	70（51.85%）	100（51.81%）	60（68.18%）
		乡镇	23（32.86%）	65（48.15%）	93（48.19%）	28（31.82%）
		总计	70（100.00%）	135（100.00%）	193（100.00%）	88（100.00%）
	无表情	城市	42（53.16%）	98（60.87%）	102（50.50%）	35（79.55%）
		乡镇	37（46.84%）	63（39.13%）	100（49.50%）	9（20.45%）
		总计	79（100.00%）	161（100.00%）	202（100.00%）	44（100.00%）
	噘嘴	城市	36（51.43%）	87（64.44%）	116（50.22%）	38（76.00%）
		乡镇	34（48.57%）	48（35.56%）	115（49.78%）	12（24.00%）
		总计	70（100.00%）	135（100.00%）	231（100.00%）	50（100.00%）

119

综合而言，在消极氛围情境下，大多数教师认为头势语中的"点头""歪头""昂头"和"低头"动作最具有"自我情感表达"功能，"摇头"动作最具有"抑制作用"功能和"自我情感表达"功能。相对于女教师，男教师认为"点头"动作更具有"调节氛围"的功能，"摇头""歪头""昂头""低头"动作更加具有"抑制作用"的功能。相对于乡镇工作区域的教师，城市工作区域的教师认为"点头"和"歪头"动作更具有"激励作用"的功能，"摇头"和"低头"动作更具有"抑制作用"的功能。

手势语中的"指人""竖拇指""鼓掌""摊手"最具有"自我情感表达"功能。相对于女教师，男教师认为"指人"更具有"抑制作用"功能。"竖拇指"更具有"抑制作用""调节氛围"功能。"鼓掌"更具有"抑制作用""调节氛围"功能。"摊手"更具有"抑制作用""激励作用"功能。"握拳"更具有"抑制作用""激励作用""调节氛围"功能。相对于乡镇工作区域的教师，城市工作区域的教师认为"指人"更具有"激励作用"功能。"竖拇指"更具有"激励作用"功能。"鼓掌"更具有"激励作用"功能。"握拳"更具有"激励作用""调节氛围"功能。

手臂语中的"双臂胸前交叉""双手叉腰""双臂背后""双手插兜"和"耸肩"具有"自我情感表达"功能的程度最高，其次是"抑制作用"功能。相较于女教师，男教师认为"双臂胸前交叉""双手叉腰""双臂背后""双手插兜"和"耸肩"更具有"抑制作用"功能。相较于乡镇教师，城市教师认为"双手叉腰"动作的"抑制作用"功能程度更高。

目光语中的"瞪眼""斜视""环视"和"直视"一般属于"自我情感表达"，但伴随"抑制作用"。相对于女教师，男教师认为"瞪眼""斜视""环视"和"直视"更具有"激励作用""抑制作用"和"调节氛围"功能。相较于乡镇教师，城市教师认为"瞪眼""斜视""环视"和"直视"更具有"抑制作用"功能。

面部表情语中的"微笑""无表情"和"噘嘴"动作主要具有"自我情感表达"和"抑制作用"的功能。相较于女教师，男教师认为"微笑""无表情"和"噘嘴"动作更具有"自我情感表达"和"抑制作用"功能。相对于乡镇工作区域的教师，城市工作区域的教师认为"微笑""无表情"和"噘嘴"更具有"激励作用""调节作用""抑制作用""自我情感表达"功能。

（三）体育教师身体语言功能的动作排序

为了解最能体现出体育教师所要表达功能的身体语言，根据上文中的调查结果，进行了课堂积极氛围和消极氛围下的体育教师身体语言功能的动作排序。

如表3-28所示，在积极的课堂氛围下，最能表达加强语意功能的身体语言有低头、握拳、双手叉腰、直视和微笑；最能表达补充内容功能的身体语言有摇头、握拳、双臂胸前交叉、瞪眼和微笑；最能表达说明动作功能的身体语言有歪头、指人、耸肩、斜视、噘嘴；最能表达指示方向功能的身体语言有点头、指人、双臂背后、环视、微笑；最能表达提示内容功能的身体语言有昂头、摊手、双臂背后、直视、微笑；最能表达激励作用的身体语言有点头、竖拇指、耸肩、直视、微笑；最能表达抑制作用的身体语言有摇头、指人、耸肩、瞪眼、噘嘴；最能表达自我情感的身体语言有昂头、摊手、双手插兜、瞪眼、无表情；最能调节氛围的身体语言有低头、握拳、双手叉腰、直视、噘嘴。

表3-28 课堂积极氛围下体育教师身体语言功能的动作排序

		信息传递功能					情感表达功能			
		加强语意	补充内容	说明动作	指示方向	提示内容	激励作用	抑制作用	自我情感表达	调节氛围
头势语		低头	摇头	歪头	点头	昂头	点头	摇头	昂头	低头
		昂头	低头	点头	歪头	歪头	歪头	低头	低头	歪头
		摇头	昂头	摇头	昂头	点头	昂头	昂头	歪头	摇头
		点头	歪头	昂头	低头	低头	低头	歪头	摇头	昂头
		歪头	点头	低头	摇头	摇头	摇头	点头	点头	点头
手势语		握拳	握拳	指人	指人	摊手	竖拇指	指人	摊手	握手
		竖拇指	摊手	鼓掌	竖拇指	握拳	鼓掌	摊手	鼓掌	摊手
		鼓掌	鼓掌	竖拇指	鼓掌	鼓掌	握拳	竖拇指	握拳	指人
		摊手	指人	摊手	摊手	竖拇指	指人	握拳	指人	鼓掌
		指人	竖拇指	握拳	握拳	指人	摊手	鼓掌	竖拇指	竖拇指

第三章　体育教师身体语言的特点、价值及功能

（续表）

		信息传递功能					情感表达功能			
		加强语意	补充内容	说明动作	指示方向	提示内容	激励作用	抑制作用	自我情感表达	调节氛围
手臂语		双手叉腰	双臂胸前交叉	耸肩	双臂背后	双臂背后	耸肩	耸肩	双手插兜	双手叉腰
		双臂胸前交叉	耸肩	双手插兜	耸肩	耸肩	双手插兜	双臂胸前交叉	双臂胸前交叉	耸肩
		双手插兜	双手插兜	双臂背后	双臂胸前交叉	双手插兜	双臂背后	双臂背后	双臂叉腰	双臂胸前交叉
		双臂背后	双臂背后	双手叉腰	双手插兜	双手叉腰	双臂胸前交叉	双手插兜	双臂背后	双臂背后
		耸肩		双臂胸前交叉				双手叉腰	双手插兜	双手插兜
目光语		直视	瞪眼	斜视	环视	直视	直视	瞪眼	瞪眼	直视
		瞪眼	斜视	环视	瞪眼	环视	环视	斜视	环视	斜视
		环视	直视	瞪眼	斜视	斜视	瞪眼	直视	斜视	环视
		斜视	斜视	直视	直视	瞪眼	斜视	环视	直视	瞪眼
面部表情语		微笑	微笑	噘嘴	微笑	微笑	微笑	噘嘴	无表情	噘嘴
		无表情	无表情	无表情	噘嘴	噘嘴	噘嘴	无表情	噘嘴	无表情
		噘嘴	噘嘴	微笑	无表情	无表情	无表情	微笑	微笑	微笑

如表3-29所示，在消极的课堂氛围下，最能表达加强语意功能的身体语言有摇头、摊手、双手插兜、直视和微笑；最能表达补充内容功能的身体语言有昂头、摊手、双手插兜、斜视和微笑；最能表达说明动作功能的身体语言有点头、握拳、耸肩、瞪眼、无表情；最能表达指示方向功能的身体语言有歪头、竖拇指、双手叉腰、瞪眼、微笑；最能表达提示内容功能的身体语言有点头、握拳、双手叉腰、瞪眼、噘嘴；最能表达激励作用的身体语言有摇头、竖拇指、耸肩、直视、无表情；最能表达抑制作用的身体语言有摇头、指人、耸肩、瞪眼、无表情；最能表达自我情感的身体语言有昂头、握拳、双手插兜、直视、噘嘴；最能调节氛围的身体语言有点头、竖拇指、双手插兜、环视、微笑。

表3-29 课堂消极氛围下体育教师身体语言功能的动作排序

		信息传递功能			情感表达功能			
		加强语意	补充内容	说明动作	指示方向	提示内容	激励作用	抑制作用	自我情感表达	调节氛围

类别	加强语意	补充内容	说明动作	指示方向	提示内容	激励作用	抑制作用	自我情感表达	调节氛围
头势语	摇头	昂头	点头	歪头	点头	摇头	摇头	昂头	点头
	低头	摇头	摇头	低头	歪头	点头	低头	歪头	低头
	歪头	低头	昂头	昂头	昂头	歪头	昂头	低头	歪头
	点头	点头	歪头	点头	点头	低头	歪头	点头	昂头
	昂头	歪头	低头	摇头	摇头	昂头	点头	摇头	摇头
手势语	摊手	摊手	握拳	竖拇指	握拳	竖拇指	指人	握拳	竖拇指
	鼓掌	鼓掌	指人	摊手	指人	鼓掌	摊手	竖拇指	鼓掌
	握拳	指人	竖拇指	指人	竖拇指	指人	鼓掌	鼓掌	握手
	指人	竖拇指	鼓掌	鼓掌	摊手	摊手	竖拇指	摊手	摊手
	竖拇指	握拳	摊手	摊手	鼓掌	握拳	握拳	指人	指人

125

（续表）

		信息传递功能				情感表达功能			
		加强语意	补充内容	说明动作	指示方向	提示内容	激励作用	抑制作用	自我情感表达	调节氛围
手臂语		双手插兜	双手插兜	叉肩	双手叉腰	双手叉腰	叉肩	叉肩	双手插兜	双手插兜
		双臂背后	双臂胸前交叉	双臂背后	双臂胸前交叉	双臂背后	双臂胸前交叉	双臂胸前交叉	双臂叉腰	叉肩
		双臂胸前交叉	叉肩	双手插兜	双手插兜	双手叉腰	双臂背后	双臂背后	双臂背后	双臂叉腰
		叉肩	双臂背后	双臂胸前交叉	叉肩	双手插兜	双手插兜	双手叉腰	双臂胸前交叉	双臂背后
		双手叉腰	双手叉腰		双臂背后	双臂胸前交叉		双手插兜		双臂胸前交叉
目光语		直视	斜视	瞪眼	瞪眼	瞪眼	直视	瞪眼	叉肩	环视
		斜视	环视	斜视	直视	环视	环视	斜视	直视	瞪眼
		环视	直视	直视	斜视	直视	瞪眼	直视	斜视	斜视
		瞪眼	瞪眼	环视	环视	斜视	斜视	环视	环视	直视
									瞪眼	
面部表情语		微笑	微笑	无表情	微笑	噘嘴	无表情	无表情	噘嘴	微笑
		无表情	无表情	噘嘴	噘嘴	微笑	微笑	噘嘴	无表情	噘嘴
		噘嘴	噘嘴	微笑	无表情	无表情	噘嘴	微笑	微笑	无表情

126

第四章 体育教师身体语言指标体系的构建、评价表的编制及功能观察表的运用

第一节 体育教师身体语言评价指标体系的构建

为了加强对身体语言的认识，深刻了解身体语言包涵的内容，明晰在不同情境下身体语言所呈现的不同功能特性，以全方位促进体育教学质量的提高和体育教帅专业的发展，对多名国家级、省级高校体育教学名师及体育教师身体语言相关领域的专家进行多次访谈，根据专家教师深厚的专业水平和丰富的体育教学经验，征询其意见和建议，对体育教师身体语言评价指标进行筛选与论证，最终确定及构建体育教师身体语言评价指标体系，以便对体育教师身体语言使用情况进行评价和反馈，从而阐述身体语言各个组成内容的重要程度。

一、专家咨询过程

将专家咨询问卷（见附录）分别以纸质版和"问卷星"的形式发放，征询专家意见，前后共进行两轮专家咨询。

（一）第一轮专家咨询

人类学、行为学和语言学的相关研究表明，人类的身体语言是可以分解的[1]，该观点为体育教师身体语言指标体系的构建提供了理论支持。身体语

---

[1] 周鹏生.教师课堂非言语行为的量化研究［D］.桂林：广西师范大学，2003.

言的定义具有狭义和广义之分，狭义上的身体语言是指凭借自身身体的某一部位发出的用来传递信息、表达情感的身体动作和姿态；广义上的身体语言则指身体各部位及身体附属物所发出的动作和姿态，包括除去语言和文字以外的所有形式[1]。基于体育教师身体语言特性，从狭义角度对身体语言进行的划分显得过于局限，不利于全方位把握身体语言在体育教学实践中的运用；根据学科特性和整体性原则，从广义的角度以体育教师身体语言的有效表现部位及其动态表现形式，再结合学生对体育教师身体语言的主要接收渠道（视觉、触觉、听觉、嗅觉、空间与时间感觉），分类呈现身体语言的构成要素更符合体育教学身体语言的实际运用。因此，本文参照学者李振村对教师身体语言表达系统的广义划分[2]，将体态表达系统、空间表达系统和副语言表达系统作为构建中小学体育教师身体语言指标体系的基本框架，在此基础上初步筛选出体育教师身体语言评价指标体系备选指标。

体态表达系统由身体动作和姿态构成，可分为身姿语和表情语。身姿语又分为头势语、手势语和下肢语（站姿、坐姿、走姿、跑姿和蹲姿）[3]。由于示范动作和姿态作为特殊的教学语言在体育教学中被频繁使用[4]，于是将示范语纳入体育教师的身姿语；表情语是指通过目光、面部肌肉及两者的综合运用来传递教学信息、表达思想情感的一种非言语沟通的动态反应形式，由目光语和面部表情构成[5]。因此，体育教师身体语言的体态表达系统可分为：身姿语（示范语、头势语、手势语、下肢语）；表情语（目光语和面部表情）。

空间表达系统是根据美国人类学家、语言学家爱德华·霍尔在近体学和触觉学基础上提出的个人空间理论（Personal Space Theory），人体在空间的位置和接触方式同样是人类重要的非言语交流和沟通手段[6]。体育教师可通过与学生距离和身体接触来传递教学信息和表达情感。因此，体育教师身体语言的空间表达系统（空间语）可分为：体距语和体触语两

---

[1] 赵鹤. 身体语言本质研究[D]. 大连：大连工业大学，2015.

[2] 李振村，庄锦英. 教师体态语言艺术[M]. 济南：山东教育出版社，1993.

[3] 汪天骐. 中学教师课堂非言语行为研究[D]. 北京：北京工业大学，2017.

[4] 杨善乾. 体态语言在体育教学中的应用[J]. 武汉体育学院学报，2001（2）：71-72.

[5] 何奎莲. 体态语——现代教师的必修课[M]. 成都：西南交通大学出版社，2012.

[6] Hall E T. The Silent Language[J]. Anchor Books，1980，38（3）：87-96.

大类。

副语言的定义同样具有狭义和广义之分，狭义的副语言指有声的类语言（声音语）；广义的副语言还包括除去身体姿态之外的服饰、体表特征等具备一定表达功能的手段[1]。因此，体育教师身体语言的副语言表达系统可分为：声音语（语音、语调、语速、语量）；仪表语（服饰、体型、面容、发型、体味）。

根据研究内容及备选指标设计体育教师身体语言评价指标及专家咨询问卷，向北京师范大学、北京体育大学、首都体育学院、广州体育学院等高校体育教学、体育心理学领域的专家发放，邀请其对各指标的重要性进行判断和评分，同时问卷设有修改意见栏，专家可对指标提出修改建议。

（二）第二轮专家咨询

为了更加直观地呈现体育教师身体语言各级指标的重要程度，进而有针对性地进行指导，并为体育教师身体语言的运用提供评价工具，确定体育教师身体语言各级指标的权重就显得尤为重要。将已确定的指标体系编制成体育教师身体语言指标权重专家咨询问卷，问卷由一级指标、二级指标重要程度评价表及各级指标释义构成，每级指标相对于体育教师身体语言的重要程度划分为9个等级，赋值不同，具体表现为：从某种极端否定的态度到某种极端肯定的态度，非常不重要是1，非常重要是9。考虑在不同的课堂氛围中，某些指标的重要程度可能会有所差异，邀请专家根据积极氛围和消极氛围两种情景，分别对各指标的重要程度进行判断，在指标对应等级所代表的数字上划"√"。（积极氛围：课堂活动井然有序，学生注意力集中，能正确完成老师所教授的技术动作；消极氛围：课堂秩序较为混乱，个别学生注意力分散，有破坏纪律的现象，未能掌握老师所教授的技术动作。）回收问卷后，利用AHP-熵权法对体育教师身体语言各级指标赋权。

---

[1] 李振村，庄锦英. 教师体态语言艺术[M]. 济南：山东教育出版社，1993.

二、专家咨询结果分析

（一）第一轮专家咨询结果分析

1. 咨询专家基本信息

有研究认为：咨询专家人数接近15人时，再增加专家人数对预测的精度不会产生太大的影响[1]。因此，本课题组向北京师范大学、北京体育大学、首都体育学院、广州体育学院等高校体育教学、体育心理学领域的专家发放问卷15份（表4-1），对文献查阅收集的初选指标的合理性征询专家意见，筛选出体育教师身体语言各级指标。

表4-1 咨询专家基本信息

姓名	职称	研究方向	单位
高嵘	教授	学校体育学	北京师范大学
朱旭东	教授	教师教育学	北京师范大学
李笋南	教授	体育教学与运动训练学	北京师范大学
郝光安	教授	体育历史与哲学	北京大学
李庆	教授	运动训练学	清华大学
于芬	教授	体育教育训练学与体育人文社会学	清华大学
毕仲春	教授	体育教育训练学	北京体育大学
武冬	教授	体育教育训练学	北京体育大学
苗向军	教授	体育教育训练学	北京体育大学
李建臣	教授	体育教育训练学	首都体育学院
王守恒	教授	体育教育训练学	首都体育学院
陈钧	教授	体育教育训练学	首都体育学院
陈新建	教授	体育教育训练学	广州体育学院
杨毅	高级教练	体育教育训练学	四川省体育局
宋湘琴	副教授	运动心理学	北京师范大学

---

[1] LEE J H, CHOI Y J, VOLK R J, et al. Defining the concept of primary care in South Korea using a Delphimethod [J]. Family Medicine, 2007, 39 (6): 425-431.

2. 专家积极系数

专家积极系数即专家咨询问卷的回收率，说明专家对本课题研究的重视程度。本次专家咨询问卷共发放问卷15份，收回问卷15份，收回有效问卷15份，有效回收率为100%，表明专家积极系数高。

3. 专家权威程度

专家权威程度主要用来衡量专家小组对指标的选择是否得当，主要由专家对方案的判断依据（用Ca表示判断系数）和对问题的熟悉程度（用Cs表示熟悉系数）两方面决定。专家判断依据一般分为理论分析、工作经验、参考国内外资料和个人直觉四种，其影响程度赋值表如表4-2所示。

表4-2 专家判断依据赋值表

判断依据	影响程度		
	大	中	小
理论分析	0.3	0.2	0.1
工作经验	0.5	0.4	0.3
参考国内外资料	0.1	0.1	0.1
个人直觉	0.1	0.1	0.1

专家熟悉程度系数（Cs）分为五个等级，赋值分别是：很熟悉1.0，熟悉0.8，中等熟悉0.5，不太熟悉0.2，很不熟悉0；专家权威程度Cr的计算公式为：$Cr=(Ca+Cs)/2$。一般认为权威系数≥0.70为可接受的权威系数[1]，本次咨询专家的权威系数均值都在0.8以上，说明本次咨询专家的权威程度较高。

4. 专家意见集中程度

专家意见集中程度通常采用指标的重要性评分均数和标准差来表示，一般认为重要性赋值均数越大，标准差越小则指标重要性越高。结

---

[1] 高云，李亚洁. Delphi法在筛选一级护理质量评价指标中的应用［J］. 护士进修杂志，2009，24（4）：305-307.

合相关研究，本研究将指标筛选标准定为：重要性评分均数>3.50，变异系数V_j<0.25[1]。根据专家重要性判断结果显示，所有指标的重要性评分均数均>3.50，变异系数也均<0.25，但是有个别指标变异系数偏高，专家们意见存在偏差。因此，需要收集整理各专家的不同意见，并对指标进行一定的筛选和修订，具体见指标体系的修改情况说明。

5. 专家意见协调程度

专家意见的协调程度通常用来指专家对每个要素的评价存在差异的大小，一般用协调系数W来表示。W取值在0~1，数值越大，则表示专家意见的协调程度越好，结果经x^2检验有统计学意义时，证明可信。结果显示（表4-3），专家咨询结果二级指标的协调程度稍偏低，需要对指标进行一定的调整和修改，具体见指标体系的修改情况说明。

表4-3 咨询专家意见协调系数

层级	指标数	协调系数	x^2
一级指标	5	0.424	21.219
二级指标	19	0.321	64.168

6. 指标体系的修改情况说明

根据专家修改意见，对体育教师身体语言评价指标体系做出适当修改：在评价指标命名方面，有专家考虑"面势语""身势语"和"眼势语"这三个词语表述较为晦涩难懂，在之后使用评价体系的过程中可能会影响专家的理解和判断，由此建议将"面势语"改为"表情语"，将"身势语"改为"身姿语"，将"眼势语"改为"目光语"，由此使评价指标体系用语更加规范且易懂；在评价指标维度方面，有专家认为应将"手指语"和"手臂语"两指标合并为一个指标，与"头势语"相对应，命名为"手势语"；有专家考虑到整个指标体系的完整性，以及准确完整地描述体育教师在课上所出现的所有身姿语的目的，建议在身姿语维度中添加二级指标"蹲姿"，由此使指标评价体系更

---

[1] 程书肖. 教育评价方法技术[M]. 北京：北京师范大学出版社，2004.

第四章 体育教师身体语言指标体系的构建、评价表的编制及功能观察表的运用

加完整；有专家认为声音语维度中的二级指标"语量"，即课上体育教师语言内容的多少，考虑到不同授课阶段的体育课堂中，体育教师的语量无法准确衡量，如新授课上，体育教师语量自然会增多，而复习课或练习课上，体育教师的语量则自然会相对减少，于是专家建议将二级指标"语量"删除。由此最终确定体育教师身体语言一级指标5个，分别为表情语、身姿语、空间语、仪表语、声音语；确定体育教师身体语言二级指标共18个，分别为目光语、面部表情、头势语、手势语、示范语、站姿、走姿、跑姿、蹲姿、体距语、体触语、服饰、体型、面容、发型、语音、语调、语速。最终确定体育教师身体语言评价指标如图4-1所示：

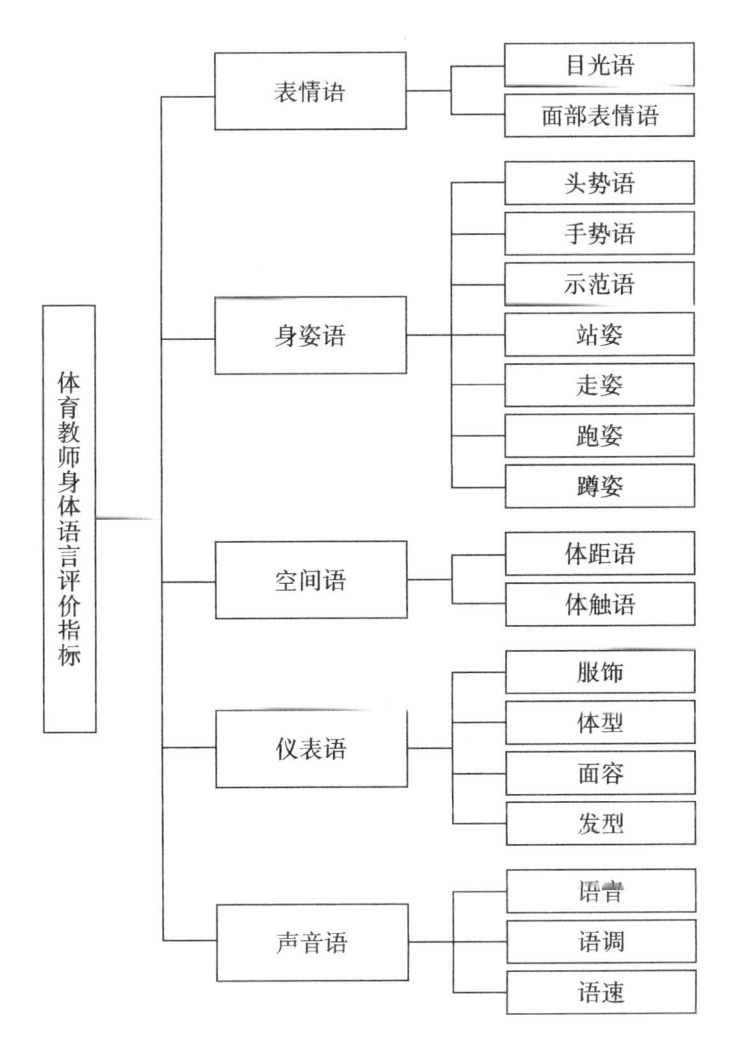

图4-1 体育教师身体语言评价指标

133

（二）第二轮专家咨询结果分析

1. 咨询专家基本信息

为保证专家调查问卷回收数据的权威性，多渠道联系体育专业教学20年教龄以上的高校教学名师、中学正高级教师21名（北京市9人，石家庄市5人，重庆市4人，秦皇岛市、深圳市及长春市各1人），将专家咨询问卷分别以纸质版和"问卷星"的形式发放给21位专家，最终回收问卷21份，回收率为100%。

2. 体育教师身体语言各级指标权重的确定

目前，所有确定指标权重的方法根据赋权形式的差异可分为主观赋权和客观赋权两大类。主观赋权法的优势在于能够较好地反映出评价专家的价值判断和综合意见，但赋值的合理性也会受到专家自身知识、经验以及对指标熟悉程度的影响，在判断过程中难免会出现主观上的模糊性和随意性；客观赋权法直接依据各指标的相关关系和反馈的信息量来赋予权重，但计算过程复杂，缺乏评价者专业经验的指导。可见，这两种赋予权重的方法均存在各自的优势和不足，若单独使用，可能会对指标权重的准确性产生一定影响。因此，在专家主观赋权的基础上，充分考虑专家评价差异，建立专家自身权重的熵值模型进行修正，最后将两个权重采用加权的方式进行合成，则可在一定程度上提升各级指标权重的精确度[1]。因此，本研究基于组合赋权的方式，采用AHP-熵权法计算体育教师身体语言各级指标的最终权重。

（1）积极氛围下体育教师身体语言各级指标的权重
A. 一级指标的专家主观权重（AHP）

根据层次分析法的计算原理，当体育教师身体语言层次结构模型确定后，需要对各级指标之间的相对重要程度进行判断，并参照Saaty重要程度等级表，构造判断矩阵。然而，当面对同一层次构成指标较多的高阶矩阵时，由于判断过程相对烦琐，专家时常会出现判断混乱、前后矛盾的现象，导致无法真

---

[1]漆艳茹.确定指标权重的方法及应用研究[D].沈阳：东北大学，2010.

实地反映出各位专家对指标之间重要程度差异的主观认识。为此，可采取如重要程度打分、频数法等进行换算[1]。本研究采用的具体方法如下：当专家对两个指标重要程度打分相同时对应Saaty标度为1、相差1时Saaty标度取2、相差2时Saaty标度取3、相差3时Saaty标度取4、相差4时Saaty标度取5、相差5时Saaty标度取6、相差6时Saaty标度取7、相差7时Saaty标度取8、相差8时Saaty标度取9。由于篇幅原因，以某位专家对积极氛围下身体语言一级指标两两比较的判断矩阵为例加以说明（表4-4）。

表4-4 积极氛围下身体语言一级指标两两比较判断矩阵（专家1）

指标	表情语	身姿语	空间语	仪表语	声音语
表情语	1	1/2	5	5	1
身姿语	2	1	5	9	2
空间语	1/5	1/5	1	3	1/4
仪表语	1/5	1/9	1/3	1	1/5
声音语	1	1/2	4	5	1

根据判断矩阵，由权重计算公式得出每位专家对积极氛围下身体语言一级指标的判断权重（表4-5）；同时计算一致性比率CR，当$CR<0.10$时，表示计算结果通过检验。

表4-5 积极氛围下一级指标各专家主观权重汇总表

专家	1	2	3	4	5	……	17	18	19	20	21
表情语	0.24	0.195	0.223	0.236	0.21	……	0.261	0.174	0.27	0.195	0.193
身姿语	0.271	0.289	0.269	0.312	0.26	……	0.241	0.227	0.299	0.25	0.222
空间语	0.153	0.122	0.217	0.214	0.14	……	0.136	0.196	0.149	0.172	0.185
仪表语	0.097	0.106	0.148	0.11	0.15	……	0.12	0.2	0.094	0.173	0.13
声音语	0.239	0.288	0.143	0.128	0.24	……	0.242	0.203	0.188	0.21	0.27

---

[1] 万崇华，方积乾.层次分析法在生命质量资料分析中的应用[J].中华医院管理杂志，1998（8）：16-18.

B. 专家自身权重

根据公式 $Ei=(ei1, ei2, \cdots, ein)$ 1) $Hi=\sum_{j=1}^{n} hij$, 2) $ci=\dfrac{1/Hi}{\sum 1/Hi}$（i=1, 2, $\cdots$, m）计算出各位专家的自身权重，结果如表4-6所示。专家15熵值Hi最小，表明其判断的准确程度最高，该专家意见所占比重应该最大；专家11熵值Hi最大，表明其判断的准确程度最低，该专家意见所占比重最小。

表4-6 专家自身权重计算结果汇总（限于篇幅，部分排序略）

专家	专家水平向量Ei					熵值Hi	权重Ci	准确度排序
15	0.234067	0.654565	0.670925	0.600636	0.894425	0.925185586	0.0494	1
9	0.946958	0.565239	0.754808	0.923287	0.665555	0.930774102	0.0491	2
3	0.949154	0.545241	0.704128	0.991459	0.651866	0.937783566	0.0488	3
10	0.976513	0.961426	0.61693	0.717655	0.620608	0.943714811	0.0485	4
……	……	……	……	……	……	……	……	……
18	0.881296	0.672982	0.954104	0.878852	0.983667	0.97666271	0.0468	18
6	0.927151	0.612846	0.757853	0.989507	0.78411	0.977078274	0.0468	19
2	0.749902	0.598671	0.632199	0.615923	0.751214	0.978333826	0.0467	20
11	0.854094	0.731426	0.903664	0.928928	0.924249	0.978801095	0.0467	21

C. 一级指标的组合权重

将一级指标的专家主观权重与专家自身权重进行加权处理，计算出积极氛围下体育教师身体语言一级指标的组合权重，身姿语0.321，表情语0.279，声音语0.14，空间语0.15，仪表语0.11。

D. 二级指标的组合权重

积极氛围下体育教师身体语言二级指标组合权重的计算，可参照一级指标组合权重的计算步骤进行（限于篇幅，计算步骤略）。将各级指标组合权重汇总，并算出二级指标的绝对权重，便可得出积极氛围下体育教师身体语言各级指标权重（表4-7）。

第四章 体育教师身体语言指标体系的构建、评价表的编制及功能观察表的运用

表4-7 积极氛围下体育教师身体语言指标权重

一级指标	权重	二级指标	相对权重	绝对权重
表情语	0.279	目光语	0.45	0.126
		面部表情语	0.55	0.153
身姿语	0.321	头势语	0.185	0.059385
		手势语	0.19	0.06099
		示范语	0.37	0.11877
		站姿	0.07	0.02247
		走姿	0.075	0.024075
		跑姿	0.072	0.023112
		蹲姿	0.038	0.012198
空间语	0.15	体触语	0.65	0.0975
		体距语	0.35	0.0525
仪表语	0.11	服饰	0.218	0.02398
		体型	0.244	0.02684
		面容	0.353	0.03883
		发型	0.185	0.02035
声音语	0.14	语音	0.27	0.0378
		语调	0.41	0.0574
		语速	0.32	0.0448

如上表所示，在积极教学氛围下，身体语言一级指标权重由大到小的排序为：身姿语（0.321）、表情语（0.279）、空间语（0.15）、声音语（0.14）和仪表语（0.11），其中身姿语和表情语的权重占比分别排在第一和第二。由此得知，在积极的体育教学氛围下，教师的身姿语和表情语是最重要的，良好的教学氛围离不开教师的鼓励和学生的配合，面带微笑的表情和大方得体的动作是对学生课堂表现最好的肯定，可以对学生的积极性起到激励促进作用。身体语言二级指标的绝对权重由大到小的排序为：面部表情（0.153）、目光语（0.126）、示范语（0.11877）、体触语（0.0975）、手势语（0.06099）、头势语（0.059385）和体距语（0.0525）。其中，面部表情和目光语的权重占比分别排在第一和第二，由此可见，在积极的教学氛围

下，教师的面部表情和目光语在课堂中发挥着重要的作用。如教师对学生的微笑表情和注视的目光，都会让学生感到备受关注，可以激发学生对学习的兴趣，建立良好的师生关系。

（2）消极氛围下体育教师身体语言指标的权重

同理，消极氛围下体育教师身体语言指标权重的计算，可参照积极氛围下体育教师身体语言指标组合权重的计算步骤进行（限于篇幅，计算步骤略）。一级指标按重要程度依次为：身姿语（0.33）、空间语（0.1835）、声音语（0.1815）、表情语（0.1785）、仪表语（0.1265）。

表4-8 消极氛围下体育教师身体语言指标权重

一级指标	权重	二级指标	相对权重	绝对权重
表情语	0.1785	目光语	0.56	0.0996
		面部表情语	0.44	0.07854
身姿语	0.33	头势语	0.222	0.07326
		手势语	0.232	0.07656
		示范语	0.237	0.07821
		站姿	0.09	0.0297
		走姿	0.075	0.02475
		跑姿	0.081	0.02673
		蹲姿	0.063	0.02079
空间语	0.1835	体触语	0.49	0.089915
		体距语	0.51	0.093585
仪表语	0.1265	服饰	0.2	0.0253
		体型	0.2875	0.03637
		面容	0.35	0.044275
		发型	0.1625	0.02056
声音语	0.1815	语音	0.3	0.05445
		语调	0.52	0.09438
		语速	0.18	0.03267

第四章　体育教师身体语言指标体系的构建、评价表的编制及功能观察表的运用

如上表所示，在消极教学氛围下，一级指标权重由大到小的排序为：身姿语（0.33）、空间语（0.1835）、声音语（0.1815）、表情语（0.1785）和仪表语（0.1265），其中身姿语和空间语的权重占比分别排在第一和第二。其原因不难发掘：当体育课堂处于消极氛围时，教师往往首先采用的是摇头、叉腰、双臂交叉等身姿动作，随后可能走近学生，提醒或警告学生集中注意力，这是最简单直接，也是最有效的方式。身体语言二级指标的绝对权重由大到小的排序为：目光语（0.0996）、语调（0.09438）、体距语（0.093585）、体触语（0.089915）、面部表情（0.07854）、示范语（0.07821）、手势语（0.07656）和头势语（0.07326）。其中，目光语和语调的权重占比分别位于第一和第二。由此可知，在消极教学氛围下，教师的目光语，如"瞪视""斜视"以及生硬的语调都会表现出特定的情感状态以及内心情绪，从而给学生带来较大的影响。

（3）体育教师身体语言各级指标的综合权重

将积极氛围下体育教师身体语言指标权重$w1$与消极氛围下体育教师身体语言指标权重$w2$进行线性合成，求得综合权重w。在赋值时需要权衡积极氛围与消极氛围下指标权重所占的比例，为充分体现在不同氛围下体育教师都应当合理运用身体语言，由专家建议将α比例系数设定为0.5，最终将体育教师身体语言指标综合权重函数确定为：$w=0.5w1+0.5w2$。

表4-9　身体语言的综合权重

一级指标	权重	二级指标	相对权重	绝对权重
表情语	0.22875	目光语	0.505	0.1167
		面部表情语	0.495	0.1121
身姿语	0.3255	头势语	0.204	0.0651
		手势语	0.211	0.0684
		示范语	0.304	0.0977
		站姿	0.08	0.0261
		走姿	0.075	0.0244
		跑姿	0.076	0.025
		蹲姿	0.058	0.0189

（续表）

一级指标	权重	二级指标	相对权重	绝对权重
空间语	0.16675	体触语	0.57	0.095
		体距语	0.43	0.0717
仪表语	0.11825	服饰	0.209	0.0248
		体型	0.266	0.0319
		面容	0.352	0.0414
		发型	0.174	0.0201
声音语	0.16075	语音	0.285	0.0458
		语调	0.465	0.0747
		语速	0.25	0.04

如上表所示，在最终得出的身体语言一级指标综合权重由大到小的排序为：身姿语（0.3255）、表情语（0.22875）、空间语（0.16675）、声音语（0.16075）和仪表语（0.11825）。

第一是身姿语（0.3255）。身姿语是指通过头部、四肢的动作，进行非言语沟通的动态反应形式，涉及身体姿态及全身的短暂性动作。在所有身体语言中，身姿语相较其他身体语言传递的信息更为全面，很容易被学生观察到。基于具身认知的学科特性，身姿语在体育教学中的作用则更加凸显。运动技能类默会性知识主要通过体育教师的身姿语予以表达和传递，使学生通过观察、模仿、领会和内化学习内容，培养学生的"球感""水感""节奏感"等运动感知觉。一名合格体育教师的重要先决条件就是能够准确正规地向学生做出正确的动作示范，以及在体育教学过程中的一举一动都做到大方得体。体育课的教学过程中，学生身体形态的塑造以及对课上内容的学习和理解，主要通过对体育教师动作的示范和模仿。所以，体育教师是否合理且标准地运用身姿语，直接影响了学生体育课上获取知识技能的质量。

第二是表情语（0.22875）。表情语种类丰富，有关情感表达的各种信息，都能够由表情语传递出来，是向学生传递思想感情的主要通道。除此之外，表情语也是使用较为频繁的一种身体语言，一般分为目光语和面部表情语，眼睛是心灵的窗户，体育教师在课上运用眼神的变化可以起到维持课堂纪律、突出所讲的重点内容的作用，如使用环视或是直视可以让学生感受到一定压力，自觉进行自我纪律的约束。面部表情语通常伴随身体动作出现，因此使用较为广泛，如微笑、皱眉、撇嘴等。学生可以通过教师的面部表情变化直观地了解到教师的心理变化。合理、适时的面部表情对学生体育课上的情绪有积极的促进作用，合理使用面部表情是体育教师应当掌握并合理运用的一项身体语言。

第三是空间语（0.16675）。空间语是教师利用师生之间距离的远近和接触方式来表达思想情感、传递教学信息的身体语言，包含体触语和体距语两种。体触语是体育课堂中特有的一种身体语言。由于体育课本身学科的特性，体育课上体触语出现的频率要比其他科目高，主要集中在学生正确完成教师所布置任务时。体育教师可采用拍肩膀、拍后背、拍臀部（同性之间）来对学生表示鼓励，可以较好地带动学生的课堂积极性。而体距语则是教师通过控制和掌握自身与学生之间的距离，把握课堂的节奏和纪律，如若课上纪律不佳，体育教师可以采取突然走近学生的方法以提醒学生保持安静或集中注意力，让学生立刻保持安静，是一种较为简单直接的方式。

第四是声音语（0.16075）。声音语是有声的类语言，作为唯一"可听的身体语言"，学生可通过教师的声音语感受其情绪和精神状态。体育教师在课堂准备阶段，要做到"未见其人，先闻其声"，第一时间通过声音让学生做好上课准备；在上课期间，讲到重点难点时，教师可以通过提高语调的方式提醒学生重点关注；同样，在课堂纪律不佳时，教师可以通过拉长音或语音戛然而止的方式，引起学生注意，但是往往需要通过配合面部表情或是体距语的变化来完成。

第五是仪表语（0.11825）。仪表语是指个体的面容、发型、体型和服饰所发出的非语言信息，属于物体语言的范畴。排在最后的原因在于体育教师与学生朝夕相处，彼此之间较为熟悉，学生对于教师的仪表已经习惯。体育教师在体育课堂上，不应将过多的精力放在穿着方面，而应将更多的精力放在教学过程中的细节上，但体育教师也要适当留意自己的仪容仪表，保持面部整洁，穿着干净大方，发型阳光自然即可。

身体语言二级指标综合权重的绝对权重由大到小的排序为：目光语（0.1167）、面部表情（0.1121）、示范语（0.0977）、体触语（0.095）、语调（0.0747）、体距语（0.0717）、手势语（0.0684）、头势语（0.0651）、语音（0.0458）、面容（0.0414）、语速（0.04）、体型（0.0319）、站姿（0.0261）、跑姿（0.025）、服饰（0.0248）、走姿（0.0244）、发型（0.0201）、蹲姿（0.0189）。其中，排在第一位的是目光语（0.1167），目光语是一种复杂、深刻极具表现力的身体语言，在生动丰富的表情语中，眼睛最能传情达意。在教学中，教师通常采用直视动作，通过和学生目光的直接接触来表现对学生的尊重。此外，教师也经常会运用环视动作扫视课堂，观察学生的课堂表现，调控课堂纪律。因此，教师在课堂中应学会根据实际需要合理选择运用各种目光语；排在第二位的是面部表情语（0.1121），教师的面部表情具有极大的感染力和影响力，同时学生的情绪也容易受教师表情的影响，如教师的噘嘴、微笑，都会给学生带来不同的情绪体验。因此，教师要善于运用面部表情，有效提高教学效果；排在第三位的是示范语（0.0977），体育教师的动作示范在体育教学中是常见的身体语言。正确的动作示范不仅可以让学生获得直观感受，理解动作要领，而且能激发学生学习技术动作的兴趣，产生跃跃欲试的学习欲望；排在第四位的是体触语（0.095），在课堂教学中体触语是感觉最明显的非语言沟通，体育教师在课堂上对学生进行动作要领的指导、纠错等都会与学生有身体之间的接触。教师应根据课堂实际情况采用恰当的身体接触。如当学生做错动作感到失落时，教师可以轻轻拍学生肩膀对学生进行鼓励，或当学生正确做对动作时，教师也可以拍拍学生肩膀以示肯定和赞扬；排在第五位的是语调（0.0747），在课堂上声音也是教师重要的教学工具，语调的变化有利于吸引学生注意力、突出教学重难点，提高教学效果；排在第六位的是体距语（0.0717），师生之间的身体距离对双方交流有着重要的作用，当师生的距离很大时，更多的是教师单方面的讲解，学生感受不到教师的关注，而师生之间的距离缩短时，学生就会感到自己处于课堂活动中，学习注意力更加集中；排在第七位的是手势语（0.0684），在教学中，教师可以利用手指、手掌、手臂等手势语来表达情感传递信息。当学生出色完成了一个复杂的动作技能时，教师可以竖拇指或拍掌表示对学生的肯定和赞扬，激发学生学习积极性；排在第八位的是头势语（0.0651），课堂上，教师可根据实际情况采用恰当的头势语来给予学生反馈。当学生回答问题时教师可以侧头倾听表示对学生的尊重，学生回答完后教师也可采用点头动作表达对学生回答问题的肯定和鼓励。需要注意的是，虽然点头表示肯定，但是教师在倾听学生谈话时点头不宜频繁。

根据上文可得，身姿语和声音语在权重分析中占比较低，因此为避免给体育教师带来矛盾和不利影响，在下文中主要对身姿语、表情语和空间语进行详细分析。

三、体育教师身体语言评价指标体系的信效度检验

为保障评价指标体系的质量，现对体育教师身体语言评价指标体系的信度与效度进行分析。

（一）信度分析与检验

信度分析以检验一组评估项目是否测量的是同一个特征，项目间有何关联为目的，对问卷的有效性进行分析。内在信度越高表明该组评估项目的一致性程度越高，相应的评估项目意义越大，所得的评估结果越可信。若克隆巴赫系数大于0.9，则表明问卷的系数非常高；若克隆巴赫系数在0.8和0.9之间，则判定信度可以接受的；若克隆巴赫系数在0.7和0.8之间，则判定问卷设计存在一些不足，但结果具有一定的参考价值；若克隆巴赫系数小于0.7，则判定问卷的系数非常差，存在非常大的问题，需重新设计，结果没有任何参考价值。

表4-10 可靠性统计量

克隆巴赫系数	基于标准化项的克隆巴赫系数	项数
0.872	0.875	18

从表4-10可以看出，体育教师身体语言评价指标体系问卷的稳定性系数克隆巴赫系数为0.875，稳定系数在0.8和0.9之间，说明该问卷的信度可以接受。

（二）效度分析与检验

为了检验评价指标体系是否能够真实反映体育教师身体语言的评价内容和评价对象或目标的本质属性，因此进行了评价指标体系的效度检验。下面从内容、准则关联两个方面来分析指标体系的效度。

内容效度：从调查结果来看，本研究选取的测验题目在内容范围上代表程度较高，通过前面的研究程序保证所得的身体语言体系问卷具有较高的内容效度。

准则关联效度：通过信度检验保证测验分数对某一行为表现的预测能力较好，在操作和逻辑上两种效度类型相互关联。

本研究构建的体育教师身体语言评价指标体系是在对体育教师身体语言各指标重要程度进行理论分析与研究，在对评价现状进行分析的基础上，奠定理论和现实基础；为保证该方案的代表性和普适性，本研究对多名全国或省级不同高校体育教学名师及体育教师身体语言相关领域的专家进行多次访谈，另外，为了使指标体系能很好地反映体育教师课堂教学中身体语言的应用特点，本研究邀请了具有丰富的实践经验和深厚理论水平的专家对体育教师身体语言指标体系进行筛选与论证，从调查统计结果分析得出，体育教师身体语言评价指标体系具有较高的内容效度。

第二节 体育教师课堂教学身体语言评价表的编制

为实现中小学体育教师课堂教学身体语言运用的综合评价，在前期研究构建的中小学体育教师身体语言指标体系的基础上，通过文献分析和专家咨询进一步拟定出各级指标所对应的评价分值、评价观察点和评价等级标准后形成初始评价表，编制中小学体育教师课堂教学身体语言评价表。

一、体育教师课堂教学身体语言评价表的设计

为增加评价表的实操性且考虑到各指标权重与教学评价百分制评分习惯呈现形式的差异，需要将各级评价指标的权重进行转换。当指标数量较多时，可

以在原有权重系数的基础上扩大100倍，采用四舍五入取近似值的方式得出各评价指标的具体分值。

参照格兰特制定的《教师课堂教学身体语言评价标准》，并结合《中小学体育教师手册》《体育教师职业技能标准》《体育教师执教能力教程》等相关内容，根据可操作性原则，拟定出能够充分体现评价指标内涵，具有较强观察性的具体身体语言表现形式，以便评价者更加清晰、准确地把握评价观察点，进而检验体育教师课堂教学身体语言运用的有效性。

参照教育评价5级系统，将体育教师身体语言二级指标的评价等级划分为：优秀（100~90分）、良好（89~80分）、中等（79~70分）、合格（69~60分）、不合格（59~50分）5级，同时在附录部分对二级评价指标各等级水平的具体表现进行了详细描述，作为评分者的参考依据。评价者在进行体育教师课堂教学身体语言运用评价时，在评价表二级指标对应的评价等级栏内打"√"即可。示范语等级评价标准示例见表4-11。

表4-11　示范语5级评价标准示例

指标解读	评价等级	评价标准
示范语包括示范的动作姿态和位置选取（评价观察点）。体育教师规范、熟练的示范语，能够帮助学生建立完整的动作表象，促进运动技能的掌握。	优秀	能够按照该项技术规格要求熟练完成，配合讲解，灵活选取示范时机、位置和方向
	良好	能够按照该项技术规格要求熟练完成，配合讲解
	中等	能够按照该项技术规格要求完成
	合格	能够按照该项技术主要环节的规格要求完成
	不合格	未能按照该项技术主要环节的规格要求完成

为增加评价表的内容效度，让评分者清晰地把握评价指标的内涵和评价观察点，结合体育教学领域专家、教学管理者、一线中小学体育教师对评价表初稿中评价观察点的措辞用语、等级评价标准的梯度水平等方面提出的建设性修正意见，进一步优化评价表，最终完成了中小学体育教师课堂教学身体语言评价表的初步编制（表4-12）。

表4-12 中小学体育教师课堂教学身体语言评价样表

授课教师：	授课名称：		综合评分：				
授课班级：	授课时间： 年 月 日						

一级指标（分值）	二级指标	评价观察点	分值 M	评价等级及中值系数K				
				优	良	中	合格	不合格
				0.95	0.85	0.75	0.65	0.55
身姿语（35）	示范语	1.动作技术规格2.熟练程度3.讲解配合4.示范时机、位置和方向	10					
	手势语	1.使用频率2.动作幅度3.消极手势	7					
	头势语	1.使用频率2.摆动幅度	7					
	站姿	1.头位2.躯干位3.手位4.步位	3					
	跑姿	1.头位2.躯干位3.摆臂4.步态	3					
	走姿	1.视线2.躯干位3.摆臂4.步态	3					
	蹲姿	1.臀部朝向2.腿部姿势	2					
表情语（20）	目光语	1.目光变化形式2.目光注视范围3.消极目光	10					
	面部表情语	1.表情基调2.表情控制3.消极表情	10					
空间语（17）	体距语	1.位置移动2.停留时间（根据教学情境和队列队形变化）	7					
	体触语	1.时机选择2.接触方式（学生性别和年龄）	10					
声音语（16）	语调	1.音调（声音频率）2.语气（感情态度）3.节奏（停顿频率）4.哨音（长短、轻重、缓急）	7					
	语音	1.音强（声音大小）2.音准（吐字发音）	5					
	语速	1.音节长短及连接松紧（语速快慢）	4					

(续表)

一级指标（分值）	二级指标	评价观察点	分值 M	评价等级及中值系数K				
				优	良	中	合格	不合格
				0.95	0.85	0.75	0.65	0.55
仪表语（12）	面容	1.清洁度2.修饰美观度	4					
	体型	1.身体形态	3					
	服饰	1.着装2.整洁度3.颜色搭配	3					
	发型	1.整洁度2.修饰美观度	2					

评语：

二、体育教师课堂教学身体语言评价表的检验

将所编制的体育教师课堂教学身体语言评价表应用到一线中小学体育课堂教学实践中，收集数据进行统计学检验，以此检验评价表的客观性和有效性，同时为评价表的使用方法提供示例。

以"2019年第8届全国体育中小学体育教学观摩课"的64节教学录像为资料库，首先根据教师职称进行分类，再按照授课学段全覆盖、授课内容多样化、授课教师性别均衡化（各级职称和授课学段）的标准进行分层抽样，最终抽取了6节体育教学观摩课录像作为评价对象，每节时长40分钟，教学相关信息如表4-13所示。

表4-13 教学相关信息

编号	授课教师	性别	职称	学校名称	授课内容	授课对象
1	杨××	男	二级	重庆市第三十七中学校	快速跑	8年级（40人）
2	郝××	男	一级	太原市第四实验小学	跪跳起	4年级（40人）
3	周××	男	高级	武汉市吴家山中学	足球脚内侧踢球	10年级（40人）
4	张××	女	二级	厦门大学附属科技中学	篮球急停急起	8年级（40人）
5	华××	女	一级	哈尔滨师范大学附属中学	跨栏跑	10年级（30人）
6	郭××	女	高级	华中科技大学附属小学	软式棒垒球：击球	5年级（40人）

邀请具有多年中小学体育教学经验的专家型教师作为教学录像的评分者，共有4位中小学体育特级教师参与本次评价。一般而言，除自评和上级评价外，其他角色的评价者在3~10人是较为合理的，满足评价者人数的要求，评分专家基本信息如表4-14所示。

表4-14 评分专家基本信息

姓名	职称	荣誉称号	工作单位
孙泽民	正高级	北京市学科带头人	首师大附属丽泽中学
杨海文	正高级	湖南芙蓉教学名师	长沙市长郡湘府中学
杨永洪	正高级	国家级骨干教师	河北师大附属中学
高俊霞	正高级	河北省学科名师	石家庄翟营大街小学

评价的流程主要分为：第一步，评前准备。正式评分之前，将观看6节体育教学观摩课录像的网络链接、附有详细填写说明和等级评价标准的电子版评价表发送给评价专家，使其熟知并准确把握表的评价指标、分值系数、评价观察点及不同评价标准之间的梯度水平，为后续的录像观察做好准备；第二步，录像观察。4位评分专家使用《中小学体育教师课堂教学身体语言评价表》在观看每段录像过程中或结束后，对6名授课教师进行独立打分并写下简要评语；第三步，评后汇总。由课题组回收评价表，用专家判定的评价等级所对应的中值系数K×各项分值M，各项得分相加，计算出综合评分并做排序处理。

对于某些无法完全客观评分的测量而言，由于不同评价者对同一对象的评价结果可能会存在差异，在评价表的编制过程中应力求评价内容和评价标准的细化，减小评分者带来的误差。当评分者人数为3~20人、被评价对象人数为3~7人，评价结果为等距变量时，可根据肯德尔和谐系数（Kendall's W）检验评价结果的一致性和可靠性。肯德尔和谐系数取值为0~1，评分者之间相关系数平均0.9以上，可判定评价是客观的。根据肯德尔和谐系数计算公式得出$W=0.976$（表4-15），表明4位专家的评价一致性较强，评分结果差异性较小，评价表具有良好的评分者信度；从4位专家给出的对应评语来看，能够总体反映出评价的一致性。例如，4位专家普遍认为某教师的优点为：示范动作标准优美，讲解精炼；在分组练习时，能深入每位学生；语速适当，吐词清晰、声音洪亮，口令下达准确、有力度；穿戴整洁，干净得体，落落大方；不足为表情语感染力有待提升，如果面部表情再丰富一些，跟学生眼神交流再多一些，夸赞性手势语、保护性体触语到位及时，会更加有利于学生大胆地完成所教授的技术动作。

表4-15 评分者信度检验

指标	数值
样本	4
肯德尔和谐系数	0.976
卡方	46.761
自由度	26
渐近显著性	0.000

区分度是有效教学评价必须具备的基本条件，据此可以判断评价表是否能够敏感地将个体间实际水平的差异鉴别出来。没有区分度的评价标准是无效的，区分度越高，测验的整体信度和实证效度越理想。区分度可用鉴别指数 D 来反映，数值范围在 $-1 \sim 1$，鉴别指数 D 在0.4以上，表示评价项目区分度良好。为检验评价表的区分度，将4位专家的评价结果随机分为2组（专家组1、专家组2），每组2份，授课教师的综合评价按照从高分到低分排序，前50%设定为高分组、后50%设定为低分组（评价对象人数小于100，可取50%作为高低分组分界点），鉴别指数 D 根据公式：$D=2(X_H-X_L)/W$（1）计算（注：X_H高分组平均值，X_L低分组平均值，W评价表总分）。专家组1评价结果鉴别指数为：$D=2[(94+93+89)/3-(76+71+67)/3]/100=0.413$，同理可得：专家组2评价结果鉴别指数 $D=0.427$。由此可见，身体语言评价表区分度较好，能够有效鉴别体育教师身体语言运用状况的层次等级（表4-16）。

表4-16 专家组评分结果区分度检验

评价主体	授课教师						鉴别指数
	1	2	3	4	5	6	
专家组1	94	93	89	76	71	67	0.413
专家组2	94	92	90	77	70	65	0.427

三、体育教师课堂教学身体语言评价表的使用

教育评价领域知名学者斯塔弗尔比姆（Stufflebeam）认为，评价最重要的目的是改进，而不是证明。教育评价倡导发展性评价理念，评价表的实践应用须准确把握评价目的，避免"为了评价而评价"。该评价表适用于中小学体育教师课堂教学身体语言运用的综合评价，一方面可作为现实状态的评判工具，通过评价诊断的手段唤醒体育教师身体语言运用意识；另一方面更是希望通过此表建立的评价内容和等级标准，指导中小学体育教师全方位认知课堂教学身体语言的特点，加强自我监控和调节，更加合理、有针对地使用身体语言，提升体育课堂教学质量。

评价表在使用过程中应注意：第一，邀请具有丰富理论和实践经验的教学专家以及对被评价教师有一定了解的专业人员组建评分团队；第二，评价组织者应向评价主体介绍评价对象的教学基本信息，详细说明评价目的、评价指标、分值系数、评价观察点以及不同评价标准之间的梯度水平，以保证评价客观性；第三，评价主体通过旁听观察或录像观察的方式记录教师行为，使用评价表进行量化评分，除了结合具体教学情境对身体语言各维度进行观察外，言语配合的整体表达效果和学生即时的反馈亦可作为评价参考依据；第四，针对亮点和不足给出描述性评语，使量化评价得到进一步佐证和补充；第五，评价结束后，应注重评价结果的信息反馈和引导激励功能，建立互动型反馈机制，将附有评分依据和改进建议的评价结果报告以现场交流、书面或网络沟通等形式及时反馈给被评价教师；第六，将存在的一些典型性问题作为组内教学研讨、向教师提供个性化培训指导的重要参考。

第三节　体育教师身体语言功能观察表的运用

一、体育教师身体语言功能观察表的编制

任何测量工具的形成都需要一定的理论支持和实践支撑，体育教师身体语言观察表作为一种研究工具，也需要特定的理论和实践支持。

第四章 体育教师身体语言指标体系的构建、评价表的编制及功能观察表的运用

人类学、语言学和行为学的有关研究认为，人的身体语言是可以分解的，并且体育教师身体语言的功能具有多重性和确定性，体育教师身体语言有多种功能，而每种功能又可以表达多种含义。仅仅在摇头动作中，其除了有替代功能外还有表露功能，而每种功能又能表达多种含义，如表示"不正确""不满意"等。在特定的教学情境中，体育教师身体语言的功能又是确定的。如教师看学生做完某项技术动作后，摇了摇头，就表达了"不正确"的含义。因为体育教师身体语言的功能具有确定性，所以它是可以进行观察判断并记录的。

编制观察表的主要任务是确定观察的维度，根据前文中的研究，我们以身体语言维度为一维，以功能为一维制成一个观察表。由于体育教师身体语言是连续的，不间断的，要记录不间断的行为动作，只能是将其划分为紧密相连的微小片段。我们借鉴弗兰德斯互动分析法（FIAS）进行记录，互动分析法（FIAS）是著名的课堂行为分析技术，用于记录和分析课堂中师生语言互动过程及影响。弗兰德斯将记录间隔分为3秒、5秒或10秒，我们经过预观察得出每3秒判断身体语言及其功能时间太短，10秒又稍显过长，5秒的时间正好可以记录。因此，在确定体育教师身体语言的两个维度时，把时间作为一个参考维度，使记录具有连续性。因目前体育课时规定多为40分钟一节，将40分钟的课堂分为8个时段，每时段为5分钟，在观察表上每个身体语言指标下分别标上"+"和"-"，代表体育教师课上使用身体语言所表达的是积极意义或是消极意义。在观察的过程中若有异议的情况出现，可用特殊符号进行标记记录，在观察完毕后统一讨论解决。以此制作出时间维度下体育教师身体语言观察表Ⅰ（表4-17）。观察者利用秒表等工具准确记录各个时间段内体育教师所使用各身体语言的频率（利用画"正"字的方式统计），并根据教学进程的不同阶段，对观察结果进行比较分析。

表4-17 体育教师身体语言观察表（1）

授课内容：　　　　　　　　　　授课班级：　　　　　　　　　　授课教师：
授课时间：　　　　　　　　　　观察人：

时间	头势语						手势语					手臂语				目光语					面部表情语			体距语			体触语			
	点头	低头	摇头	歪头	昂头		竖拇指	鼓掌	指人	推手	握拳		双臂胸前交叉	双臂背后	双手插兜	双手叉腰		瞥	环视	直视	斜视	瞪眼		微笑	无表情	噘嘴		亲近距离	个人距离	社会距离	公众距离		拍后背	击掌	拍肩膀	拍臀部
0~5																																			
6~10																																			
11~15																																			
16~20																																			
21~25																																			
26~30																																			
31~35																																			
36~40																																			

第四章 体育教师身体语言指标体系的构建、评价表的编制及功能观察表的运用

在实际的体育课堂教学过程中，体育教师的身体语言使用是复杂多样的，因此在记录的过程中，为了避免出现含糊不清或模棱两可的情况，课题初步制订观察过程中的基本要求：在开始上课后，记录者每5秒进行一次记录，在记录时间上做到统一一致。在单位时间内，若有几个动作同时发生（如竖拇指的同时点头），观察者尽量在每一类身体语言维度下都进行记录，发生几次记录几次。判断时既无积极意义又无消极意义的身体语言则划分为"积极意义"一项。在观察的过程中若有异议的情况出现，可用特殊符号进行标记记录，在观察完毕后统一讨论解决。

上课前5~10分钟，观察者到达操场能够看到和听到授课体育教师和全体学生的位置。一般选位为距离学生队伍前排5米左右的斜45°角位置。体育课开始后，观察者每5秒钟对体育教师课堂上使用了哪些身体语言且属何种类型进行判断和记录。课堂观察完毕后，观察者立即就课上观察过程中所遇到的问题进行商讨，以此对观察表的各个维度和项目进行修正和完善。

经过观察者的试用发现，在体距语维度中，虽然体育课上教师会频繁出现与学生之间体距的变化，但往往这种体距的变化只是教师无意间的动作，不易作出消极意义或积极意义的判断，因此取消体距语记录过程中对于积极意义和消极意义的判断划分，同时，在其他身体语言维度的数据统计中发现，含有积极意义的动作相对于同类含消极意义动作所占比例要大得多，因此我们取消积极意义和消极意义的划分，从而形成表4-18。

在观察体育教师课上身体语言使用情况的基础上，本研究加入对于体育教师身体语言使用过程中所表达功能的观察表。通过前文中的功能分析，以确定功能一维，包括信息传递功能和情感交流功能，最终确定了功能观察表，如表4-19所示。

表4-18 体育教师身体语言观察表（Ⅱ）

授课内容：　　　　　　　授课班级：　　　　　　　授课教师：
授课时间：　　　　　　　观察人：

授课时间	头势语				手势语					手臂语				目光语				面部表情语			体触语			
	点头	低头	摇头	歪头	昂头	竖拇指	鼓掌	指人	摊手	握拳	双臂胸前交叉	双臂背后	双手插兜	双手叉腰	环视	直视	斜视	瞪眼	微笑	无表情	噘嘴	拍后背	击掌	拍肩膀	拍臀部
0～5																									
6～10																									
11～15																									
16～20																									
21～25																									
26～30																									
31～35																									
36～40																									

表4-19 体育教师身体语言的功能观察表（III）

授课内容：　　　　　　　授课班级：　　　　　　　授课教师：
授课时间：　　　　　　　观察人：

	头势语				手势语				手臂语				目光语				面部表情语			体触语		
	点头	摇头	歪头	昂头	低头	竖拇指	鼓掌	指指人	摊手	握拳	双臂胸前交叉	双臂背后	双手插兜	双手叉腰	耸肩	直视	斜视	环视	瞪眼	微蹙	无表情	笑嘴	拍后背	击掌	拍肩膀	拍臀部

信息传递功能
- 加强语意
- 补充内容
- 说明动作
- 指示方向
- 提示内容

情感交流功能
- 激励作用
- 抑制作用
- 自我情感表达
- 调节氛围

155

在使用体育教师身体语言功能观察表时，每种体育教师身体语言的功能类型都可以由许多种体育教师课堂上出现的身体语言所表达和传递，而对于这些动作以及功能的界定并不是完全严密，所以在使用观察表的过程中，在某些不好判断的具体情境下对体育教师身体语言的功能进行判断时，我们应秉持某情境下一种身体语言只有一个主要的功能，即在判断和记录过程中判断的是其主要功能。在观察过程中，对于个别无法纳入所规定的功能范围的身体语言可忽略不计。

二、体育教师身体语言功能的观察研究

为了解体育教师身体语言在体育课程中的实际应用情况，以及身体语言在课程中的功能体现，本研究运用体育教师身体语言观察表对北京三帆中学9名体育教师的课程进行了现场观察，同时在课后对180名初中生进行了问卷调查，并对北京市西城区示范课的体育教师进行了录像观察。根据上文可知，表情语所占权重较大，因此下面主要对体育教师的面部表情语进行探讨，具体研究结果如下。

（一）体育教师面部表情语功能的现场观察研究

对北京三帆中学9名体育教师在课堂上使用的面部表情语以及授课学生的反馈进行调查研究。首先，统计不同面部表情语在一节体育课中出现的频率，根据情境推断其表现出的功能，然后根据教师的表达和学生的反馈，推断归纳出所具有的主要功能和次要功能。在北京三帆中学体育教师的研究中，将面部表情语分为"微笑""噘嘴""无表情"，分别进行了频次统计和功能分析，调查统计结果如表4-20所示。

表4-20 教师在开始部分面部表情语运用的观察结果分析

面部表情语	加强语意	补充内容	说明动作	指示方向	提示内容	激励作用	抑制作用	自我情感表达	调节氛围
微笑									3.5
噘嘴							1		
无表情							1		

由表4-20可知，在课堂的开始部分，教师平均使用了3.5次"微笑"动作和1次"噘嘴""无表情"动作，"微笑"动作主要是在导入新课程时运用，给学生以轻松欢乐的课堂氛围。"噘嘴""无表情"则是在课堂纪律没有得到较好的控制时，用来调节课堂氛围，管控课堂纪律。

由表4-21可知，在课堂的基本部分，教师平均采用了3次微笑动作和2次无表情动作，分别表达"激励功能"和"抑制作用"；而"噘嘴"动作在课的基本部分通常不采用。

表4-21 教师在基本部分面部表情语运用的观察结果分析

面部表情语	加强语意	补充内容	说明动作	指示方向	提示内容	激励作用	抑制作用	自我情感表达	调节氛围
微笑						3			
噘嘴									
无表情							2		

由表4-22可知，在课堂的结束部分，教师平均采用2次"微笑"动作用以表达调节氛围功能。

表4-22 教师在结束部分面部表情语运用的观察结果分析

面部表情语	加强语意	补充内容	说明动作	指示方向	提示内容	激励作用	抑制作用	自我情感表达	调节氛围
微笑									2
噘嘴									
无表情									

如表4-23所示，在面部表情维度中的"微笑"动作，主要功能是"调节氛围"，频次为5.5，次要功能是"激励作用"，频次为3；"噘嘴"动作的主要功能是"抑制作用"，频次为1，无次要功能；"无表情"动作的主要功能是"抑制作用"，频次为3，无次要功能。

表4-23　体育课堂上教师运用的不同面部表情语功能频次统计

面部表情语	主要功能	频次	次要功能	频次
微笑	调节氛围	5.5	激励作用	3
噘嘴	抑制作用	1	无	0
无表情	抑制作用	3	无	0

对三帆中学体育教师对面部表情语所具有功能的认知进行了调查，统计结果如表4-24所示。

表4-24　体育教师对面部表情语功能的认知

面部表情语	身体语言功能
微笑	激励作用、调节氛围、自我情感表达
噘嘴	抑制作用、加强语意、自我情感表达
无表情	抑制作用、自我情感表达

由表4-24可知，在体育教师面部表情功能认知中，面部表情的"微笑"动作具有"激励作用""调节氛围""自我情感表达"的功能，这与课堂上的观察结果较为一致；"噘嘴"动作主要具有"抑制作用""加强语意""自我情感表达"的功能；"无表情"动作主要具有"抑制作用""自我情感表达"功能。

针对学生对教师在课堂上面部表情语运用的问卷调查中，从学生的反馈情况看出教师面部表情语的运用现状。结果如图4-2所示。

■ A. 微笑为主　　B. 严肃刻板　　■ C. 会随着课堂内容变化　　■ D. 会因学生表现变化

图4-2　体育课堂上教师表情

第四章　体育教师身体语言指标体系的构建、评价表的编制及功能观察表的运用

关于面部表情的调查，学生普遍认为教师的表情会因为学生的表现而发生改变，说明学生对教师面部表情的变化比较敏感，教师也会根据学生的课堂表现调整表情；另外，30%的学生认为教师上课时以"微笑"为主，在课堂上给学生营造了一种轻松、愉快的氛围，说明教师在课堂上对面部表情的运用较恰当。

综上所述，体育教师的"微笑"动作在课堂的开始、基本、结束部分均有使用，主要具有"激励作用""调节课堂氛围"的作用，有利于体育教师把控课堂，活跃课堂氛围；"噘嘴"动作一般在课的开始部分使用，主要具有"抑制功能"，通常用于把控课堂纪律；"无表情"动作一般在课的开始部分和基本部分使用，主要表达"抑制作用"；此外，教师会根据学生在课堂上的表现及时调整情绪。学生能够在课堂上敏锐地感受到教师的表情变化，并且对教师的"微笑"动作表示认同。

情景要求：在课的开始部分，当课堂秩序不住时，教师可以适当运用"无表情"和"噘嘴"动作来提醒学生安静，以调控课堂秩序。在课堂中，教师要善于运用"微笑"，并根据具体情况选择微笑的时机。

（二）示范课中体育教师面部表情语的实践分析

选取"全国义务教育体育与健康教材教学改革论坛示范课"共计8节课为研究对象，分别包括耐久跑、行进间运球（篮球）、武术、持轻物掷远、双手正面垫球（排球）、仰卧推起成桥、击高远球（羽毛球）和箱上前滚翻。首先通过现场观摩示范课，其次通过示范课录像观察并3次审查确认数据，最后通过任课教师访谈最终确定体育教师面部表情语观察记录表数据。

从表4-25可知，在耐久跑示范课中，体育教师使用的身体语言"微笑"动作的功能以"加强语意""调节氛围""补充内容""激励作用"为主，"噘嘴"动作的主要功能是"抑制作用""加强语意""补充内容"，"无表情"动作的主要功能是"加强语意""抑制作用""补充内容""自我情感表达"，且"微笑""噘嘴""无表情"动作主要以伴随动作出现。

表4-25　体育教师面部表情语实践分析

节次	主要动作（频数）	伴随动作（频数）	加强语意	补充内容	说明动作	指示方向	提示内容	激励作用	抑制作用	自我情感表达	调节氛围
耐久跑	微笑（3）	微笑（14）	10	6	0	0	1	5	0	0	8
	噘嘴（1）	噘嘴（1）	1	1	0	0	0	0	1	0	0
	无表情（5）	无表情（21）	9	6	0	0	0	0	7	5	3
行进间运球	微笑（4）	微笑（35）	16	23	0	0	0	35	0	4	8
	噘嘴（1）	噘嘴（4）	2	4	0	0	1	2	5	0	1
	无表情（4）	无表情（19）	11	3	0	0	0	2	12	5	2
武术	微笑（3）	微笑（14）	10	6	0	0	1	5	0	0	8
	噘嘴（3）	噘嘴（3）	0	0	0	0	1	0	3	1	0
	无表情（4）	无表情（26）	13	4	0	0	2	2	11	8	3
持轻物掷远	微笑（2）	微笑（23）	16	8	0	0	0	12	0	0	7
	噘嘴（4）	噘嘴（0）	3	1	0	0	0	0	3	0	0
	无表情（6）	无表情（17）	12	0	0	0	3	1	10	6	5
仰卧推起成桥	微笑（3）	微笑（14）	10	4	0	0	3	5	0	0	8
	噘嘴（3）	噘嘴（4）	0	0	0	0	0	0	3	2	0
	无表情（5）	无表情（19）	12	5	0	0	0	1	11	3	4
击高远球	微笑（4）	微笑（17）	10	4	0	0	3	19	0	0	18
	噘嘴（2）	噘嘴（5）	1	1	0	0	0	0	3	2	0
	无表情（5）	无表情（21）	11	5	0	0	1	4	17	0	3
箱上前滚翻	微笑（1）	微笑（13）	9	4	0	0	1	9	0	0	2
	噘嘴（1）	噘嘴（3）	0	0	0	0	0	0	2	3	1
	无表情（3）	无表情（19）	10	3	0	0	1	2	15	3	2
双手正面垫球	微笑（2）	微笑（20）	12	10	0	0	0	11	0	0	11
	噘嘴（2）	噘嘴（3）	0	0	0	0	0	0	3	2	2
	无表情（7）	无表情（20）	9	5	0	0	2	3	18	1	3

在行进间运球示范课中，教师使用身体语言"微笑"动作的功能以"补充内容""加强语意""激励作用""调节氛围"为主，"噘嘴"动作的主要功能是"抑制作用""补充内容""加强语意"，"无表情"动作的主要功能是"抑制作用""加强语意""自我情感表达"，且"微笑""噘嘴""无表情"动作主要以伴随动作出现。

在武术示范课中，体育教师使用的身体语言"微笑"动作的主要功能是"加强语意""调节氛围""补充内容""激励作用"，"噘嘴"动作的主要功能是"抑制作用""自我情感表达""提示内容"，"无表情"动作的主要功能是加强语意""抑制作用""自我情感表达"，且"微笑""噘嘴""无表情"动作主要以伴随动作出现。

在持轻物掷远示范课中，体育教师使用的身体语言"微笑"的主要功能是"加强语意""激励作用""补充内容""调节氛围"，"噘嘴"动作的主要功能是"加强语意""抑制作用"，"无表情"动作的主要功能是"加强语意""抑制作用""自我情感表达""调节氛围"，且"微笑""噘嘴""无表情"动作主要以伴随动作出现。

在仰卧推起成桥示范课中，体育教师使用的身体语言"微笑"动作的主要功能是"加强语意""调节氛围""激励作用"，"噘嘴"动作的主要功能是"抑制作用""自我情感表达"，"无表情"动作的主要功能是"加强语意""抑制作用""补充内容"，"微笑""噘嘴""无表情"动作主要以伴随动作出现。

在击高远球（羽毛球）示范课中，体育教师使用的身体语言"微笑"的主要功能是"激励作用""调节氛围""加强语意"，"噘嘴"动作的主要功能是"抑制作用""自我情感表达"，"无表情"动作的主要功能是"抑制作用""加强语意""补充内容"，且"微笑""噘嘴""无表情"动作主要以伴随动作出现。

在箱上前滚翻示范课中，体育教师使用的身体语言"微笑"的主要功能是"加强语意"和"激励作用"，"噘嘴"动作的主要功能是"自我情感表达"和"抑制作用"，"无表情"动作的主要功能是"抑制作用""加强语意"，且"微笑""噘嘴""无表情"动作主要以伴随动作出现。

在双手正面垫球（排球）示范课中，体育教师使用的身体语言"微笑"的主要功能是"加强语意""激励作用""调节氛围""补充内容"，"噘嘴"动作的主要功能是"抑制作用""自我情感表达""调节氛围"，"无表情"

动作的主要功能是"抑制作用""加强语意""补充内容",且"微笑""噘嘴""无表情"动作主要以伴随动作出现。

综上所述,在八节示范课中,"微笑""噘嘴""无表情动作"主要以伴随动作出现,且"微笑"动作主要表示"激励作用"和"加强语意"的功能;"噘嘴"和"无表情"动作主要表示"抑制作用""自我情感表达""加强语意"的功能。

第五章　体育教师身体语言对学生情绪体验的影响

体育作为一门以身体活动为授课语言的学科，直观形象、准确无误的身体语言是体育教师传道授业的媒介，亦是学生学习运动技能与体育精神不可或缺的纽带，对体育课堂教学目标的达成与教学任务的完成有极其重要的作用[1]。尤其在中小学体育教学中，身体语言交流所占比例高达70%~80%[2]，体育教师在教学过程中所展现的消极或积极性质的身体语言会在很大程度上影响学生的情绪体验。同时，相关研究表明积极的情绪有利于增强人际信任感、改善人际关系和增加亲社会行为，扩展思维和视野，而长期消极的情绪将不利于学生的学习和记忆。由此可见，体育教师的一言一行对学生的影响可谓深刻且久远。

然而，部分体育教师在教学过程中对身体语言的运用仍处于不自觉、随意性强、无意识状态[3]，且体育教师身体语言对学生情绪体验的影响一直是学界的研究盲区。因此，本文力图通过探究体育教师身体语言对学生情绪体验的影响，在弥补过去研究不足的同时，为体育教师的教学工作提出建议和指导，这将有利于加强体育教师对身体语言的认识，提高学生的课堂体验，对进一步提高体育教师综合素养，促进教师专业发展具有重要意义[4]。本文从体育教师身体语言的有效表现部位及其学生对体育教师身体

---

[1] 许仕杰.浅谈身体语言在中小学体育教学中的运用[J].课程教育研究，2016（31）：212-213.

[2] 陈伟，郝勤.体育传播学的学科特征与研究现状——兼论体育的传播特征及其信息符号理论[J].体育科学，2006（6）：6-11.

[3] 范运祥，马卫平.论体育课堂教学中教师的非言语评价[J].北京体育大学学报，2011，34（10）：79-82,86.

[4] 任贵，李笋南，杨献南，等.我国中小学体育教师身体语言指标体系构建研究[J].北京体育大学学报，2021，44（3）：139-150.

语言的主要接收渠道（视觉、触觉、听觉、空间感觉）出发，主要探究体育教师的头势语、手势语、手臂语、目光语、面部表情语、体距语、体触语和声音语对学生情绪体验的影响。

第一节　体育教师各维度身体语言对学生情绪体验的影响

如表5-1所示，根据李克特五点计分法，从"非常愉悦"到"非常厌恶"的赋值依次为1、2、3、4、5分。当体育教师做"点头"动作时，学生情绪体验的平均值小于3，且积极情绪的比例高达82%；当体育教师做"摇头""低头""歪头""昂头"动作时，学生情绪体验的平均值均大于3，消极情绪的比例高于积极情绪。因此，体育教师的"点头"动作会给学生带来积极的情绪体验，而"摇头""低头""歪头""昂头"动作则会给学生带来消极的情绪体验。

表5-1　学生对体育教师头势语的情绪体验

头势语	平均值±标准差	F值	非常愉悦	愉悦	一般	厌恶	非常厌恶
摇头	3.78 ± 1.02	2411.52	4	2	13	43	38
低头	3.31 ± 1.01	2108.21	9	4	21	32	34
点头	1.76 ± 1.01	879.44	48	34	9	5	4
歪头	3.14 ± 1.06	1921.13	11	7	42	21	19
昂头	3.06 ± 1.01	1901.73	8	11	47	16	18

各项比例值/%

如表5-2所示，当体育教师做"竖拇指""握拳""鼓掌"动作时，学生情绪体验的平均值均小于3，且积极情绪的比例较高；当体育教师做"指人""摊手"动作时，学生情绪体验的平均值均大于3，消极情绪的比例较高。因此，体育教师的"竖拇指""握拳""鼓掌"动作会给学生带来积极的情绪体验，而"指人""摊手"动作则会给学生带来消极的情绪体验。

表5-2 学生对体育教师手势语的情绪体验

手势语	平均值±标准差	F值	各项比例值/% 非常愉悦	愉悦	一般	厌恶	非常厌恶
指人	3.54±1.02	2311.45	5	12	22	30	31
竖拇指	1.53±1.01	912.27	62	29	4	4	1
摊手	3.21±1.01	2102.12	11	9	29	35	16
鼓掌	1.68±1.01	817.22	54	26	11	5	4
握拳（向上）	2.23±1.02	1877.75	29	29	30	7	5

如表5-3所示，当体育教师做"双臂胸前交叉""双手叉腰""双臂背后""双手插兜""耸肩"动作时，学生情绪体验的平均值均大于3，消极情绪的比例高于积极情绪。因此，体育教师的"双臂胸前交叉""双手叉腰""双臂背后""双手插兜""耸肩"动作会给学生带来消极的情绪体验。

表5-3 学生对体育教师手臂语的情绪体验

手臂语	平均值±标准差	F值	各项比例值/% 非常愉悦	愉悦	一般	厌恶	非常厌恶
双臂胸前交叉	3.21±1.02	2124.11	11	9	43	22	15
双臂叉腰	3.25±1.01	1945.15	13	10	37	26	14
双臂背后	3.06±1.01	2029.42	13	13	41	21	12
双手插兜	3.02±1.01	1721.53	18	9	44	19	10
耸肩	3.48±1.02	2432.15	8	6	36	30	20

如表5-4所示，当体育教师运用"环视"的目光语时，学生情绪体验的平均值小于3；当体育教师运用"瞪眼""直视""斜视"的目光语时，学生情绪体验的平均值均大于3，消极情绪的比例高于积极情绪。因此，体育教师"环视"的目光语会给学生带来积极的情绪体验，"瞪眼""直视""斜视"的目光语会给学生带来消极的情绪体验。

表5-4　学生对体育教师目光语的情绪体验

目光语	平均值±标准差	F值	各项比例值/%				
			非常愉悦	愉悦	一般	厌恶	非常厌恶
瞪眼	3.41±0.81	2314.23	8	3	20	33	36
直视	3.18±1.001	2199.47	10	8	49	18	15
斜视	3.28±1.09	2247.26	10	7	21	29	33
环视	2.85±1.07	2001.13	15	17	46	12	10

如表5-5所示，当体育教师运用"微笑"的面部表情语时，学生情绪体验的平均值小于3，积极情绪的比例较高；当体育教师运用"噘嘴"的面部表情语时，学生情绪体验的平均值大于3，消极情绪的比例高于积极情绪。因此，体育教师"微笑"的面部表情语会给学生带来积极的情绪体验，"噘嘴"的面部表情语会给学生带来消极的情绪体验。

表5-5　学生对体育教师面部表情语的情绪体验

面部表情语	平均值±标准差	F值	各项比例值/%				
			非常愉悦	愉悦	一般	厌恶	非常厌恶
微笑	1.44±1.03	901.14	68	20	5	4	3
无表情	3.00±1.05	1898.83	11	13	51	13	12
噘嘴	3.33±1.01	2289.64	4	8	31	32	25

如表5-6所示，当体育教师与学生保持"1.25～4米"的距离时，学生情绪体验的平均值小于3，积极情绪的比例较高；当体育教师与学生保持"0～0.45米""0.45～1.25米""4～8米"的距离时，学生情绪体验的平均值均大于3，消极情绪的比例高于积极情绪。因此，体育教师与学生保持"1.25～4米"的距离会给学生带来积极的情绪体验，与学生保持"0～0.45米""0.45～1.25米""4～8米"的距离时，会给学生带来消极的情绪体验。

表5-6　学生对体育教师体距语的情绪体验

体距	平均值±标准差	F值	各项比例值/%				
			非常愉悦	愉悦	一般	厌恶	非常厌恶
0~0.45米	3.76±1.00	2788.24	12	8	21	43	16
0.45~1.25米	3.56±0.90	2512.64	13	11	30	21	25
1.25~4米	2.49±1.00	1567.16	17	41	28	8	6
4~8米	3.98±1.00	2946.19	7	13	19	35	26

如表5-7所示，当体育教师对学生做"拍肩膀""拍后背""击掌""拥抱"动作时，学生情绪体验的平均值均小于3，积极情绪的比例高于消极情绪；当体育教师对学生做"拍臀部（同性）"动作时，学生情绪体验的平均值大于3，消极情绪的比例高于积极情绪。因此，体育教师对学生做"拍肩膀""拍后背""击掌""拥抱"动作时，会给学生带来积极的情绪体验，对学生做"拍臀部（同性）"动作时，会给学生带来消极的情绪体验。

表5-7　学生对体育教师体触语的情绪体验

体距	平均值±标准差	F值	各项比例值/%				
			非常愉悦	愉悦	一般	厌恶	非常厌恶
拍肩膀	2.78±1.02	1477.21	19	17	36	18	10
拍后背	2.56±1.01	1232.16	16	17	41	17	9
击掌	1.68±1.01	865.62	41	37	11	8	3
拥抱	2.16±1.01	1104.41	28	17	35	15	5
拍臀部（同性）	3.45±1.02	2245.12	11	18	29	22	20

如表5-8所示，当体育教师运用"语速平缓""铿锵有力"的声音语教学时，学生情绪体验的平均值小于3；当体育教师运用"低声细语""大声训斥""语速急促"的声音语教学时，学生情绪体验的平均值大于3，消极情绪的比例高于积极情绪。因此，体育教师运用"语速平缓""铿锵有力"的声音语教学时，会给学生带来积极的情绪体验，而体育教师运用"低声细语""大声训斥""语速急促"的声音语教学时，会给学生带来消极的情绪体验。

表5-8　学生对体育教师声音语的情绪体验

体触语	平均值±标准差	F值	各项比例值/%				
			非常愉悦	愉悦	一般	厌恶	非常厌恶
语速平缓	2.91±0.90	1933.51	18	11	51	13	7
低声细语	3.21±1.00	2041.54	9	14	42	20	15
铿锵有力	2.19±1.01	1151.32	28	32	23	8	9
大声训斥	3.98±1.00	2875.43	5	9	23	28	35
语速急促	3.78±1.01	2515.54	17	18	25	24	16

综合而言，体育教师"点头"的头势语，"竖拇指""握拳（向上）""鼓掌"的手势语，"环视"的目光语，"微笑"的面部表情语，"1.25～4米"的体距语，"拍肩膀""拍后背""击掌""拥抱"的体触语，"语速平缓""铿锵有力"的声音语对学生的情绪体验具有积极影响；"摇头""低头""歪头""昂头"的头势语，"指人""摊手"的手势语，"双臂胸前交叉""双手叉腰""双臂背后""双手插兜""耸肩"的手臂语，"瞪眼""直视""斜视"的目光语，"噘嘴"的面部表情语，"0～0.45米""0.45～1.25米""4～8米"的体距语，"拍臀部（同性）"的体触语，"低声细语""大声训斥""语速急促"的声音语会对学生的情绪体验产生消极影响。

第二节　体育教师身体语言对不同性别、年级学生情绪体验影响的差异性研究

在体育教师的头势语中，不同性别学生仅对体育教师头势语中的"摇头"动作的情绪体验有显著差异（$P_{性别}$=0.035），其中男生对体育教师"摇头"动作的情绪体验要比女生表现得更为消极（3.87>3.41）（图5-1）。

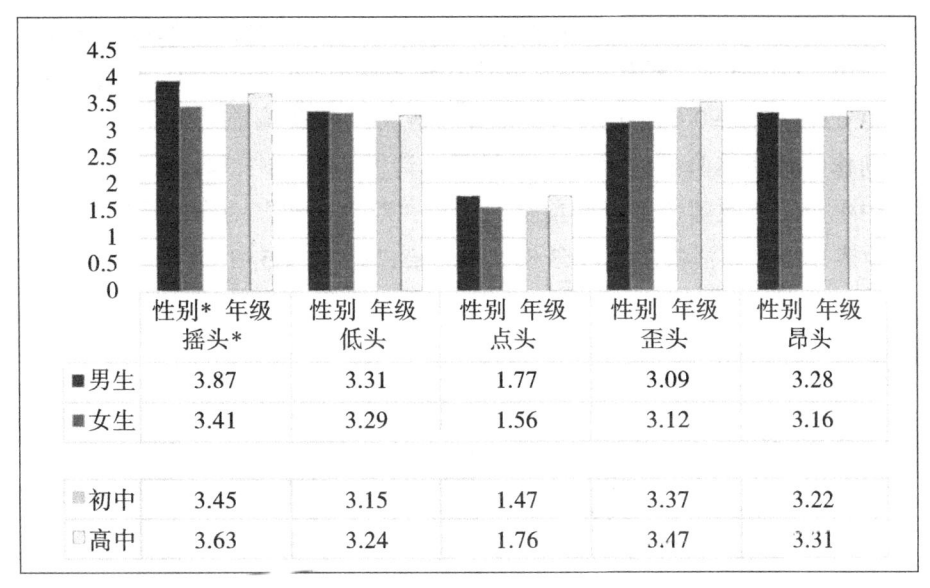

第五章 体育教师身体语言对学生情绪体验的影响

	性别* 年级 摇头*	性别 年级 低头	性别 年级 点头	性别 年级 歪头	性别 年级 昂头
■男生	3.87	3.31	1.77	3.09	3.28
■女生	3.41	3.29	1.56	3.12	3.16
▨初中	3.45	3.15	1.47	3.37	3.22
□高中	3.63	3.24	1.76	3.47	3.31

图5-1 体育教师头势语对学生情绪体验的性别、年级差异

在体育教师的手势语中，不同性别、不同年级学生均对体育教师"指人"动作的情绪体验有显著差异（$P_{性别}=0.012$，$P_{年级}=0.031$）。其中男生对体育教师"指人"动作的情绪体验要比女生表现得更为消极（3.82>3.58），而高中生对体育教师"指人"动作的情绪体验要比初中生表现得更为消极（3.55<3.81）（图5-2）。

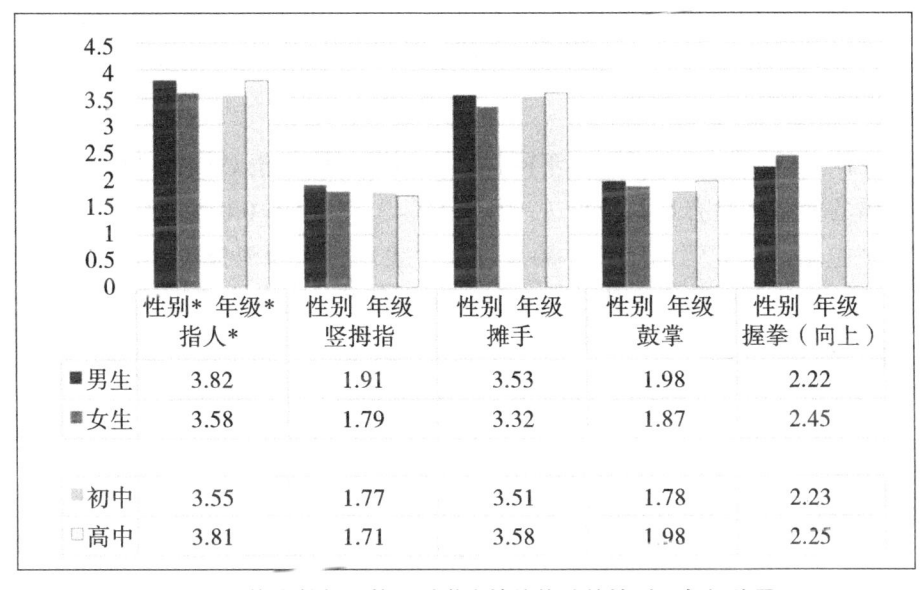

	性别* 年级* 指人*	性别 年级 竖拇指	性别 年级 摊手	性别 年级 鼓掌	性别 年级 握拳（向上）
■男生	3.82	1.91	3.53	1.98	2.22
■女生	3.58	1.79	3.32	1.87	2.45
▨初中	3.55	1.77	3.51	1.78	2.23
□高中	3.81	1.71	3.58	1.98	2.25

图5-2 体育教师手势语对学生情绪体验的性别、年级差异

在体育教师的手臂语中，不同性别、不同年级学生对体育教师"双臂胸前交叉"和"双手插兜"动作的情绪体验有显著差异（$P_{性别}$=0.011，$P_{年级}$=0.042；$P_{性别}$=0.027，$P_{年级}$=0.012）。男生对体育教师"双臂胸前交叉"和"双手插兜"动作的情绪体验要比女生表现得更为消极（3.76>3.34、3.82>3.47），而高中生对体育教师"双臂胸前交叉"和"双手插兜"动作的情绪体验要比初中生表现得更为消极（3.45<3.81、3.35<3.72）（图5-3）。

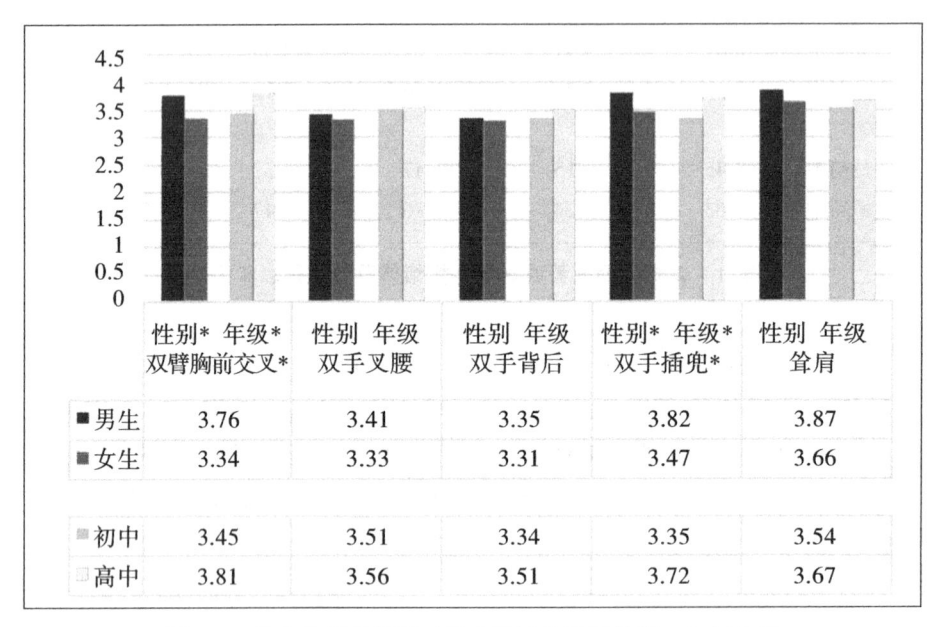

	性别* 年级* 双臂胸前交叉*	性别 年级 双手叉腰	性别 年级 双手背后	性别* 年级* 双手插兜*	性别 年级 耸肩
男生	3.76	3.41	3.35	3.82	3.87
女生	3.34	3.33	3.31	3.47	3.66
初中	3.45	3.51	3.34	3.35	3.54
高中	3.81	3.56	3.51	3.72	3.67

图5-3　体育教师手臂语对学生情绪体验的性别、年级差异

在体育教师的目光语中，不同性别、不同年级学生对体育教师"瞪眼"目光语的情绪体验有显著差异（P性别=0.042，P年级=0.011）。男生对体育教师"瞪眼"目光语的情绪体验要比女生表现得更为消极（3.95>3.42），而高中生对体育教师"瞪眼"目光语的情绪体验要比初中生表现得更为消极（3.34<3.72）（图5-4）。

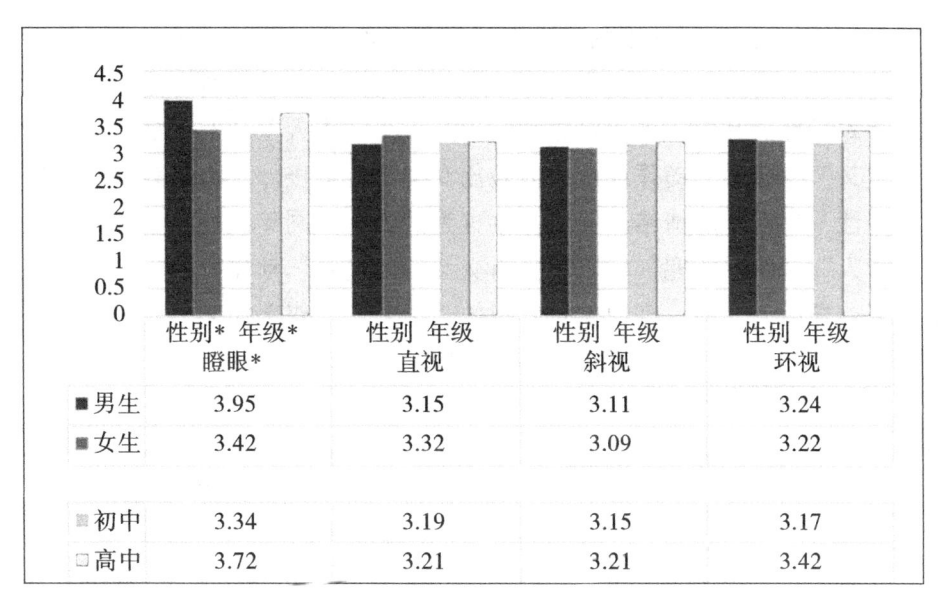

第五章 体育教师身体语言对学生情绪体验的影响

	性别* 年级* 瞪眼*	性别 年级 直视	性别 年级 斜视	性别 年级 环视
■男生	3.95	3.15	3.11	3.24
■女生	3.42	3.32	3.09	3.22
▨初中	3.34	3.19	3.15	3.17
□高中	3.72	3.21	3.21	3.42

图5-4 体育教师目光语对学生情绪体验的性别、年级差异

在体育教师的体触语中，不同性别学生对体育教师"拍臀部（同性）"动作的情绪体验有显著差异（$P_{性别}=0.023$）。其中，女生对体育教师"拍臀部（同性）"动作的情绪体验要比男生表现得更为消极（3.56>3.14）。

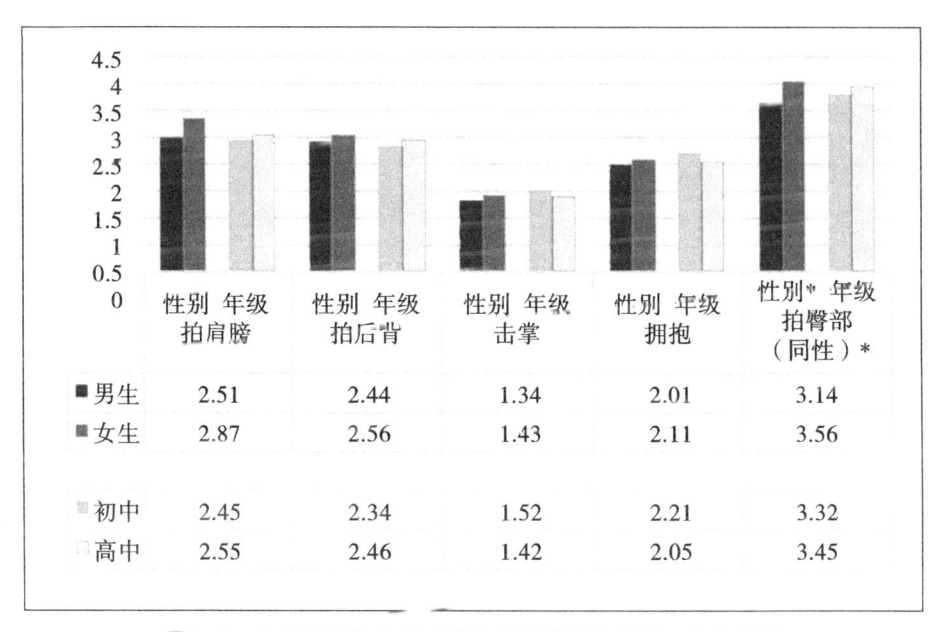

	性别 年级 拍肩膀	性别 年级 拍后背	性别 年级 击掌	性别 年级 拥抱	性别* 年级 拍臀部（同性）*
■男生	2.51	2.44	1.34	2.01	3.14
■女生	2.87	2.56	1.43	2.11	3.56
▨初中	2.45	2.34	1.52	2.21	3.32
□高中	2.55	2.46	1.42	2.05	3.45

图5-5 体育教师体触语对学生情绪体验的性别、年级差异

综上所述，不同性别的学生对体育教师的"摇头""指人""双手插兜""双臂胸前交叉""瞪眼""拍臀部（同性）"动作所产生的情绪体验有显著差异性。其中，男生对教师的"摇头""指人""双手插兜""双臂胸前交叉""瞪眼"动作的情绪体验比女生更为消极。女生对教师的"拍臀部（同性）"动作的情绪体验比男生更为消极；不同年级的学生对体育教师的"指人""双手插兜""双臂胸前交叉""瞪眼"动作所产生的情绪体验有显著差异性。其中，高中生对教师的"指人""双手插兜""双臂胸前交叉""瞪眼"动作的情绪体验均比初中生更为消极。

第六章 体育教师身体语言的训练及运用研究

第一节 体育教师身体语言的训练研究

许多人认为一个人的行为举止是不能改变的，认为身体语言早已成为习惯，根深蒂固而难以改变。但H.A.Smith认为，向教师、学生传授有关身体、声音表现和行为含义的技能应该是可能的，并已有诸如图片分析、扮演角色或者讨论问题的相关方法[1]。G.Burton和R.Dimbleby认为，既然交际能力是后天习得的而不是先天获得的，那么身体语言就有一定的改变空间，而这种改变只有在人们意识到改变的必要和改变的途径时才有可能发生[2]。可见，若师范院校增加有关身体语言的课程学习及训练，那么今后要迈入教育行业学生的身体语言将会更加合理。

由于当前很少有体育教师身体语言的训练研究，因此，我们有必要对先前一些教育工作者的教师身体语言训练实践进行论述，从而为体育教师的身体语言训练提供借鉴。

一、教师身体语言的训练要求、策略

在身体语言训练要求及操作要领方面，我国学者进行了多种多样的研究，大多是关于舞蹈、体育、表演专业的教师和师范生的身体语言训练研究，以下是有关教师身体语言的训练要求、策略研究。

石红针对中学物理教学中高师生出现的生硬、随意型身体语言，指出要加强教师的身体语言训练，并提出了三种训练策略。一是基本功训练，分为出

---

[1] 邓金.培格曼最新国际教师百科全书[M].北京：学苑出版社，1989.
[2] G. Burton & R. Dimbleby. Teaching Communication [M]. London：Rortledge，1980.

场—开口前的身体语言训练和教学过程中的身体语言训练。开口前身体语言的训练要求注重整体形象和步伐轻快稳健、有朝气。在教学过程中的训练是对面部、头部、眼神、动作四方面的要求。如要面带微笑，表情柔和。二是身体语言设计训练，即把单一的身体语言动作进行组合，根据教学内容自行设计身体语言，要求身体语言的设计必须有助于充分表达教学内容，动作得体，富有个性。三是身体语言自然化训练，就是将自觉的身体语言转化成自然的身体语言的训练。要求身体语言的运用要适度，不造作，动作与表情、眼神、手势应协调一致，与教学内容协调统一，克服生硬、随意等问题。在这三种训练方略中，都较重视教师的示范、学生的表现和师生共同评价的措施，并且突出了优秀教师的作用，让学生仔细观察他们的上课特点以及对身体语言的运用，从而自行设计身体语言，进行试教并讲评[1]。

　　刘春芳、苏高岩提出师范生和教师身体语言训练的四步法，包括入门、过渡、实践和提高。第一，入门阶段主要是全方位、多角度地感知身体语言，在感知过程中让学生充分认识到底什么是身体语言，这一阶段主要分为四个步骤，选好切入点，提高理论认识。介绍中外名家有关身体语言的重要论述，让学生在较高层次上充分认识身体语言的重要性，明确"身体即是信息"，从而为后面的训练打下较为坚实的理论基础；展示多种身体语言，捕捉其中的信息。从报刊、生活中搜集多种典型的身体语言动作，绘成图表形式，或参观雕塑、观看录像等，让学生推测、想象其中所传达的信息；感知教师不同的身体语言。学生根据教师不同的身体语言，谈谈教师是如何运用的，以及运用效果如何；给出内容，设计身体语言。选择形象性较强、难度较小的内容让学生进行设计、尝试。第二，过渡阶段主要是模仿、评析任课教师的不同态势。这样的训练能够让学生主动参与身体语言训练，进一步分清优良和不良的身体语言。第三，实践阶段是让学生设计并运用身体语言。让学生自己当老师，模拟课堂教学，进行身体语言的运用训练，能够克服教师身体语言运用中的随意性，增强了补充、强化口语信息的规范性、科学性。第四，提高阶段主要是让学生观看优秀教师的教学录像，进行教师身体语言赏析，从而提高学生的教师身体语言运用质量[2]。其中，入门阶段的方法运用，与石红提出的训练方略有相似之处。

　　林化君认为身体语言具有独特的性质与功能，因此也有其相应的模式，

---

[1] 石红.谈如何训练高师学生的态势语[J].贵州师范大学学报：自然科学版，1998（2）：99-103.
[2] 刘春芳，苏高岩.师范学生体态语训练初探[J].泰安教育学院学报岱宗学刊，2002（2）：82-83.

这些模式主要有系统教学、学科渗透、专题研究、经验交流等。系统教学模式，一般是指专门设置课程，通过系统的教学与训练，大面积、大幅度地提高学生能力及素质的教学模式，但是在身体语言的教学中具有特殊性，很少独立设置课程，多是在语文课中增加身体语言教学内容或结合礼仪课、形体课、交际课等进行系统的训练。学科渗透模式是指教师结合所教学科进行身体语言教学的一种模式，这一模式不仅要求各科教师能够为学生学习运用身体语言作出示范，而且要求教师将身体语言教学融于学科教学过程中。专题研究模式是指教师根据学生的学习需要，采用专题形式进行教学的一种模式，其形式既可以是教师就某个问题为学生作专题报告，也可以邀请一些有经验的专家学者为学生举办讲座，还可以研究课、活动课的形式组织学生自行研讨。经验交流模式是指教师组织指导学生就学习运用身体语言的经验与体会进行交流和讨论，从而提高其身体语言能力的教学模式。其常用形式有经验交流、座谈讨论等。他同时提出了身体语言训练的几种策略：一是要把身体语言教学与口语的教学相结合，使身体语言训练与口语训练相辅相成、相得益彰。二是身体语言教学要与言语实践相结合。要注重训练形式的多样性，训练情境的生活化，训练手段的现代化，而训练使用的材料内容也应尽可能接近现实，以使学生觉得训练有趣、有用、有效，从而使他们能够通过大量的、自觉的、各种形式的交际实践，形成体态语言语感，并熟练掌握身体语言语汇及应用技能。三是身体语言教学应与培养学生良好的行为习惯相结合，使学生在学习身体语言的同时养成良好的行为习惯。四是身体语言的教学要与文化素质教育相结合。使学生充分感受、体验、理解民族文化的丰厚内涵，从中汲取民族文化的智慧，并学会理解尊重多元文化，从而能够认识体态语言及所表达意义约定俗成的特性，进而了解体态语言运用的规则、习惯及禁忌等，只有这样，才有可能正确理解和运用身体语言[1]。

二、教师身体语言训练的可行性方案

人们在教学实践中总结出一些教师身体语言训练的可行性方案，比较典型的和有启发意义的有以下几种方案。

第一，王丽娜的三步训练方案。王丽娜（1996）将身体语言的生成过程表述为"刺激—感觉（泛指感知、感受、体验等）—反应"，感觉起着中介作

---

[1] 林化君.论体态语言教学的模式与策略[J].中国职业技术教育，2002（15）：43-44.

用，因此，身体语言训练的关键是找准感觉。身体语言训练首先要克服学生面对公众时感到紧张的心理障碍，引导学生将注意力集中于任务，将精力投入完成任务中，经过不断训练、巩固和深化，成为自然化的动作。其次，在此基础上，循序渐进地安排一系列当众感知、想象和表现的训练，这些训练始终通过创作实验来进行。在每一课中都出一些题目，引导学生想象具体的情境，真切的感受，自然的反应—生成身体语言，教师只是示范启发，进行引导，加以鼓励。最后，当学生逐步掌握了当众感知等心理技巧时，进入再现规定情境、朗读文学作品的训练。学生们就能全身投入，在阅读理解的基础上，将自己融进作品情境中去，随着情节的进展，不断进行角色的转换，体验各个性格在特定情境中的心理，抓住情感的变化，找准感觉，自然地通过语调语气和身体语言等整体地表现出来。王丽娜身体语言的训练方法是，引导学生创造，实现了教师主导作用同学生主体作用的良好结合。由此具有如下一些优点：首先是生动活泼，其次是激发了学生学习的主动性和创造性，最后是在智育中渗透着美育、德育等内容，达到培养学生的心理素质、发展个性、塑造健全美好人格的目标。在持续多年的教学实践中，诸如中师、高师、文科和理科学生，以及在职教师甚至家长等训练对象，都获得了成功。用好身体语言是每一个正常人都可具有的能力，并不需要特殊的天赋。在训练中，没有不好的学生，只有不好的教师。每个人都有良好的潜质，问题是怎样将它们引发出来，这就是教育的任务、教师的职责。以学生为主体，启导开发学生的潜能，培养整体素质和健全人格，在这一现代教育之要旨上，王丽娜的身体语言训练为我们提供了有益的启示[1]。

第二，黑龙江农垦师专的"师范生教师行为分解训练"方案。黑龙江农垦师专由傅道春教授牵头，从1988年到1996年一直进行师范生身体语言训练的研究，形成了一套包括训练内容、训练方法、训练工具在内的旨在培养师范生教师职业技术能力的新的培训方案。这项研究和实践把教师身体语言包含在三个模块中，即教学基础行为训练、教学技术行为训练、教师组织行为训练。在教学基础行为训练中更加重视教师身体语言训练，把教师身体语言和口头言语、书面言语及课程言语放在一起，组成教学基础行为训练内容。教学技术行为训练包括教学设计、导入等九项。教学组织行为训练包括人格适应、环境适应和师生关系三项，训练手段采用心理测量、数理统计、音像记录、计算机分析等。训练过程有测量过程、分析过程、指导过程、训练过程和评价过程五个

---

[1]贺建成.教学：启导与开发[J].教育科学，1996（3）：39-40.

过程。测量过程是指对学生的基本素质和训练结果进行测量和记录，内容包括对入学成绩、成长经历、智力、个性、态度、能力倾向、兴趣、字迹、语言、基本行为等方面进行调查、测量和记录。分析过程是指对学生基本素质和训练情况的分析。先把学生分为三种类型：优秀教师型（整体适应）、合格教师型（素质初具）、矫正过关型（行为缺乏）。然后按不同科目、不同类型组成小组，制订科目训练计划与标准。指导过程指对学生的行为动作要领的指导。包括理论讲授、行为示范（教师示范和观看录像）等，使学生知道学什么、练什么和怎样练。训练过程指对学生进行有组织、有指导、有针对性的教师行为研习与训练。训练过程分为三个阶段：基础行为训练、技术行为与组织行为训练、整体行为组合训练。训练方式有个体自行对照研习训练、小组交互训练、教师指导训练。训练方法有案例分析法、个别训练法、角色扮演训练法。评价过程指对训练效果的评价，有科目评价和总体评价之分。总体而言，这一分解训练方案是有目的、有计划、有系统地进行的，而且是针对个人不同情况进行的，所以取得了较为明显的训练效果[1]。

第三，陈璐的立体训练方案。陈璐在十余年的教师职业身体语言训练教学实践中，尝试对"高师生"的教师职业身体语言进行了立体式训练，并取得了较好的效果。这种立体式训练包括以下几个方面：一是理性的意识培育与感性的身体语言实践一体化训练。通过分析不同教师身体语言的特点、含义、作用等，提高学生的理性认识，使学生在实践训练中自觉主动地运用这种意识来暗示和开启自己，从而实现相关技能的提高。二是无声身体语言与有声口语的同步训练，一方面将教师职业身体语言分解为立势、走势、眼神和面部表情，对它们分别进行训练，让学生在训练中体会和把握各种不同的身体语言；另一方面，又将分解的身体语言纳入一个个规定的教学口语语境中，让学生进行同步训练。三是客观情境设置与主观创造力发挥的结合式训练。为每一种身体语言设置一定的教学情境，让学生在同样大的情境中对自我教学形象和身体语言进行设计尝试。四是对自我的外观与内省互为参照式训练。让学生站在自我的对面，对自己的所作所为进行由外形观到对自我内在心、性、情、思的深刻反思，最终实现自我完善和自我提高，这种训练主要借助微格教学进行，即先把学生的训练过程拍摄下来，然后放给学生看，随着教师的具体分析、点评和指导，对自我进行客观观察、分析、评判和总结，然后有

---

[1] 傅道春，齐晓东，施长君，等.师范生教师行为分解训练的设计与实践[J].黑龙江农垦师专学报，1997（1）：6-9.

针对性地进行自我修正[1]。

三、体育教师身体语言的训练方法

（一）训练阶段

在对教师身体语言的训练研究中，笔者较为认同刘春芳、苏高岩提出师范生教师身体语言训练的四个阶段，包括入门、过渡、实践和提高阶段。体育教师同样可以运用这四个阶段进行身体语言训练。体育教师作为运用"身体"来进行课程教学的教师，在入门阶段就要求体育教师全方位、多角度感知身体语言，充分认识什么是身体语言，认识到身体语言的重要性，随后学习捕捉身体语言中的信息，观察体育教师课堂实录，看完之后进行讨论和分析，如让自己印象最深刻、最鲜明的是哪些，为什么？从头势语、手势语、目光语、面部表情语等身体语言的运用上，哪些还需要改进，怎么改进？在过渡阶段要求体育教师模仿、评价其他体育教师的身体语言，从而进一步分清哪些是运用得当、哪些是不当的身体语言。在实践阶段，要求体育教师结合相应的内容，设计并运用身体语言。可以在镜子前进行练习，以便自我检查、反省、剖析，还可以模拟课堂教学，进行身体语言的运用训练。在提高阶段，掌握一般身体语言表达和阅读技巧后，可以观看优秀教师的教学录像，进行教师身体语言研究，从而进一步提高身体语言表达与预读能力。

（二）训练方法

1. 微格训练

微格训练也称微格教学，它是一个可控制的实践系统，利用这个系统可使体育教师集中解决某一特定的教学行为，或在一定条件下进行学习。它是建立在教育理论、视听理论和技术的基础上，系统训练教师教学技能的一种

---

[1]陈璐.高师教师职业态势语立体训练法初探[J].常州技术师范学院学报，1999（1）：51-54.

教学方法。其实施包括理论研究和组织、技能分析和示范、微格教案设计、微格实习记录、小组观摩评议、再循环总结6个基本步骤。因为身体语言是可观察、可分解、可训练的教学行为，所以可以采用分解—整合的方法进行训练。根据上文中对体育教师身体语言的分类，首先将身体语言分解为小的部分（如目光语、面部表情语、手势语等），采用微格训练方法来训练局部身体语言，每次训练一个局部的身体语言，当学习者局部的身体语言已经掌握后，再进行整体形象训练，达到整体的效果。最后，体育教师再从有意识训练，到工作中自如地运用身体语言。

2. 模仿训练和实战训练

除微格训练方法外，还可以采用模仿训练和实战训练。模仿训练是通过模仿优秀体育教师的身体语言来进行训练，包括要学习优秀教师的什么、练什么和怎样练。模仿训练时不会达到与优秀教师一模一样，因为每个人都有其特点，每个人在教学过程中所使用的身体语言也各不相同（如动作幅度、音量高低）。实战训练是指在真实场景中进行身体语言的表达与阅读能力的训练。在进行实战训练时，可以将自己教学的过程录制下来，下课后进行录像回放，观察自身还有哪些身体语言运用不当，以进行改进、完善。技能只有依靠实践才能获得，不经过反复大量的实践，就不可能有熟练的技能。

训练时，要注意克服恐惧、羞涩、自以为是等问题，要大胆创新，发挥自身特点，形成自身的身体语言。在进行训练时，要尽量做到身体语言的教学与口语的教学相结合，与培养良好行为习惯相结合。另外，为取得良好的训练效果，最好以小班形式进行教学。

（三）技能训练

训练一：请列举你的教师或同事上课时的一些不当的身体语言，并提出改进措施。

训练二：请你回忆并分别介绍自己最喜欢和最讨厌的两位教师或同事上课的特点，并模仿其身体语言。

训练三：场景分析。

体育课上，老师在讲授篮球单手肩上投篮的动作细节，同学们听得很认真，忽然老师发现有两位学生没有听讲，在队列中小声交谈。老师很生气，停下讲授，并用手指着那两位学生，怒骂："你俩给我出列，在队列前面接着说！"边说边走到学生身边，踹了每人一脚。这时，两位学生停止了交谈，脸上充满了惊恐又不知所措的表情，其他同学大气都不敢出，怔怔地站在原地。请你分析并评论这位教师对身体语言的使用存在哪些问题？假如是你，你会怎么处理？

训练四：每天对着镜子进行身体语言的练习，对课程进行身体语言设计。

训练五：邀请同事去观摩自己的课程，让同事在课后对自身的表现进行评述，自身加以改进和完善。

第二节　体育教师身体语言的运用研究

一、体育教师身体语言的运用原则

体育教师身体语言的运用原则是体育教师在运用身体语言时的基本要求。在工作实践过程中，人们根据自己的经验总结出了一系列的身体语言运用原则，在有关研究身体语言的文献中，对体育教师身体语言运用原则的探讨所占比例较小，而且不同时期研究者根据所探讨的内容和具体情况提出了不同的原则，但总体而言，它们在表述方式上可能有所不同，但实际内涵大体是一致的。

陈文杰、平鹏刚认为，体育教师在课堂教学过程中要发挥身体语言的正向功能和作用，就必须遵循一些基本原则，善意尊重原则、师生共意原则、协调一致原则、程度控制原则、最优搭配原则和自我意识原则。同时，要求教师时刻注意自己的一言一行，真诚对待学生，师生之间通过良好的沟通交流，共同完成教学任务[1]。王念辉认为体育教学中身体语言的运用原则包括准确性原则、适宜性原则、直观性原则、稳定性原则、灵活性原则和美感性原则[2]。

---

[1] 陈文杰，平鹏刚. 论体育教学中的非语言手段及其运用[J]. 北京体育大学学报，2001，24（4）：537-539.

[2] 王念辉. 体育教师的体态语言[J]. 体育科研，2001，22（4）：31-33.

向群从营造活跃的教学氛围，激发学生动机和兴趣出发，认为体育教学中身体语言的运用要遵循启发性原则、准确原则、共意性原则和和谐性原则[1]。项炳砖认为，身体语言是提高体育教学效果的重要手段，在体育教学和训练中准确合理地运用身体语言既是教学技巧，也是教学艺术。在体操教学中运用身体语言要遵循自我角色意识原则、因材施教原则、相互尊重原则和实践选择性原则[2]。陈淑奇、王冬冬认为，体育教学中身体语言的运用要充分发挥体育教学学科的特点，把握好目标指向性原则、准确规范性原则、整体协调性原则和人文关怀原则[3]。杜林根据健美操教学中出现的问题，认为健美操体育教学中身体语言的运用要自然、灵活、准确、规范，要加强身体语言与有声语言的有机配合[4]。

由于体育教学的特殊性，体育教师会常常运用身体语言来传授体育技能，指导体育教学。体育教学蕴含着身教的内容，体育教师是身体教育的直接贯彻者。相对于其他科目的教学，体育教师使用身体语言的频率更高，对学生的影响更大。因此，在体育教学中应更加重视身体语言的运用，掌握身体语言的运用原则。

为了进一步提高体育教学质量，在前人研究的基础上，以及根据体育教师身体语言的特点，我们在此对体育教学中身体语言的运用原则进行分析。

第一，共意性原则。由于体育教师的身体语言具有表意性、真实性和规定性的特点，因此，在运用身体语言时要遵循共意性原则。身体语言一般表达的是师生公认的习惯和适合学生认知程度的信息，其信息传递不存在语言障碍问题，应只通过对身体语言外在层面的直观感知与判断，即可推知其基本的心理状态、精神状态。师生处于同一氛围环境中，经过一段时间的磨合，便会达到不用言传便可意会的境界。同时，教师运用身体语言传递情感和信息时，要以尊重学生、关爱学生、信任学生为前提，使学生产生安全感、信任感，那样学生才能配合好教师对身体语言的运用。

第二，准确规范原则。由于体育教师的身体语言具有示范性、传播性和互

---

[1] 向群.体育教学中体态语的研究——以高校健美操教学为例[D].长沙：湖南师范大学，2006.
[2] 项炳砖.健美操教学中非语言交流的调查与分析[D].武汉：武汉体育学院，2008.
[3] 陈淑奇，千冬冬.体育教学体态语言的内涵及其运用研究[J].教学与管理：理论版，2011（10）：123-125.
[4] 杜林.健美操教学体态语的研究[D].苏州：苏州大学，2019.

感性的特点，因此，在运用身体语言时要遵循准确规范原则。体育教学中，教师的动作示范本身就是一种身体语言，动作示范是体育教学中最常见的一种直观教学方法，通过教师生动、准确的动作示范，帮助学生建立起所学动作的表象，这样才能达到示范的效果。教师健美的身体、准确规范的动作示范，会让学生受到感染，感受到动作的美感和体育的动感，从而激发学生仿效，对体育产生向往和追求。

第三，灵活选择原则。身体语言动作种类繁多、丰富多样，每个身体语言所表达的含义又有所不同。因此，身体语言的运用要根据不同情境和学生的差异来进行选择。例如，当课堂处于积极氛围时，教师可以竖起大拇指对学生进行表扬，而当学生所展示的动作不规范，因多次失误而感到沮丧时，教师可以轻拍学生后背表达对学生的安慰，学生也会受到教师身体动作的影响，感受到教师所表达的情感。同时，对不同个性、不同性别、不同年龄、不同学情的学生做到区别对待，因材施教才能收到实效。教师在教学中可以有选择性地多运用积极的身体语言，优化课堂教学，并根据学生的生理、心理特点、身体素质、运动兴趣等做到有的放矢，以便充分体现学生的主体地位，提高学生的学习兴趣。

二、体育教师身体语言的运用误区及解决策略

一些体育教师不能合理运用身体语言的部分原因是对身体语言的运用存在一定的误区，表现在认识和实践方面的误区，而出现运用误区的原因在于体育教师的自身素养、个性、教学环境。

（一）体育教师身体语言运用误区的表现

1. 认识方面的误区

一是轻视体育教师身体语言的运用效果。一些体育教师认为合理运用身体语言不会对学生起到积极影响，消极的身体语言也并不会对学生造成消极的影响，并且在教学期间并没有思考自身身体语言的运用是否合理，平时不会刻意去关注身体语言这方面的知识，认为身体语言只是出现在部分场合。

二是夸大体育教师身体语言的运用效果。一些专家学者对于身体语言研究结论的权威性在相当大的程度上影响了人们对体育教师身体语言作用的看法，

使人们认为身体语言的效果的确比想象的要明显。这也导致一些体育教师过度地看待身体语言所起到的作用，如过度重视自身的穿着、发型。

2. 实践方面的误区

运用身体语言时可能会表现出"五气"：怪里怪气，如鼻子上翘、脸部肌肉乱动；流里流气，如吹口哨、不停地甩动头发；土里土气，如不时地提裤子、手乱抓乱搔；洋里洋气，如边耸肩边摊手、扭动腰部；小里小气，用脚搓东西等[1]。章再书也曾总结了运用不当的四种表现：陋，丑陋、粗俗、不优美、不高雅；僵，麻木、呆板、不生动、不灵活；乱，混乱、不得体、不协调；滥，频繁、过度、不简洁、不自然[2]。周鹏生认为在实践上除了"乱""滥"外，还有程式化和淡漠化等表现。其中"乱"的表现，如教师目光漫无目标，眼珠乱转；或者手忙脚乱、顾此失彼，又如教师手势内涵模糊，时机、方向、力度不准，显得滑稽。"滥"的表现，如教师上课时手舞足蹈，或者面部表情过于夸张、矫揉造作。"程式化"主要指把优秀教师的行为作为"模版"，或是严格按照一定的操作规程运用，没有按照自己的特点进行加工。"淡漠化"主要指教师体态动作、语调、口头禅成为一种行为习惯，习惯产生的惰性使大多数教师对改变身体语言有漠视的倾向[3]。

（二）体育教师身体语言运用出现误区的原因

1. 体育教师素养方面

一是职业道德素养。职业道德素养是体育专业教师最重要的素养。教师的职业道德简称"师德"，就是在从事相关教育活动时必须遵循的道德规范和行为准则。体育教师的职业道德素质能促进学生的身心健康发展，帮助学生树立正确的道德价值观[4]。体育教师身体语言的运用体现着他对学生的态度，一个热爱学生的教师，无时无刻都在流露出对学生的关爱，同时职业道德素养较高的体育教师会积极学习新知识，如身体语言、教师专业发展的相

---

[1] 郭政，王志刚. 演讲与幽默 [M]. 兰州：甘肃人民出版社：1988.
[2] 章再书，刘平. 教师，请别忽视体态语言 [J]. 石油教育，1998（11）：17-18
[3] 周鹏生. 教师非言语行为研究简论 [M]. 北京：民族出版社，2006.
[4] 殷和江. 高校体育专业教师职业素养研究 [J]. 黑龙江科学，2020，11（9）：112-113.

关内容，上好每一节体育课。而职业道德素养低的体育教师较易产生职业倦怠，对教育教学工作缺乏耐心，随意运用身体语言的现象较为常见。

二是专业素养。具有专业的理论知识是做好一个体育专业教师的基本前提，体育基础知识和专业技能是体育教师专业素养的集中体现。要想具备专业素养，体育教师就要学习科学文化知识、教育学知识、心理知识等，系统掌握体育专业理论。体育教师的身体语言技能从属于教学技能，学习教育学、心理学等知识，有利于体育教师对身体语言特点、作用的了解。专业素养不足的体育教师，缺乏对相关知识和文化的了解，不懂得教师应运用哪些积极身体语言，避免哪些消极身体语言。

2. 体育教师个性方面

体育教师身体语言和他的个性密切相关。"胆汁质"的体育教师语速较快，伴随的手势也快，且幅度大，而"抑郁质"的体育教师话语速度及手势速度较慢，幅度小。如性格较为温柔的体育教师，在教学过程中的身体语言也相对较为优雅，而性格偏外向的体育教师，在体育教学中一般不拘小节，经常运用身体语言与学生进行互动。但是，一些教师经常意识不到身体语言的存在或不恰当运用，会形成无意识的习惯，而这种习惯的养成却不利于身体语言的改善及合理运用。

3. 教学环境方面

教学环境对体育教师身体语言的影响也是较大的。同处一个学校的教师，因为长期相互听课、研讨、借鉴学习，因此他们的某些行为具有一定程度的相似性。若一个学校中有几名教学经验丰富，具有较高职业道德素养，能够合理运用身体语言的体育教师，那么这个学校的体育教师就不会出现许多错误运用身体语言的情况了。同样，当学校重视身体语言的规范化时，体育教师就会认识到身体语言的重要性而去有意改变和深入学习。

（三）体育教师身体语言运用出现误区的解决策略

1. 辩证看待体育教师身体语言的运用

体育教师对身体语言的认识和做法具有片面性，因此在运用身体语言时，需要体育教师辩证看待身体语言，既不低估又不过分夸大身体语言在体育教学中所发挥的作用。一些体育教师忽视身体语言对学生心理发展和情绪体验的影响，因此不重视身体语言的合理运用，同时，辩证地看待身体语言需要体育教师转变教育理念，提高教育素质。学生具有主观能动性，是学习的主体，要关注身体语言对学生的影响。

2. 不断提高自身素养

合理运用身体语言需要体育教师不断提高自身的职业道德素养和专业素养，只有一个真正热爱教育事业、关爱学生的体育教师，才能将全部心血注入工作中，才能上好每一节体育课，重视身体语言在体育教学中所起的作用。同样专业素养的养成和提高，需要体育教师不断学习社会学、人类学、教育学、心理学等专业的前沿知识和文化，不同专业知识、文化的学习对于深入了解和运用身体语言具有重要的意义。

3. 采取实际可行的身体语言训练模式

人们把体育教师身体语言在课堂上的运用归结为一种教学技能的运用。教学技能的提高可以通过一定的训练来实现，我国一些学者提出了操作要领和切实可行的方案。如有学者提出可以通过微格教学来进行。微格教学的一般程序为：确定联系目标、学习理论、见习范例、教学实践、教学反馈、重新教学、评价。并且有学者提出三种训练方略、四步训练法和六种操作要领，这些研究为身体语言的训练提供了指导。同时，体育教师身体语言的训练离不开学校的支持，以及优秀体育教师的指点和带领。

三、体育教师身体语言的运用要求及注意事项

（一）头势语

头势语是指头部的运动动作所蕴涵的信息，在教学过程中，体育教师可采用恰当的头势语来给予学生信息反馈和情感表达。

作为一名体育教师，要善于使用头势语来向学生传递信息和表达情感，同时也要了解不同头势语对学生心理和情绪产生的影响，因此体育教师在课堂中

运用头势语应把握以下几点要求。

第一，体育教师可以采用恰当的头势语来给予学生信息反馈。在体育课上，学生展示动作或练习动作时，体育教师的点头既不会打搅到学生，又能够表达出自己对学生动作的反馈，给学生以表扬和鼓励，当体育老师对学生所做动作感到不满意时，也可以适当地运用摇头等动作，提示学生改正动作模式，委婉地表达自己的意思。

第二，体育教师要注意学生的心理感受。虽然点头表示肯定，但是体育教师在倾听学生谈话和观看学生做动作时，点头也不宜过于频繁。用摇头表示否定的时候，需要配合微笑放松的表情，让学生感觉到体育教师虽然对这个动作或回答不满意，但是对学生本人是肯定的、接纳的、尊重的。

1. 点头

释义：如图6-1所示，点头指将头部上下俯仰，表示赞成、肯定等意义，通常代表"同意、满意"的意思。

应用要求：体育教师在学生展示、练习动作时，点头应缓慢，表示对学生的动作练习的肯定。教师在教学过程中可以多采用"点头"的动作对学生表示赞同、赞许。

注意事项：体育教师不要连续快速地多次点头。

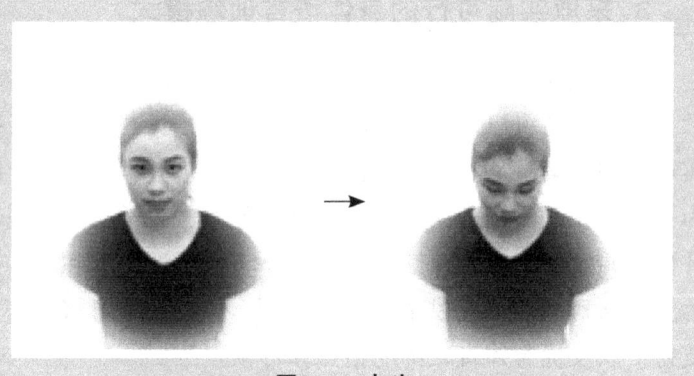

图6-1 点头

2. 摇头

释义：如图6-2所示，摇头表示否定、拒绝等意义，通常表达"不正确、制止"的意思。

应用要求：体育教师应尽量减少"摇头"动作的使用。

注意事项：体育教师在教学过程中要减少对男学生做"摇头"的动作。

图6-2 摇头

3. 歪头

释义：如图6-3所示，歪头指把头部向一侧倾斜，是一种顺从的表示。

应用要求：体育教师过多做"歪头"的动作会降低其威严，所以要尽量减少做"歪头"的动作。

注意事项：体育教师要尽量避免做"歪头"的动作，以免对学生产生消极影响。

图6-3 歪头

4. 昂头

释义：如图6-4所示，当人们对谈话内容持中立态度时，往往会做出抬头的动作，把头部高高昂起，同时下巴向外突出，显示出强势、无畏或者傲慢的态度。

应用要求：体育教师过多做"昂头"的动作会显得过于高傲自大，所以要尽量减少做"昂头"的动作。

注意事项：体育教师不应过多采用"昂头"的动作，避免使学生产生逆反心理。

图6-4 昂头

5. 低头

释义：如图6-5所示，压低下巴将头垂下的动作，有屈服之意。

应用要求：体育教师过多无意义的"低头"动作，不利于展现其积极向上的状态，应尽量减少做不必要的"低头"动作。

注意事项：体育教师要避免做无意义的"低头"动作，以避免给学生留下消极印象。

图6-5 低头

综上所述，体育教师在教学过程中，可以做"点头"动作，但是频率不要过快，非必要不做"摇头"动作，尤其在面对男学生时。同时，体育教师应尽量不做"歪头、昂头和低头"动作，以免给学生带来消极的情绪体验。

（二）手势语

手势语指人体双手所传递的信息，是运用手掌、手指、双手的动作变化来表达思想感情传递信息的一种语言，不少手势语已经成为体育教学中某种意义的固定符号。

手势语具有丰富的表现力，在体育教学中如果能够依据教学情境适时适度地使用手势语，将有利于师生之间的情感交流，传递教学信息，取得好的教学效果。因此，体育教师在课堂中运用手势语应把握以下几点要求：

第一，体育教师手势语的运用要具有确切的目的性。手势语一般配合授课内容使用，体育教师要明确使用手势语的目的，用手势将自己的本意表达出来，起到补充或替代有声语言的作用。因此，体育教师在课堂上使用的手势语要简练、适当，不能过于繁杂，否则既不利于内容的表达，又容易使学生感到混淆，分散学生的注意力。体育教师要把握手势语运用的时机和场合，明确每个手势语所表达的含义，从而根据需要灵活运用，实现手势语的作用。

第二，体育教师手势语的运用要具有精确性。不同的手势语有着不同的含义，如体育教师握拳时，若向上举起，则有"加油、必胜"的含义，若朝下放置，则代表"愤怒、生气"的意思，除此之外，手势语的使用频率、摆动的幅度和频次也代表着不同的意义，因此体育教师在课堂上运用手势语必须准确得体，精确运用，从而实现体育教师表情达意的良好效果。

第三，体育教师手势语的运用要具有美感。准确、大方的手势语能够给学生带来良好的视觉效果和积极的心理感觉，甚至是体会到动作的优美感。体育教师在教学过程中使用的手势语不能像在生活中使用手势语一样随意，由于受众者是学生，因此在使用手势语时要自然得体，落落大方，让学生感受到手势语的美感，避免夸张和拘束的手势语，更要舍弃不文明的手势语。与此同时，体育教师也要注意手势语所表达的信息要与口头语言相协调，保持信息传递和情感表达的一致性。

1. 竖拇指

释义：如图6-6所示，竖拇指指将大拇指竖起，常用于表示"赞颂、敬佩"之意，用于肯定与赞扬对方。当学生做出了一个很难的动作时，教师则会做"竖拇指"动作，表达自己对学生的赞扬。

应用要求：体育教师在"竖拇指"表扬学生时，可以配合眼神交流，从而给学生带来积极的情绪体验，并且更好地起到表情达意的效果。

图6-6 竖拇指

注意事项：男生和女生都愿意接受"竖拇指"的动作。

2. 鼓掌

释义：如图6-7所示，鼓掌起到鼓励学生的作用。在体育游戏或比赛中为参赛同学加油的掌声是最常见的；在学生感到沮丧、没有拼劲时，鼓掌可以鼓舞他们的精神；在学生处在奋力拼搏的时段，鼓掌更能增加其自信心，发挥出更高的水平。

图6-7 鼓掌

应用要求：体育教师的"鼓掌"会对学生产生激励作用，应经常使用"鼓掌"的手势语。

注意事项：无论是课堂积极氛围或消极氛围，体育教师在"鼓掌"时要搭配恰当的表情。

3. 指人

释义：如图6-8所示，指人指用食指指向学生或指点学生，大多表示斥责、命令的意思。如在课堂上，两个学生打闹扰乱课堂纪律时，教师就很容易做出"指人"的动作，但这是非常不尊重学生的一种表现。

应用要求：体育教师不应采用"指人"这一动作，尤其是在面对男学生和高中生时。

注意事项："指人"会使学生产生消极影响，在教学中应尽量避免手指人动作的出现。

图6-8 指人

4. 摊手

释义：如图6-9所示，摊手指两手手心向上同时向前伸出来，表示无奈、迫不得已。如果体育教师在课堂上经常做出这种动作，会使学生感到反感而且没有安全感，不利于教学工作的开展。

应用要求：大多数学生对体育教师的"摊手"动作持厌恶态度，因此在教学中应避免"摊手"动作的出现。

注意事项："摊手"属于消极的手势语，体育教师应避免使用。

图6-9 摊手

5. 握拳

释义：如图6-10所示，握拳指将除大拇指外的四指蜷起，而大拇指放在食指和中指的保护之外，将大拇指的第一节置于食指的第二节上。握拳的姿势经常代表决心、愤怒，甚至是一种敌意。教师的握拳一般是生气时（两手握拳下垂）或者为学生加油时（两手握拳举起）使用，不同的动作形式也反映着教师不同的心境。

应用要求：体育教师在教学过程中应采用两手握拳朝上举起的"握拳"，不应采用两手握拳下垂的"握拳"。

注意事项：做两手握拳举起的动作时，动作幅度应适当且有力度，表示对学生的激励，同时可结合口头语言与眼神来增强教师表达的意图。

图6-10 握拳

综上所述，体育教师在教学过程中，可以做"竖拇指""鼓掌""握拳（向上）"动作，不应做"指人""摊手"动作，尤其是在面对男学生和高中学生时。

（三）手臂语

手臂语是指体育教师在教学过程中通过上肢手臂的动作变化来完成信息传递的一种身体语言形式，是一种比较常见多变的身体语言。

教师可以通过课堂中手臂动作的变化来实现加强语意、突出重点等教学意义。由于手臂语大多都是消极身体语言，所以在教学中运用手臂语应把握这一要求：体育教师要学会控制手臂语，避免消极手臂语的出现。大方、自然的手臂语在课堂上可以给学生留下良好的印象，在教学过程中体育教师的手臂语不能扭扭捏捏、装摸作样。体育教师要避免消极手臂语的运用，以免给学生带来消极的情绪体验。

1. 双臂胸前交叉

释义：如图6-11所示，双臂胸前交叉指将双臂交叉放在胸前。使用此种手势语的原因有以下几种，第一是感觉冷了，寻求保护；第二是内心情绪很复杂；第三是感觉事不关己。

应用要求：学生对体育教师的"双臂胸前交叉"动作持愉悦态度的占比较小，大多认为无影响，但是在课堂上应尽量减少此动作的运用。

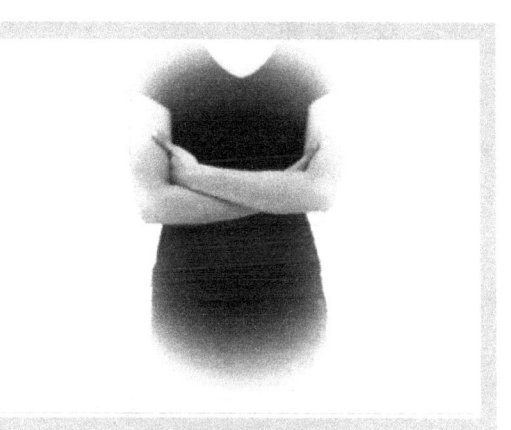

图6-11 双臂胸前交叉

注意事项：体育教师要避免此动作的运用。体育教师应尤其注意，不要在男性学生和高中学生面前做此类动作。

2. 双臂背后

释义：如图6-12所示，双臂背后指将双臂、双手背在身后，表示自信、权威，也有掩饰自己的紧张、缓解焦虑情绪的作用。

应用要求：学生对体育教师的"双臂背后"动作持愉悦态度的占比较小，大多认为无影响，因此在课堂上应尽量减少此动作的运用。

图6-12 双臂背后

注意事项：体育教师在课堂上应尽量减少此动作的运用。

3. 双手插兜

释义：如图6-13所示，双手插兜指将两只手插裤兜或衣兜里，显得随意、自由散漫。

应用要求：学生对体育教师的"双手插兜"动作持愉悦态度的占比较小，大多认为无影响，但是在课堂上应尽量减少此动作的运用。

注意事项：体育教师应避免在课堂中和训练中出现该动作。体育教师应尤其注意，不要在男性学生和高中学生面前做此类动作。

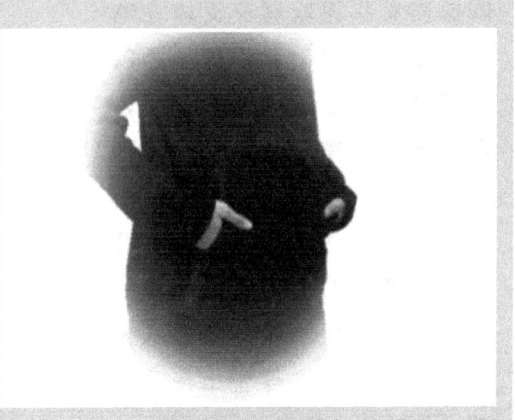

图6-13 双手插兜

4. 双手叉腰

释义：如图6-14所示，双手叉腰指将双手置于两侧腰间，双臂支起，肘部向外，是一种典型的主导意识的表现。

应用要求：体育教师不应在教学过程中采用"双手叉腰"的动作。

注意事项：体育教师应避免"双手叉腰"动作的出现。

图6-14 双手叉腰

5.耸肩

释义：如图6-15所示，耸肩指将两肩微微抬起，多和皱眉、摊手等动作一起出现，表示"无奈"的含义。

应用要求：体育教师过多无意义的"耸肩"动作，不利于展现其自信状态，应尽量减少做"耸肩"动作。

注意事项：体育教师要避免做无意义的"耸肩"动作，尤其不要与皱眉、摊手等动作一同出现，以免降低学生对体育教师的信任感。

图6-15 耸肩

综上所述，体育教师在教学、训练过程中，"双臂胸前交叉""双臂背后""双手插兜""双手叉腰""耸肩"的手臂语均应避免使用，以免给学生带来消极的情绪体验。其中体育教师应尤其注意，不要在男性学生和高中生面前做"双臂胸前交叉""双手插兜"动作。

（四）目光语

目光语是指运用眼部的动作和眼神来传递信息和情感的一种身体语言，在教学中，教师利用眼神的变化，可达到维持秩序、与学生情感交流的效果。

眼神互动、目光对视是心灵与心灵的交流，善于运用目光与学生交流情感、传达信息，是教师的一种素养。体育教师在课堂中运用目光语应把握以下几点要求：

第一，体育教师要巧用目光语。目光会说话，恰当的目光语能传递信息、传达感情，调控课堂氛围，达到"无声胜有声"的效果。在许多无法或不便使用有声语言的情况下，教师和学生可以通过目光进行暗示或提示，从而表情达意。体育教师在课堂中运用目光语与学生进行沟通交流时，眼神必须要真实、有感情。如学生在课堂中学习某个动作技能时，体育教师恰如其分地根据不同情况、不同学生给予不同的目光，让学生感到教师对自己的关注和鼓舞，从而激发学习的积极性，更加主动地去学习掌握动作技能。这样既有利于拉近师生距离，也有利于提高教学效果。

第二，体育教师要学会"阅读"学生的目光语，获得更多真实信息。学生的目光语也是千变万化的，是学生内心情感的真实流露。体育教师在组织课堂教学的过程中，除了要善于运用自己的目光语传达信息以外，同时也要善于阅读学生的目光语，以便及时、准确、全面地理解学生的情感表达。在课堂中体育教师要重点观察学生对学习产生的各种目光反应，如愉快的、不愉快的、困惑的甚至是烦躁的目光，并根据学生目光反馈的信息，及时调整教学节奏。因此，要想达到良好效果，需要体育教师在平时的课堂中养成随时观察学生目光的习惯，快速、准确地把握学生的反应，更好地进行沟通交流。

第三，体育教师在课堂中应避免出现消极目光。体育教师在课堂教学中，如果两眼生辉、炯炯有神，无疑会使学生精神振奋；反之，目光呆滞、茫然无光，会使学生积极性下降、好奇心减弱，影响师生之间的情感传递。因此，体育教师应该尽量避免消极目光的出现。一般而言，消极的目光主要有瞪视、斜视、盯视、漠视等。瞪视是瞪大眼睛，目光不转动。这种目光具有一定的威慑力，容易引起学生的紧张和恐慌。斜视会表现出教师对学生的轻视，使学生感受到轻蔑感，容易使学生更加胆怯，并失去自信心。因此，这些消极的目光要避免出现在课堂中。

1. 环视

释义：如图6-16所示，环视指目光在较大范围内作环状扫瞄。这种目光可及时观察到所有学生的动态，了解学生的反应，并且含有监督检查的意味。

应用要求：体育教师环视时，可从学生队列的左到右、右到左，前到后、后到前，依次进行视线扫瞄，以及时观察学生的动作完成情况。

注意事项：体育教师要全方位地视线扫瞄，但是要避免过快、过于频繁地"环视"学生。

图6-16 环视

2. 直视

释义：如图6-17所示，直视是指不眨眼睛、目光不转动地看，这种目光可以表达出教师在讲解示范过程中对课堂纪律的把控作用。

应用要求："直视"时要与体育教师的讲解密切结合。

注意事项：虽然能够良好地控制课堂氛围，但是要避免对学生长时间地"直视"。

图6-17 直视

3. 瞪眼

释义：如图6-18所示，瞪眼是指瞪大眼睛直视对方，这个动作通常运用于学生故意扰乱课堂秩序的情况。

应用要求：体育教师应尽量避免使用"瞪眼"的动作，其只适用于某一时刻管理课堂纪律使用。

注意事项：体育教师不应采用"瞪眼"的动作，尤其是体育教师在面对男性学生和高中生时更不应做此动作。

图6-18 瞪眼

4. 斜视

释义：如图6-19所示，斜视是指斜着眼看。这个动作一般伴随着紧皱的眉头，表示教师批判的态度。会使学生感到不被尊重，从而失去自信心、做事胆怯，进而影响教学效果。

应用要求：体育教师在教学过程中的任意时刻，都不应用"斜视"的目光看学生。

注意事项：体育教师不应采用"斜视"的动作。

图6-19 斜视

综上所述，体育教师在教学过程中，可以适当做"直视""环视"动作。体育教师在教学过程中不应做"瞪眼""斜视"动作，以免给学生带来消极的情绪体验。

（五）面部表情语

面部表情语是教师在教学过程中通过面部肌肉与器官的整体协调变化来完成信息传递的一种身体语言，是人体中较为丰富和生动的身体语言，教师可利用丰富的面部表情来传递教学信息，表达个人心理状态，增强教学感染力。

作为一名体育教师，一方面要准确、贴切地运用自己的面部表情，向学生表达自己的意图；另一方面要善于"察言观色"，通过学生的面部表情把握其心理和情绪状态。体育教师在课堂中运用面部表情语应把握以下几点要求：

第一，体育教师要有意识地运用面部表情。体育教师的面部表情平和自然，会让学生感到亲切，体育教师丰富的面部表情也会使学生更好地进入角色，融入课程中。面对学生时，体育教师的表情基调是微笑，好的面部表情应该具有亲切感、真实感、同步感、鲜明感、灵敏感、分寸感。

第二，体育教师要善于观察学生的面部表情。在体育课堂中，常常会有身体动作、技术动作的学练环节，有时学生比较腼腆，不会主动说出自己做不好的动作，但是会无意识地反映在面部表情中，因此，体育教师要学习有关面部表情的知识，训练自己识别学生面部表情的能力，掌握其所表达的含义，从而更好地理解和帮助学生。

第三，体育教师要避免消极面部表情的出现。在体育课堂的学习中，体育教师消极的面部表情会给学生带来消极的情绪影响。因此，体育教师要加强学习和自我控制能力，避免有意识或无意识消极面部表情的出现。此外，教师还要有意识地纠正不利于与学生交流的面部表情，以塑造具有感染力、亲和力的面部表情。

1. 微笑

释义：如图6-20所示，微笑是指通过嘴角和眼部肌肉微微上提而形成的笑容，是面部表情的基本形式，一般用来表达高兴和快乐的情绪。

应用要求：体育教师应把握"微笑"的运用时机，创造一种愉悦、融洽的轻松氛围。

注意事项：体育教师要根据实际情况选择微笑的运用时机。在课堂存在消极氛围时，学生对微笑动作具有消极的情绪体验，此时，教师最好不要使用"微笑"的动作。在课堂积极氛围下，教师可以使用"微笑"动作对学生进行鼓励，激发学生的学习积极性。

图6-20 微笑

2. 无表情

释义：如图6-21所示，无表情也是一种表情，表现出的是一种喜怒不形于色、单一的表情。

应用要求：体育教师的"无表情"具有一定的威慑作用，一般只适用于管理纪律，大多数情况下，应避免以"无表情"的状态面对学生。

注意事项：体育教师应避免在课堂上以"无表情"示人。

图6-21 无表情

3. 噘嘴

释义：如图6-22所示，噘嘴是指上下嘴唇相互挤压在一起，向外高高噘起，通常表示一种不满的情绪状态。

应用要求：体育教师不应做"噘嘴"的动作。

注意事项：体育教师应避免在课堂上做"噘嘴"的动作。

图6-22 噘嘴

综上所述，体育教师在教学过程中，可以以"微笑"作为主要动作。多数情况下不应以"噘嘴""无表情"的表情示以学生，以免给学生带来消极的情绪体验。

（六）体距语

体距语是指师生双方的相对位置和距离所产生的身体语言，包括教师的个人空间、身体指向及师生间的人际距离。不同情境下，与学生保持恰当的教学距离，可加强情感传递，提高教学效果。

体育教师与学生之间保持不同距离会令学生产生不同的情绪体验，传达不同的信息，正确掌控与学生之间的距离至关重要，因此，体育教师在课堂中运用体距语应把握以下几点要求：

第一，体育教师应熟练掌握身体距离的运用。在体育教学中不同的身体距离，传递的是不同的情绪情感。体育教师应熟练把握好与学生的距离。在集体教学中，采用最多的方式是保持1.25～4米的社交距离，意味着适度、尊重、公开、正式。

第二，体育教师要善于与学生保持适度距离。体育教师讲课的位置，常常因人而异，与学生的距离应该随教学内容、教学目标、学生特点不断调整和变化。体育教师站在学生正前方，与学生保持不同的空间距离，表达的信息也完全不同。当师生双方的距离很大时，体育课堂教学中更多地是教师单方面的讲解；当教师与学生之间的距离缩短时，师生双方就会更进一步地互相交流。教师越靠近学生，学生就会感到自己处于课堂活动中。因此，教师与学生的距离不宜过远。

1. 密切空间

释义：如图6-23所示，真正意义上的身体接触或者保持0~0.45米的间隔都可以称为密切空间，密切空间的近距状态多出现在情侣、亲人和伙伴之间。

应用要求：在学生进行一定难度的技术动作练习时，体育教师可以在此距离内保护学生。但是在体育教师进行集体教学活动时，此距离过于接近学生。

注意事项：体育教师在集体教学过程中，应避免与学生保持此距离，以免学生产生紧张情绪。

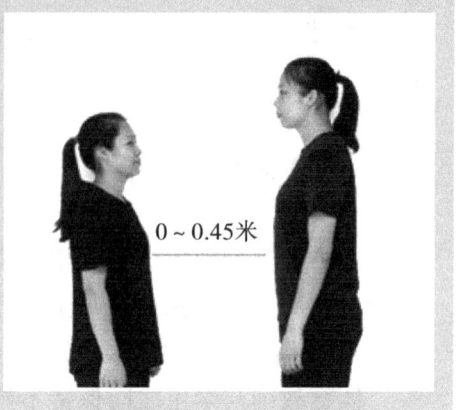

图6-23 密切空间

2. 人身空间

释义：如图6-24所示，人身空间的距离为0.45~1.25米，在此距离内，人们可以握手言欢，也可以促膝谈心，彼此详细审视面部的细微表情。

应用要求：在学生进行技术动作练习时，体育教师可以在此距离内对学生近身指导。但是当体育教师进行集体教学活动时，此距离过于接近学生。

注意事项：体育教师在进行集体教学活动时，应避免与学生保持此距离，以免部分学生无法看到讲解过程。

图6-24 人身空间

3. 社交空间

释义：如图6-25所示，在社交空间中也有近距离和远距离之分，社交近距离为1.25~2米，在社交近距离中，既不会给学生太大的压力，又能够较为清楚地看到学生的动作展示、练习情况以及面部表情，社交远距离为2~4米，这一距离给学生留了足够的个人空间，一般不会给学生带来压迫感。

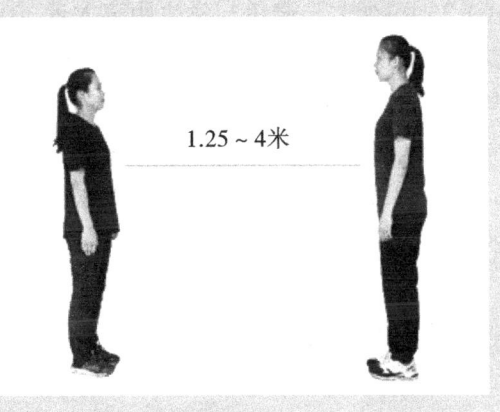

图6-25 社交空间

应用要求：体育教师在集体教学过程中，可以在此距离内进行技术动作展示，以便让全班学生清楚地看到讲解过程。

注意事项：体育教师与学生保持这一距离时，注意声音要洪亮、动作展示要清晰。

4. 公共空间

释义：如图6-26所示，公共空间的近距状态为4~8米，这是正式场合的交际距离，通常用于演讲、报告等场合。

应用要求：体育教师在进行集体教学时，此距离过远，无法保证学生能够清楚听到技术动作讲解内容。

注意事项：体育教师不应在此距离进行集体教学活动，以免学生看不清楚教学内容。

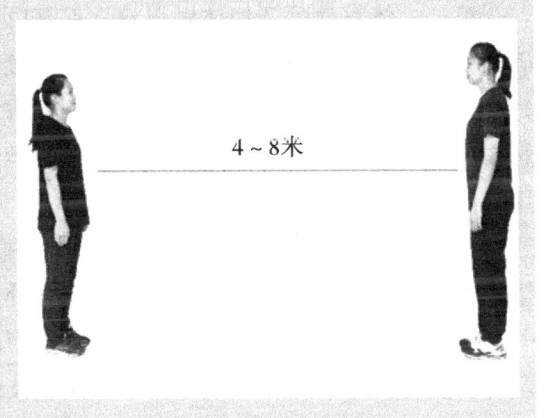

图6-26 公共空间

综上所述，体育教师在教学过程中，应尽可能与学生保持社交距离（1.25～4米），避免与学生距离太近（0～0.45米），以免引起学生反感。其中，在集合时，体育教师与学生保持社交距离的同时，可以采用吹口哨与集合口令并用的方式；在课堂示范时，体育教师与学生保持社交距离的同时，可以采用学生相对站为两排，在中间进行示范的方式；在课堂练习时，体育教师与学生保持社交距离的同时，可以采用直视的目光观察学生的练习情况。

（七）体触语

体触语是通过身体的接触传递情感和交流信息的身体语言，体育教师可根据学生的性别、年龄特征采取必要的身体接触，以加强情感传递、提高教学效果。

在教学过程中恰当运用身体接触能够促进师生间良好人际关系的建立，从而提高教学效果，因此，体育教师在课堂中运用体触语应把握以下几点要求：

第一，体育教师要把握好身体接触分寸。在日常的体育教学中恰当地运用身体的靠近与接触。一般情况下，人们不愿他人与自己保持较近的距离，甚至是触摸自己，因此，教师在教学过程中，要留给学生足够的个人空间，在与学生进行身体触碰时也要采取合理的方式。

第二，体育教师巧用体触语建立良好师生关系。体育教师要学会运用正确的方法与学生的身体接触，恰当的身体接触可以提高教育教学效果，融洽师生关系。对于儿童和少年来说，他们都有触摸的需要。触摸能带给孩子理解、信任和支持。因此，在日常的教育教学中，体育教师也要注意巧妙地运用身体接触调控课堂，吸引学生的注意力，从而提高教育教学效果。

第三，体育教师要恰当把握好身体触摸时机。体育教师与学生的身体接触必须要注意男女差异，运用地恰到好处，如拍肩、拍头、拍后背、拥抱等，要根据学生性别和年龄的不同采用恰当的接触方式。同时体育教师要注意对触摸时机的掌握，当学生在学习某项技能产生焦虑情绪时，在比赛中当受到不公正的判罚而委屈时，当取得优异的比赛成绩感到高兴时，都会需要触摸的动作。

1. 拍后背

释义：如图6-27所示，拍后背是除了提醒"放松一点"的安抚含义外，还可以暗含"轮到你了，你肯定行"的潜在激励。

应用要求：学生在完成某个动作前缺乏信心或感到紧张时，体育教师在教学过程中可以采用"拍后背"的方式鼓励学生，使学生放松下来。

注意事项：体育教师要选择在恰当的时机使用此动作，若毫无缘由地对学生拍后背，会使学生感到反感。

图6-27 拍后背

2. 击掌

释义：如图6-28所示，击掌是鼓励和祝贺对方的出色表现。教师与学生击掌代表对积极氛围的鼓励和赞扬。

应用要求：体育教师在教学过程中应对学生多采用"击掌"的动作。

注意事项："击掌"的同时，体育教师可以辅以微笑、开心的表情。

图6-28 击掌

3. 拍臀部

释义：如图6-29所示，拍臀部是一种十分亲密的触摸方式，借用身体的接触，把自己的某种情感传达给对方，教师拍同性学生的臀部，一般表示对学生的鼓励。

应用要求：体育教师在教学过程中不应对学生采用"拍臀部"的动作。

注意事项：体育教师尤其不应对女学生做"拍臀部"的动作。对不太熟悉的学生要谨慎使用该动作，以免引起学生反感，同时要注意性别差异。

图6-29　拍臀部

4. 拍肩膀

释义：如图6-30所示，拍肩膀是用手拍打对方肩膀，教师在传达较为深刻的道理或激励时，经常用到这一动作。

应用要求：体育教师应对学生多采用"拍肩膀"的动作。

注意事项：体育教师应注意拍肩膀时的力度和表情。

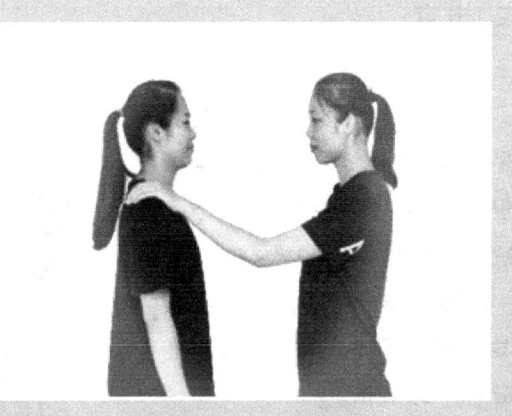

图6-30　拍肩膀

5. 拥抱

释义：如图6-31所示，拥抱指双方张开两臂互相捲住对方，不同的拥抱对象和方式也代表了不同的含义。

应用要求：体育教师在教学过程中应对学生多采用"拥抱"的动作。

注意事项："拥抱"的同时，体育教师需要辅以合适的表情。

图6-31 拥抱

综上所述，体育教师在教学过程中应该更多地运用"击掌"和"拍肩膀"的体触语，给学生带来积极的影响，避免使用"拍臀部"动作，尤其不应对女学生做此动作，并且当体育教师与学生发生身体接触时，应采用手心部位进行触碰。

（八）声音语

声音语是体育教师在教学过程中借助语音、语调、语速的变化，来传递信息、表达情感的身体语言。

作为一名体育教师要学会控制自身的声音语，以便更好地促进体育教师的教学，因此，体育教师在课堂中运用声音语时应把握以下几点要求：

第一，体育教师要学会控制声音语。经调查显示，学生喜欢体育教师铿锵有力的语音、平缓的语速、抑扬顿挫的语调，因此，体育教师在教学过程中要倾向于运用此类声音语，这样会使教学过程富有节奏感，保证教学过程的张弛有度，吸引学生的注意力，从而进一步提升教学效果。

第二，体育教师的声音语要富有感情。体育教师在教学过程中的声音语要带有感情色彩，这样能够吸引学生的注意力，促进学生对技术动作的深入理解。体育教师要做一名热爱学生、关爱学生、尊重学生、理解学生，且具有真情实感的教师，而非只会教课，对学生冷言冷语的教师。

综上所述，体育教师在教学过程中，要运用铿锵有力的语音、平缓的语速、抑扬顿挫的语调，且富有感情。

（九）仪表语

仪表语是体育教师在教学过程中借助服饰、体型、面容、发型的变化，所发出的身体语言信息。

作为一名体育教师，不仅要保持干净整洁的仪表，还要保持干练、充沛的精神气，以激发学生的上课激情，因此，体育教师在仪表装扮上应把握以下几点要求：

第一，体育教师要保持干净利落的仪表。经调查显示，大部分学生喜欢面部整洁、寸头发型的男教师，着淡妆、将头发扎成马尾辫的女教师。因此，体育教师要保持此类型的仪表，穿着颜色素净的运动衣，给学生以一种精神干练的形象。

第二，体育教师要保持健硕、匀称的体型。有着健硕、匀称体型的体育教师总是更能引起学生的关注和崇拜，体育在教授学生技术动作的同时，美育也潜移默化地发生。因此，体育教师在日常生活中也要加强对体型的管理，从而促进学生潜意识中对美和力的向往，促进学生的运动参与。

综上所述，体育教师在教学过程中，要保持健硕、匀称的体型，整洁的面容，利落的发型，以及颜色素净的穿着。

附 录

附录一 体育教师身体语言信息传递调查问卷

尊敬的教师：

您好！

我们是北京师范大学体育与运动学院体育教师专业发展研究组。这一部分主要探究体育教师在教学时身体语言的信息传递功能。请您根据自身理解，在每道题目后用"√"勾出体育教师身体语言所表达的信息传递功能。该问卷采取匿名填答形式，所有信息将严格保密，请根据实际情况放心作答。非常感谢您的支持！

一、基本情况

1. 年龄：_____ 2. 性别：___ 3. 工作区域：___省（市）___市（区）
4. 职称：_____ 5. 授课阶段：_____

二、对身体语言的了解情况

身体语言是指人们在交际的过程中，通过人体及其附属物的某一部分形态及其变化来传递信息、交流思想、表达情感的一种辅助性的非言语符号系统，属于非语言交流的范畴。

1. 您是否了解有关身体语言的内容？（了解/不了解）
2. 您认为身体语言在体育课堂上，对中学体育教学的重要性。
□非常重要 □重要 □一般 □不重要 □非常不重要

三、身体语言的信息传递功能选择

请您根据以下信息传递功能的描述，您认为在课堂的积极氛围和消极氛围下，体育教师所使用的身体语言属于以下哪个功能，并在相应的地方打"√"。

辅助功能：加强语意，强调与身体语言同时出现的有声语言；
　　　　补充内容，与有声语言意义相同或类似并进行补充。
替代功能：说明动作，用身体语言辅助语言进行更准确形象的表达；
　　　　指示方向，在方位上面对学生发出指示；
　　　　提示内容，主要指唤醒学生记忆时使用的身体语言。

表1　不同课堂氛围下体育教师身体语言的信息传递功能

教师身体语言		教学氛围	辅助功能		替代功能		
			加强语意	补充内容	说明动作	指示方向	提示内容
头势语	点头	积极	□	□	□	□	□
		消极	□	□	□	□	□
	摇头	积极	□	□	□	□	□
		消极	□	□	□	□	□
	歪头	积极	□	□	□	□	□
		消极	□	□	□	□	□
	昂头	积极	□	□	□	□	□
		消极	□	□	□	□	□
	低头	积极	□	□	□	□	□
		消极	□	□	□	□	□
手势语	指人	积极	□	□	□	□	□
		消极	□	□	□	□	□
	竖拇指	积极	□	□	□	□	□
		消极	□	□	□	□	□
	鼓掌	积极	□	□	□	□	□
		消极	□	□	□	□	□
	摊手	积极	□	□	□	□	□
		消极	□	□	□	□	□
	握拳	积极	□	□	□	□	□
		消极	□	□	□	□	□

(续表)

教师身体语言		教学氛围	信息传递功能				
			辅助功能		替代功能		
			加强语意	补充内容	说明动作	指示方向	提示内容
手臂语	双臂胸前交叉	积极	☐	☐	☐	☐	☐
		消极	☐	☐	☐	☐	☐
	双臂背后	积极	☐	☐	☐	☐	☐
		消极	☐	☐	☐	☐	☐
	双手插兜	积极	☐	☐	☐	☐	☐
		消极	☐	☐	☐	☐	☐
	双手叉腰	积极	☐	☐	☐	☐	☐
		消极	☐	☐	☐	☐	☐
	耸肩	积极	☐	☐	☐	☐	☐
		消极	☐	☐	☐	☐	☐
目光语	环视	积极	☐	☐	☐	☐	☐
		消极	☐	☐	☐	☐	☐
	直视	积极	☐	☐	☐	☐	☐
		消极	☐	☐	☐	☐	☐
	瞪眼	积极	☐	☐	☐	☐	☐
		消极	☐	☐	☐	☐	☐
	斜视	积极	☐	☐	☐	☐	☐
		消极	☐	☐	☐	☐	☐
面部表情语	微笑	积极	☐	☐	☐	☐	☐
		消极	☐	☐	☐	☐	☐
	噘嘴	积极	☐	☐	☐	☐	☐
		消极	☐	☐	☐	☐	☐
	无表情	积极	☐	☐	☐	☐	☐
		消极	☐	☐	☐	☐	☐

附录二　体育教师身体语言情感表达调查问卷

尊敬的教师：

　　您好！

　　我们是北京师范大学体育与运动学院体育教师专业发展研究组。这一部分主要探究体育教师在教学时，其身体语言的情感表达功能。请您根据自身理解，在每道题目后用"√"勾出体育教师身体语言的情感表达功能。该问卷采取匿名填答形式，所有信息将严格保密，请根据实际情况放心作答。非常感谢您的支持！

一、基本情况

1.年龄：_____　2.性别：___　3.工作区域：____省（市）____市（区）
4.职称：_____　5.授课阶段：_____

二、对身体语言的了解情况

　　身体语言是指人们在交际的过程中，通过人体及其附属物的某一部分形态及其变化来传递信息、交流思想、表达情感的一种辅助性的非言语符号系统，属于非语言交流的范畴。

1.您是否了解有关身体语言的内容？（了解/不了解）

2.您认为身体语言在体育课堂上，对中学体育教学的重要性。
□非常重要　　□重要　　□一般　　□不重要　　□非常不重要

三、身体语言的情感表达功能选择

　　请您根据以下情感表达功能的描述，您认为在课堂的积极氛围和消极氛围下，体育教师所使用的身体语言属于以下哪个功能，并在相应的地方打"√"。

　　调节功能：调节氛围，根据课堂对不同氛围的需要，进行调节和控制的功能。

　　表露功能：激励作用，如鼓励、肯定；

抑制作用，如批评、否认；

自我情感表达，如教师在上课时表达内心情感使用的身体语言。

表1 不同课堂氛围下体育教师身体语言的情感表达功能

教师身体语言		教学氛围	情感表达功能			
			调节功能	表露功能		
			调节氛围	激励作用	抑制作用	自我情感表达
头势语	点头	积极	□	□	□	□
		消极	□	□	□	□
	摇头	积极	□	□	□	□
		消极	□	□	□	□
	歪头	积极	□	□	□	□
		消极	□	□	□	□
	昂头	积极	□	□	□	□
		消极	□	□	□	□
	低头	积极	□	□	□	□
		消极	□	□	□	□
手势语	指人	积极	□	□	□	□
		消极	□	□	□	□
	竖拇指	积极	□	□	□	□
		消极	□	□	□	□
	鼓掌	积极	□	□	□	□
		消极	□	□	□	□
	摊手	积极	□	□	□	□
		消极	□	□	□	□
	握拳	积极	□	□	□	□
		消极	□	□	□	□

（续表）

教师身体语言		教学氛围	情感表达功能			
			调节功能	表露功能		
			调节氛围	激励作用	抑制作用	自我情感表达
手臂语	双臂胸前交叉	积极	□	□	□	□
		消极	□	□	□	□
	双臂背后	积极	□	□	□	□
		消极	□	□	□	□
	双手插兜	积极	□	□	□	□
		消极	□	□	□	□
	双手叉腰	积极	□	□	□	□
		消极	□	□	□	□
	耸肩	积极	□	□	□	□
		消极	□	□	□	□
目光语	环视	积极	□	□	□	□
		消极	□	□	□	□
	直视	积极	□	□	□	□
		消极	□	□	□	□
	瞪眼	积极	□	□	□	□
		消极	□	□	□	□
	斜视	积极	□	□	□	□
		消极	□	□	□	□
面部表情语	微笑	积极	□	□	□	□
		消极	□	□	□	□
	噘嘴	积极	□	□	□	□
		消极	□	□	□	□
	无表情	积极	□	□	□	□
		消极	□	□	□	□

附录三 体育教师身体语言评价指标设置（专家咨询问卷）

尊敬的专家：

您好！身体语言，作为一种非语言符号，不仅可以对语言符号起辅助作用，甚至在一定程度上可以拓展语言的含义，表达出难以用口头语言表述的隐性内容。介于学科特性，体育教师在教学过程中会频繁使用身体语言，因此，身体语言的合理运用显得尤为重要。构建科学的评价指标体系，对体育教师身体语言的使用情况进行评价与反馈，对提高体育教师综合素养，优化教学效果具有重要意义。基于前期文献回顾和深度访谈初步拟定评价指标，共设有一级指标 5 个，二级指标 19 个，现就各指标设置是否合理、指标重要程度及指标内涵表述是否恰当征求您的意见。本问卷的调查内容包括两部分，第一部分是体育教师身体语言评价指标问卷；第二部分是个人基本信息。问卷所有资料仅作科研之用，请您放心填写。

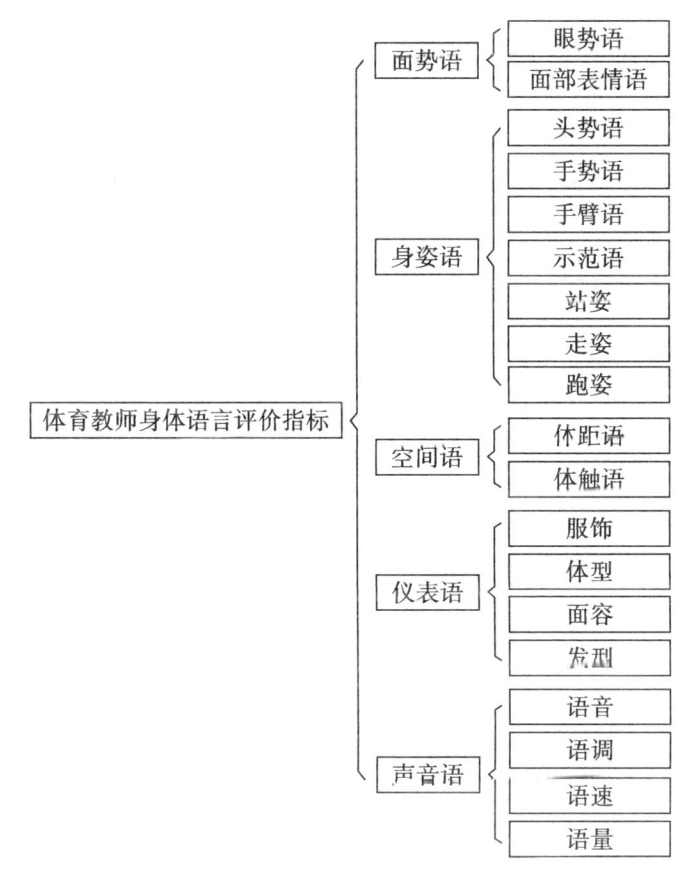

体育教师身体语言评价指标：
- 面势语
  - 眼势语
  - 面部表情语
- 身姿语
  - 头势语
  - 手势语
  - 手臂语
  - 示范语
  - 站姿
  - 走姿
  - 跑姿
- 空间语
  - 体距语
  - 体触语
- 仪表语
  - 服饰
  - 体型
  - 面容
  - 发型
- 声音语
  - 语音
  - 语调
  - 语速
  - 语量

图1 体育教师身体语言评价指标（初选）

填写说明：

1、根据您的判断，对每一指标的重要程度进行五级评价，分为 5~1 五个等级，分别表示"最重要、重要、一般重要、不重要及最不重要"，请在对应的数字上打"√"。

2、所列指标可以增加、删除、修改，并简单说明理由。

一、体育教师身体语言评价指标问卷

（一）身体语言一级评价指标

表1　身体语言一级评价指标

一级指标	释义	最重要 — 最不重要
面势语	面势语是指通过目光、面部肌肉及它们的综合运用来传递教学信息、表达思想情感的一种身体语言沟通的动态反应形式。	5　4　3　2　1
身姿语	身姿语是指通过头部、四肢的动作，进行非言语沟通的动态反应形式和发出的信息。身姿语有静态和动态之分，涉及身体姿态及全身的短暂动作，体育教师常用身姿语主要为头势语、手势语、示范语、站姿、走姿、跑姿、蹲姿。	5　4　3　2　1
空间语	空间语是利用师生之间的距离远近和接触方式来表达思想情感、传递教学信息的身体语言。	5　4　3　2　1
仪表语	仪表语是指个体的面容、体型、发型和服饰所发出的非语言信息，是教师个人形象的重要载体。	5　4　3　2　1
声音语	声音语是借助语音、语调、语速的变化，通过听觉来传递信息和情感的身体语言。	5　4　3　2　1

补充与修改建议：

（二）身体语言二级评价指标

表2　身体语言二级评价指标

一级指标	二级指标	释义	最重要 — 最不重要
面势语	眼势语	眼势语是运用眼睛的动作和眼神来传递信息和情感的一种身体语言。在教学中，教师利用眼神的变化，可达到维持秩序及师生情感交流的效果。	5　4　3　2　1
	面部表情语	面部表情语是通过面部器官和肌肉的舒张和收缩表现出的各种情绪状态，教师可利用丰富的面部表情来传递教学信息，表达个人心理状态，增强教学感染力。	5　4　3　2　1
身姿语	头势语	头势指头部的运动姿势，头势语是指头部的运动姿势中所蕴含的信息。在教学中，教师可采用恰当的头势来给予学生信息反馈。	5　4　3　2　1
	手势语	手势语是运用手掌、手指的动作变化来表达思想感情、传递信息的一种语言，不少手势语已成为体育教学中某种意义的固定符号。	5　4　3　2　1
	手臂语	手臂语是运用手臂的动作变化来表达思想感情、传递信息的一种身体语言。	5　4　3　2　1
	示范语	示范语包括示范的动作姿态和位置选取，在体育教学中使用频繁。熟练准确的示范语，能够帮助学生建立完整的动作表象，促进运动技能的掌握。	5　4　3　2　1
	站姿	站姿即站立姿势，是人体最基本的姿态，任何动态的身体造型都需要以站姿为起点和基础。	5　4　3　2　1
	走姿	走姿是个人行走的姿势。从容稳健的走姿蕴含感染力，反映出教师积极向上的精神状态。	5　4　3　2　1
	跑姿	跑姿是在快速移动时表现出来的姿势，正确规范的跑姿是体育教师专业性的体现。	5　4　3　2　1

（续表）

一级指标	二级指标	释义	最重要 — 最不重要
空间语	体距语	体距语是师生双方的相对位置和距离所产生的身体语言，包括教师的个人空间、身体指向及师生间的人际距离。不同情境下，与学生保持恰当的教学距离，可增强教学效果及情感传递。	5　4　3　2　1
	体触语	体触语是通过身体的接触传递情感和交流信息的身体语言，教师可根据学生性别、年龄特征采取必要的身体接触，以增强教学效果及情感传递。	5　4　3　2　1
仪表语	服饰	服饰是指个体的服装和配饰，修饰个人外在形象的同时，能给学生起到一定的示范效果。	5　4　3　2　1
	体型	体型是对人体形状的总体描述和评定，能够在某种程度上体现出体育教师良好的职业形象。	5　4　3　2　1
	面容	面容能给人以最为直接的视觉印象，修饰得当的面容会给学生留下洁净、干练的印象。	5　4　3　2　1
	发型	发型是教师仪表的一个重要环节，发型的选择应注意脸型、性别、年龄和体态特征。	5　4　3　2　1
声音语	语音	音高、音强、音色。	5　4　3　2　1
	语调	腔调、语气、停顿。	5　4　3　2　1
	语速	音节的长度及连接的松紧。	5　4　3　2　1
	语量	语言的输入量和输出量的总和。	5　4　3　2　1

补充与修改建议：

二、专家信息调查

（一）个人基本信息

请您在符合自己情况的数字上打"√"。

性别：1. 男　2. 女

您的教龄：1.5年以下　2.5~10年　3.11~20年　4.20年以上

您的职称：1.中级　2.副高　3.正高　4.其他

您的学历：1.大专　2.本科　3.硕士　4.博士　5.其他

（二）专家权威程度

1. 判断依据

以下是对指标做出选择的判断依据，请根据您做出判断依据的影响程度进行自评，并在相应的栏内打"√"。

表3　判断依据的影响程度

判断依据	影响程度		
	大	中	小
直觉判断			
工作经验			
理论分析			
参考国内外资料			

2. 熟悉程度

以下是您对咨询内容的熟悉程度，分为五级，即很熟悉、熟悉、中等熟悉、不太熟悉、很不熟悉，请根据实际情况，在相应的栏内打"√"。

表4　咨询内容的熟悉程度

熟悉程度	很熟悉	熟悉	中等熟悉	不太熟悉	很不熟悉
面势语					
身姿语					
空间语					
仪表语					
声音语					

附录四　体育教师身体语言评价指标权重（专家咨询问卷）

本研究在参考相关理论及征询专家意见的基础上，已筛选出体育教师身体语言评价指标，共包括一级指标5个、二级指标18个。本次咨询的目的是请您对所选取指标的权重进行评分，具体方法在填表说明中进行了详述。

体育教师身体语言评价指标：
- 表情语
  - 目光语
  - 面部表情语
- 身姿语
  - 头势语
  - 手势语
  - 示范语
  - 站姿
  - 走姿
  - 跑姿
  - 蹲姿
- 空间语
  - 体距语
  - 体触语
- 仪表语
  - 服饰
  - 体型
  - 面容
  - 发型
- 声音语
  - 语音
  - 语调
  - 语速

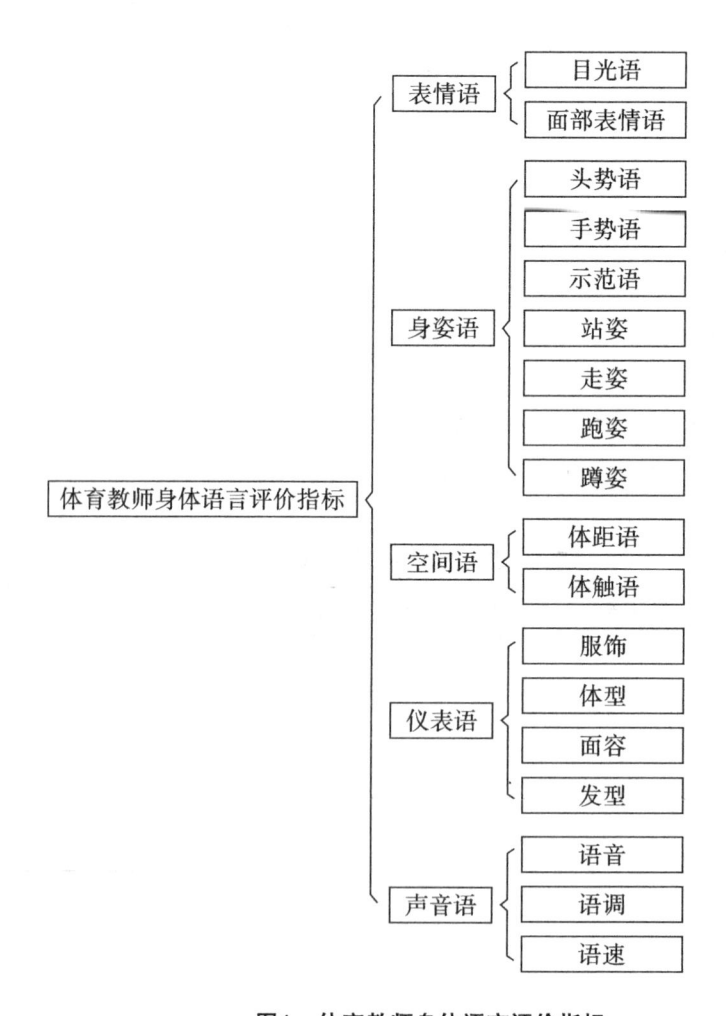

图1　体育教师身体语言评价指标

填写说明：

本部分由一级指标和二级指标重要程度评价表构成，每级指标相对于体育教师身体语言评价的重要程度划分为9个等级，赋值不同，具体表现为：从某种极端否定的态度到某种极端肯定的态度，非常不重要1—非常重要9。请根据您的判断在指标对应等级所代表的数字上划"√"。通过专家咨询，有专家认为：在不同的课堂氛围中，某些指标的重要程度可能会有所差异。因此，请根据积极氛围和消极氛围两种情景，分别对各指标的重要程度进行判断。若某些指标的重要程度在两种情景下无差异，请给予一致的评分即可。（积极氛围：课堂活动井然有序，学生注意力集中，能正确完成老师所教授的技术动作；消极氛围：课堂秩序较为混乱，学生注意力分散，有破坏纪律的现象，未能掌握老师所教授的技术动作。）

（一）身体语言一级指标重要程度评价表

表1 身体语言一级指标重要程度（积极氛围）

一级指标	释义	非常不重要 — 非常重要
表情语	表情语是指通过目光、面部肌肉及它们的综合运用来传递教学信息、表达思想情感的一种身体语言沟通的动态反应形式。	1 2 3 4 5 6 7 8 9
身姿语	身姿语是指通过头部、四肢的动作，进行非言语沟通的动态反应形式和发出的信息。身姿语有静态和动态之分，涉及身体姿态及全身的短暂动作，体育教师常用身姿语主要为头势语、手势语、示范语、站姿、走姿、跑姿、蹲姿。	1 2 3 4 5 6 7 8 9
空间语	空间语是利用师生之间的距离远近和接触方式来表达思想情感、传递教学信息的身体语言。	1 2 3 4 5 6 7 8 9
仪表语	仪表语是指个体的面容、体型、发型和服饰所发出的非语言信息，是教师个人形象的重要载体。	1 2 3 4 5 6 7 8 9
声音语	声音语是借助语言、语调、语速的变化，通过听觉来传递信息和情感的身体语言。	1 2 3 4 5 6 7 8 9

表2　身体语言一级指标重要程度（消极氛围）

一级指标	释义	非常不重要 — 非常重要
表情语	表情语是指通过目光、面部肌肉及它们的综合运用来传递教学信息、表达思想情感的一种身体语言沟通的动态反应形式。	1 2 3 4 5 6 7 8 9
身姿语	身姿语是指通过头部、四肢的动作，进行非言语沟通的动态反应形式和发出的信息。身姿语有静态和动态之分，涉及身体姿态及全身的短暂动作，体育教师常用身姿语主要为头势语、手势语、示范语、站姿、走姿、跑姿、蹲姿。	1 2 3 4 5 6 7 8 9
空间语	空间语是利用师生之间的距离远近和接触方式来表达思想情感、传递教学信息的身体语言。	1 2 3 4 5 6 7 8 9
仪表语	仪表语是指个体的面容、体型、发型和服饰所发出的非语言信息，是教师个人形象的重要载体。	1 2 3 4 5 6 7 8 9
声音语	声音语是借助语音、语调、语速的变化，通过听觉来传递信息和情感的身体语言。	1 2 3 4 5 6 7 8 9

（二）身体语言二级指标重要程度评价表

表3　身体语言二级指标重要程度（积极氛围）

一级指标	二级指标	释义	非常不重要 — 非常重要
表情语	目光语	目光语是运用眼睛的动作和眼神来传递信息和情感的一种身体语言。在教学中，教师利用眼神的变化，可达到维持秩序及师生情感交流的效果。	1 2 3 4 5 6 7 8 9
	面部表情语	面部表情语是通过面部器官和肌肉的舒张和收缩表现出的各种情绪状态，教师可利用丰富的面部表情来传递教学信息，表达个人心理状态，增强教学感染力。	1 2 3 4 5 6 7 8 9

(续表)

一级指标	二级指标	释义	非常不重要 — 非常重要
身姿语	头势语	头势指头部的运动姿势，头势语是指头部的运动姿势中所蕴含的信息。在教学中，教师可采用恰当的头势来给予学生信息反馈。	1 2 3 4 5 6 7 8 9
	手势语	手势语是人体上肢所传递的信息，是运用手掌、手指、双手和手臂的动作变化来表达思想感情、传递信息的一种语言，不少手势语已成为体育教学中某种意义的固定符号。	1 2 3 4 5 6 7 8 9
	示范语	示范语包括示范的动作姿态和位置选取，在体育教学中使用频繁。熟练准确的示范语，能够帮助学生建立完整的动作表象，促进运动技能的掌握。	1 2 3 4 5 6 7 8 9
	站姿	站姿即站立姿势，是人体最基本的姿态，任何动态的身体造型都需要以站姿为起点和基础。	1 2 3 4 5 6 7 8 9
	走姿	走姿是个人行走的姿势。从容稳健的走姿蕴含感染力，反映出教师积极向上的精神状态。	1 2 3 4 5 6 7 8 9
	跑姿	跑姿是在快速移动时表现出来的姿势，正确规范的跑姿是体育教师专业性的体现。	1 2 3 4 5 6 7 8 9
	蹲姿	蹲姿是人体处于静态时的一种特殊体位。教师在布置教学场地、给予学生帮助、捡拾地面物品等情况下会用到蹲姿。同时，蹲姿也是某些动态技术动作的一部分。	1 2 3 4 5 6 7 8 9

（续表）

一级指标	二级指标	释义	非常不重要 — 非常重要
空间语	体距语	体距语是师生双方的相对位置和距离所产生的身体语言，包括教师的个人空间、身体指向及师生间的人际距离。不同情境下，与学生保持恰当的教学距离，可增强教学效果及情感传递。	1 2 3 4 5 6 7 8 9
	体触语	体触语是通过身体的接触传递情感和交流信息的身体语言，教师可根据学生性别、年龄特征采取必要的身体接触，以增强教学效果及情感传递。	1 2 3 4 5 6 7 8 9
仪表语	服饰	服饰是指个体的服装和配饰，修饰个人外在形象的同时，能给学生起到一定的示范效果。	1 2 3 4 5 6 7 8 9
	体型	体型是对人体形状的总体描述和评定，能够在某种程度上体现出体育教师良好的职业形象。	1 2 3 4 5 6 7 8 9
	面容	面容能给人以最为直接的视觉印象，修饰得当的面容会给学生留下洁净、干练的印象。	1 2 3 4 5 6 7 8 9
	发型	发型是教师仪表的一个重要环节，发型的选择应注意脸型、性别、年龄和体态特征。	1 2 3 4 5 6 7 8 9
声音语	语音	音高、音强、音色。	1 2 3 4 5 6 7 8 9
	语调	腔调、语气、停顿。	1 2 3 4 5 6 7 8 9
	语速	音节的长度及连接的松紧。	1 2 3 4 5 6 7 8 9

表4 身体语言二级指标重要程度（消极氛围）

一级指标	二级指标	释义	非常不重要 — 非常重要
表情语	目光语	目光语是运用眼睛的动作和眼神来传递信息和情感的一种身体语言。在教学中，教师利用眼神的变化，可达到维持秩序及师生情感交流的效果。	1 2 3 4 5 6 7 8 9
表情语	面部表情语	面部表情是通过面部器官和肌肉的舒张和收缩表现出的各种情绪状态，教师可利用丰富的面部表情来传递教学信息，表达个人心理状态，增强教学感染力。	1 2 3 4 5 6 7 8 9
身姿语	头势语	头势指头部的运动姿势，头势语是指头部的运动姿势中所蕴含的信息。在教学中，教师可采用恰当的头势来给予学生信息反馈。	1 2 3 4 5 6 7 8 9
身姿语	手势语	手势语是人体上肢所传递的信息，是运用手掌、手指、双手和手臂的动作变化来表达思想感情、传递信息的一种语言，不少手势语已成为体育教学中某种意义的固定符号。	1 2 3 4 5 6 7 8 9
身姿语	示范语	示范语包括示范的动作姿态和位置选取，在体育教学中使用频繁。熟练准确的示范语，能够帮助学生建立完整的动作表象，促进运动技能的掌握。	1 2 3 4 5 6 7 8 9
身姿语	站姿	站姿即站立姿势，是人体最基本的姿态，任何动态的身体造型都需要以站姿为起点和基础。	1 2 3 4 5 6 7 8 9
身姿语	走姿	走姿是个人行走的姿势。从容稳健的走姿蕴含感染力，反映出教师积极向上的精神状态。	1 2 3 4 5 6 7 8 9
身姿语	跑姿	跑姿是在快速移动时表现出来的姿势，正确规范的跑姿是体育教师专业性的体现。	1 2 3 4 5 6 7 8 9
身姿语	蹲姿	蹲姿是人体处于静态时的一种特殊体位。教师在布置教学场地、给予学生帮助、捡拾地面物品等情况下会用到蹲姿。同时，蹲姿也是某些动态技术动作的一部分。	1 2 3 4 5 6 7 8 9

(续表)

一级指标	二级指标	释义	非常不重要 — 非常重要
空间语	体距语	体距语是师生双方的相对位置和距离所产生的身体语言，包括教师的个人空间、身体指向及师生间的人际距离。不同情境下，与学生保持恰当的教学距离，可增强教学效果及情感传递。	1 2 3 4 5 6 7 8 9
	体触语	体触语是通过身体的接触传递情感和交流信息的身体语言，教师可根据学生性别、年龄特征采取必要的身体接触，以增强教学效果及情感传递。	1 2 3 4 5 6 7 8 9
仪表语	服饰	服饰是指个体的服装和配饰，修饰个人外在形象的同时，能给学生起到一定的示范效果。	1 2 3 4 5 6 7 8 9
	体型	体型是对人体形状的总体描述和评定，能够在某种程度上体现出体育教师良好的职业形象。	1 2 3 4 5 6 7 8 9
	面容	面容能给人以最为直接的视觉印象，修饰得当的面容会给学生留下洁净、干练的印象。	1 2 3 4 5 6 7 8 9
	发型	发型是教师仪表的一个重要环节，发型的选择应注意脸型、性别、年龄和体态特征。	1 2 3 4 5 6 7 8 9
声音语	语音	音高、音强、音色。	1 2 3 4 5 6 7 8 9
	语调	腔调、语气、停顿。	1 2 3 4 5 6 7 8 9
	语速	音节的长度及连接的松紧。	1 2 3 4 5 6 7 8 9

（三）个人基本信息

请您在符合自己情况的数字上打"√"。

性别：1. 男　2. 女

您的教龄：1. 5年以下　2. 5~10年　3. 11~20年　4. 20年以上

您的职称：1. 中级　2. 副高　3. 正高　4. 其他

您的学历：1. 大专　2. 本科　3. 硕士　4. 博士　5. 其他

请您核对上述填写信息是否有遗漏，再次对您的帮助表示感谢！

附录五 体育教师身体语言观察点评价

尊敬的教师：

您好！

我们是北京师范大学体育与运动学院体育教师专业发展研究组。请您在观看录像时，根据各身体语言评价观察点观察体育教师在这6节课中的表现。非常感谢您的支持！

一、您的基本信息

1.姓名*_____

2.职称*

○二级教师

○一级教师

○高级教师

○其他_____

3.工作单位*_____

二、课上身体语言评价

各身体语言评价观察点如下，敬请仔细阅读：

身姿语：

示范语：1.动作技术规格 2.熟练程度 3.讲解配合 4.示范时机、位置和方向

手势语：1.使用频率 2.动作幅度 3.消极手势

头势语：1.使用频率 2.摆动幅度

站姿：1.头位 2.躯干位 3.手位 4.步位

跑姿：1.头位 2.躯干位 3.摆臂 4.步态

走姿：1.视线 2.躯干位 3.摆臂 4.步态

蹲姿：1.臀部朝向 2.腿部姿势

表情语：

目光语：1.目光变化形式 2.目光注视范围 3.消极目光

面部表情语：1. 表情基调　2. 表情控制　3. 消极表情

空间语：

体触语：1. 时机选择　2. 接触方式（学生性别和年龄）

体距语：1. 位置移动　2. 停留时间（根据教学情境和队列队形变化）

声音语：

语调：1. 音调（声音频率）　2. 语气（感情态度）　3. 节奏（停顿频率）

4. 哨音（长短、轻重、缓急）

语音：1. 音强（声音大小）　2. 音准（吐字发音）

语速：1. 音节长短及连接松紧（语速快慢）

仪表语：

面容：1. 清洁度　2. 修饰美观度

体型：1. 身体形态

服饰：1. 着装　2. 整洁度　3. 颜色搭配

发型：1. 整洁度　2. 修饰美观度

观摩课一：脚内侧射门（10年级）

表1　脚内侧射门课程中体育教师身体语言运用情况

身体语言		优秀	良好	中等	合格	不合格
身姿语	（1）示范语	○	○	○	○	○
	（2）手势语	○	○	○	○	○
	（3）头势语	○	○	○	○	○
	（4）站姿	○	○	○	○	○
	（5）跑姿	○	○	○	○	○
	（6）走姿	○	○	○	○	○
	（7）蹲姿	○	○	○	○	○
表情语	（1）目光语	○	○	○	○	○
	（2）面部表情语	○	○	○	○	○
空间语	（1）体触语	○	○	○	○	○
	（2）体距语	○	○	○	○	○
声音语	（1）语调	○	○	○	○	○
	（2）语音	○	○	○	○	○
	（3）语速	○	○	○	○	○

（续表）

身体语言		优秀	良好	中等	合格	不合格
仪表语	（1）面容	○	○	○	○	○
	（2）体型	○	○	○	○	○
	（3）服饰	○	○	○	○	○
	（4）发型	○	○	○	○	○

评语：_____

观摩课二：跨栏跑技术教学（10年级）

表2　跨栏跑课程中体育教师身体语言运用情况

身体语言		优秀	良好	中等	合格	不合格
身姿语	（1）示范语	○	○	○	○	○
	（2）手势语	○	○	○	○	○
	（3）头势语	○	○	○	○	○
	（4）站姿	○	○	○	○	○
	（5）跑姿	○	○	○	○	○
	（6）走姿	○	○	○	○	○
	（7）蹲姿	○	○	○	○	○
表情语	（1）目光语	○	○	○	○	○
	（2）面部表情语	○	○	○	○	○
空间语	（1）体触语	○	○	○	○	○
	（2）体距语	○	○	○	○	○
声音语	（1）语调	○	○	○	○	○
	（2）语音	○	○	○	○	○
	（3）语速	○	○	○	○	○
仪表语	（1）面容	○	○	○	○	○
	（2）体型	○	○	○	○	○
	（3）服饰	○	○	○	○	○
	（4）发型	○	○	○	○	○

评语：_____

观摩课三：篮球急停急起（8年级）

表3　篮球急停急起课程中体育教师身体语言运用情况

身体语言		优秀	良好	中等	合格	不合格
身姿语	（1）示范语	○	○	○	○	○
	（2）手势语	○	○	○	○	○
	（3）头势语	○	○	○	○	○
	（4）站姿	○	○	○	○	○
	（5）跑姿	○	○	○	○	○
	（6）走姿	○	○	○	○	○
	（7）蹲姿	○	○	○	○	○
表情语	（1）目光语	○	○	○	○	○
	（2）面部表情语	○	○	○	○	○
空间语	（1）体触语	○	○	○	○	○
	（2）体距语	○	○	○	○	○
声音语	（1）语调	○	○	○	○	○
	（2）语音	○	○	○	○	○
	（3）语速	○	○	○	○	○
仪表语	（1）面容	○	○	○	○	○
	（2）体型	○	○	○	○	○
	（3）服饰	○	○	○	○	○
	（4）发型	○	○	○	○	○

评语：

观摩课四：软式棒垒球（5年级）

表4　软式棒垒球课程中体育教师身体语言运用情况

身体语言		优秀	良好	中等	合格	不合格
身姿语	（1）示范语	○	○	○	○	○
	（2）手势语	○	○	○	○	○
	（3）头势语	○	○	○	○	○
	（4）站姿	○	○	○	○	○
	（5）跑姿	○	○	○	○	○
	（6）走姿	○	○	○	○	○
	（7）蹲姿	○	○	○	○	○

（续表）

身体语言		优秀	良好	中等	合格	不合格
表情语	（1）目光语	○	○	○	○	○
	（2）面部表情语	○	○	○	○	○
空间语	（1）体触语	○	○	○	○	○
	（2）体距语	○	○	○	○	○
声音语	（1）语调	○	○	○	○	○
	（2）语音	○	○	○	○	○
	（3）语速	○	○	○	○	○
仪表语	（1）面容	○	○	○	○	○
	（2）体型	○	○	○	○	○
	（3）服饰	○	○	○	○	○
	（4）发型	○	○	○	○	○

评语：

观摩课五：跪跳起（4年级）

表5　跪跳起课程中体育教师身体语言运用情况

身体语言		优秀	良好	中等	合格	不合格
身姿语	（1）示范语	○	○	○	○	○
	（2）手势语	○	○	○	○	○
	（3）头势语	○	○	○	○	○
	（4）站姿	○	○	○	○	○
	（5）跑姿	○	○	○	○	○
	（6）走姿	○	○	○	○	○
	（7）蹲姿	○	○	○	○	○
表情语	（1）目光语	○	○	○	○	○
	（2）面部表情语	○	○	○	○	○
空间语	（1）体触语	○	○	○	○	○
	（2）体距语	○	○	○	○	○
声音语	（1）语调	○	○	○	○	○
	（2）语音	○	○	○	○	○
	（3）语速	○	○	○	○	○

(续表)

身体语言		优秀	良好	中等	合格	不合格
仪表语	（1）面容	○	○	○	○	○
	（2）体型	○	○	○	○	○
	（3）服饰	○	○	○	○	○
	（4）发型	○	○	○	○	○

评语：_____

观摩课六：快速跑与补偿性体能练习（8年级）

表6 快速跑课程中体育教师身体语言运用情况

身体语言		优秀	良好	中等	合格	不合格
身姿语	（1）示范语	○	○	○	○	○
	（2）手势语	○	○	○	○	○
	（3）头势语	○	○	○	○	○
	（4）站姿	○	○	○	○	○
	（5）跑姿	○	○	○	○	○
	（6）走姿	○	○	○	○	○
	（7）蹲姿	○	○	○	○	○
表情语	（1）目光语	○	○	○	○	○
	（2）面部表情语	○	○	○	○	○
空间语	（1）体触语	○	○	○	○	○
	（2）体距语	○	○	○	○	○
声音语	（1）语调	○	○	○	○	○
	（2）语音	○	○	○	○	○
	（3）语速	○	○	○	○	○
仪表语	（1）面容	○	○	○	○	○
	（2）体型	○	○	○	○	○
	（3）服饰	○	○	○	○	○
	（4）发型	○	○	○	○	○

评语：_____

权重版

表7 中小学体育教师课堂教学身体语言评价样表

授课教师：		授课名称：		综合评分：				
授课班级：		授课时间： 年 月 日						
一级指标（分值）	二级指标	评价观察点	分值 M	评价等级及中值系数K				
				优 0.95	良 0.85	中 0.75	合格 0.65	不合格 0.55
身姿语（35）	示范语	1.动作技术规格 2.熟练程度 3.讲解配合 4.示范时机、位置和方向	10					
	手势语	1.使用频率 2.动作幅度 3.消极手势	7					
	头势语	1.使用频率 2.摆动幅度	7					
	站姿	1.头位 2.躯干位 3.手位 4.步位	3					
	跑姿	1.头位 2.躯干位 3.摆臂 4.步态	3					
	走姿	1.视线 2.躯干位 3.摆臂 4.步态	3					
	蹲姿	1.臀部朝向 2.腿部姿势	2					
表情语（20）	目光语	1.目光变化形式 2.目光注视范围 3.消极目光	10					
	面部表情语	1.表情基调 2.表情控制 3.消极表情	10					
空间语（17）	体触语	1.时机选择 2.接触方式（学生性别和年龄）	10					
	体距语	1.位置移动 2.停留时间（根据教学情境和队列队形变化）	7					

（续表）

授课教师：		授课名称：		综合评分：				
授课班级：		授课时间： 年 月 日						
一级指标（分值）	二级指标	评价观察点	分值 M	评价等级及中值系数K				
				优	良	中	合格	不合格
				0.95	0.85	0.75	0.65	0.55
声音语（16）	语调	1.音调（声音频率） 2.语气（感情态度） 3.节奏（停顿频率） 4.哨音（长短、轻重、缓急）	7					
	语音	1.音强（声音大小） 2.音准（吐字发音）	5					
	语速	1.音节长短及连接松紧（语速快慢）	4					
仪表语（12）	面容	1.清洁度 2.修饰美观度	4					
	体型	1.身体形态	3					
	服饰	1.着装 2.整洁度 3.颜色搭配	3					
	发型	1.整洁度 2.修饰美观度	2					
评语：								

附录六　体育教师身体语言5级评价

尊敬的教师：

您好！我们是北京师范大学体育与运动学院体育教师专业发展研究组。请您在观看录像时，对体育教师的身体语言做出评价，下表是5级评价参考标准。非常感谢您的支持！

表1　体育教师身体语言5级评价参考标准

身体语言		评价标准				
		优秀	良好	中等	合格	不合格
身姿语	示范语	1. 达到技术规格要求　2. 熟练完成　3. 配合讲解　4. 灵活选取示范面	符合其中3点	符合其中2点	符合其中1点	均不符合
	头势语	1. 幅度适当　2. 频率适中	基本符合其中2点	符合其中1点	基本符合其中1点	均不符合
	手势语	1. 频度适中　2. 动幅适度　3. 无指人、插兜等消极手势	基本符合其中3点	符合其中2点	符合其中1点	均不符合
	站姿	1. 头正颈直　2. 挺胸收腹　3. 两臂下垂　4. 双脚脚跟并拢或自然开立	符合其中3点	符合其中2点	符合其中1点	均不符合
	跑姿	1. 头部端正　2. 上体正直、稍前倾　3. 两臂屈肘、配合步频摆动　4. 步速适中、步幅适度	符合其中3点	符合其中2点	符合其中1点	均不符合
	走姿	1. 双目平视　2. 上身挺直　3. 两臂自然摆动　4. 脚尖向前、步伐矫健	符合其中3点	符合其中2点	符合其中1点	均不符合
	蹲姿	1. 臀部向下　2. 两腿靠紧	基本符合其中2点	符合其中1点	基本符合其中1点	均不符合

(续表)

身体语言		评价标准				
		优秀	良好	中等	合格	不合格
表情语	目光语	1.灵活运用目光语的变化形式 2.兼顾全体、照顾个别 3.无消极目光	基本符合其中3点	符合其中2点	符合其中1点	均不符合
	面部表情语	1.面带微笑、亲切自然 2.表情丰富 3.无消极面部表情	基本符合其中3点	符合其中2点	符合其中1点	均不符合
空间语	体触语	1.适时接触 2.必要和恰当接触方式	基本符合其中2点	符合其中1点	基本符合其中1点	均不符合
	体距语	1.适时移位 2.停留得当	基本符合其中2点	符合其中1点	基本符合其中1点	均不符合
声音语	语调	1.声调抑扬顿挫 2.语气缓和 3.停顿适当 4.哨音口令轻重长短分明	符合其中3点	符合其中2点	符合其中1点	均不符合
	语音	1.声音洪亮 2.吐字清晰、口令准确	基本符合其中2点	符合其中1点	基本符合其中1点	均不符合
	语速	1.语速适中、快慢结合 2.富有起伏	基本符合其中2点	符合其中1点	基本符合其中1点	均不符合

附录七　教师课堂行为调查问卷

亲爱的同学：

　　你好！下面的问题是关于体育老师在课堂上身体语言使用情况的调查表，请先填好你的基本情况，然后如实填写问题，可多选，感谢合作！

　　性别：　　　　年级：　　　　班级：

1. 体育老师在什么情况下会做出头部的动作？

A. 对上课内容讲解说明时　　B. 在用语言不能表达时

C. 在请学生回答问题或者指方向时　　D. 调节课堂气氛的时候

E. 无意识使用　　F. 以上都有

2. 体育老师课堂上在什么情况下会使用手势？

A. 对上课内容讲解说明时　　B. 在用语言不能表达时

C. 在请学生回答问题或者指方向时　　D. 调节课堂气氛的时候

E. 无意识使用　　F. 以上都有

3. 课堂上体育老师双手动作？

A. 频繁　　B. 保持几个固定手势　　C. 其他

4. 体育课堂使用最多的手势是？

A. 指人或者指方向　　B. 竖大拇指　　C. 拍手　　D. 其他

5. 体育课堂上老师的表情是：

A. 微笑为主　　B. 严肃刻板

C. 会随着课堂内容变化　　D. 会因学生表现变化

6. 平时上课和体育老师有目光交流么？

A. 偶尔有　　B. 经常有　　C. 很少　　D. 从不

7. 体育老师一般在什么情况下会盯着同学看？

A. 在做练习时　　B. 学生不注意听课时

C. 让同学回答问题时　　D. 没有任何理由，随时都会

8. 体育老师一般在什么情况下环视课堂？

A. 刚上课时　　B. 请学生回答问题时　　C. 讲解示范时

D. 调节课堂气氛的时候　　E. 时间不限定

表1 体育教师身体语言功能观察表（开始、基本、结束部分）

授课内容：　　　　　　　授课班级：　　　　　　　授课教师：
授课时间：　　　　　　　观察人：

功能	头势语	手势语	手臂语	目光语	表情语	体触语
	点头	竖拇指	双臂胸前交叉	直视	微笑	拍肩膀
	摇头	鼓掌	双臂背后	斜视	噘嘴	拍后背
	歪头	指人	双手插兜	环视	无表情	击掌
	昂头	摊手	双手叉腰	瞪眼		拍肩膀
	低头	握拳	耸肩			拍臀部

信息传递功能
　加强语意
　补充内容
　说明动作
　指示方向
　提示内容

情感表达功能
　激励作用
　抑制作用
　自我情感表达
　调节气氛

238

附录八　体育教师身体语言功能观察记录表（例）

授课教师：　黄 ×　　　　　　授课内容：　耐久跑
记录时间：　2019.7.25　　　　记录者：　赵 ××

动作编号	主要动作	伴随动作	信息传递功能	情感表达功能	动作简要描述
HH-001	微笑		提示内容		提示学生即将开始上课
HH-002	微笑		补充内容	调节氛围	提示学生开始上课
HH-003	摊手		加强语意		指示学生成体操队型散开，开始准备活动
HH-004	指人		加强语意		提示学生注意教师讲解
HH-005	指人	微笑	加强语意		示意中间同学举手，密集队形集合
……	……	……	……		……
HH-051	摊手		补充内容		练习中纠正学生行进路线
HH-052	摊手		补充内容		提示学生练习过程中注意动作要点
HH-053	点头		补充内容		提示学生停止练习
HH-054	摊手		补充内容		指示学生到指定地点集合
……	……	……	……	……	……
HH-085	鼓掌	微笑	加强语意	激励作用	对作答同学提出表扬
HH-086	指人	微笑	补充内容		请另一位同学谈自己的心得感受
HH-087	竖拇指	微笑	加强语意	激励作用	对作答同学提出表扬
HH-088	摊手		加强语意		对课堂进行总结，强调有声语言重要性
HH-089	微笑		补充内容		宣布下课，提示学生下课

附录九　体育教师身体语言对学生情绪影响调查问卷

亲爱的同学：

你好！

我们正在做关于在体育教师教学时其身体语言对教学的作用以及对学生心理、情绪影响的调查。请您对问卷中体育教师不同身体语言对心理、情绪的影响进行选择。问卷采取匿名填答形式，所有信息将严格保密，请根据实际情况放心作答。

非常感谢您的支持！

1. 年龄：　　　　　2. 性别：　　　　　3. 年级：

4. 学校区域：　　A. 城市　　　B. 乡镇

5. 在上体育课的时候，老师做出了以下几种动作时，您的心情是怎样的呢？请在对应的地方画"√"。

目光语	非常愉悦	愉悦	一般	厌恶	非常厌恶
瞪眼					
直视					
斜视					
环视					
面部表情语	非常愉悦	愉悦	一般	厌恶	非常厌恶
微笑					
无表情					
噘嘴					
头势语	非常愉悦	愉悦	一般	厌恶	非常厌恶
点头					
摇头					
歪头					
昂头					
低头					

手势语	非常愉悦	愉悦	一般	厌恶	非常厌恶
指人					
竖拇指					
摊手					
鼓掌					
握拳					

手臂语	非常愉悦	愉悦	一般	厌恶	非常厌恶
双臂胸前交叉					
双手叉腰					
双臂背后					
双手插兜					
耸肩					

体触语	非常愉悦	愉悦	一般	厌恶	非常厌恶
拍肩膀					
拍后背					
击掌					
拥抱					
拍臀部（同性）					

声音语	非常愉悦	愉悦	一般	厌恶	非常厌恶
语速平缓					
低声细语					
铿锵有力					
大声训斥					
语速急促					

体距语	非常愉悦	愉悦	一般	厌恶	非常厌恶
0~0.45米					
0.45~1.25米					
1.25~4米					
4~8米					

再次感谢您给予的无私帮助！谢谢！